NZZ LIBRO

Ronald D. Gerste

Amerikas Präsidentschafts-wahlen

Von George Washington bis zu Donald Trump

NZZ Libro

MIX
Papier | Fördert gute Waldnutzung
FSC® C107574

Bibliografische Information der Deutschen Nationalbibliothek
Die Deutsche Nationalbibliothek verzeichnet diese Publikation in der Deutschen Nationalbibliografie; detaillierte bibliografische Daten sind im Internet über http://dnb.dnb.de abrufbar.

Coverabbildungen: Donald Trump: AC NewsPhoto / Alamy Stock Photo; George Wahington: iStock-155359596_©Vaara; Stars and Stripes: iStock-1492970104_©selamiozalp
Covergestaltung: Weiß-Freiburg GmbH, Freiburg im Breisgau
Korrektorat: Ulrike Ebenritter, Gießen
Layout: icona basel gmbh, Basel
Satz: textformart, Daniela Weiland, Göttingen
Druck: BALTO print, Vilnius
Printed in the EU

ISBN Print 978-3-907396-81-0
ISBN E-Book 978-3-907396-82-7

www.nzz-libro.ch
NZZ Libro ist ein Imprint der Schwabe Verlagsgruppe AG.

Inhalt

Einleitung

Ein Schicksalstag für alle westlichen Demokratien – und darüber hinaus

Alle vier Jahre blickt die Welt auf die Vereinigten Staaten von Amerika: Am ersten Dienstag nach dem ersten Montag im November, wie es die Verfassung der USA unzweideutig definiert. An diesem speziellen Datum wählen die Amerikanerinnen und Amerikaner ihren neuen Präsidenten – oder verlängern die Amtszeit eines amtierenden Präsidenten, was ebenfalls auf Vorgabe durch die Constitution und hier speziell durch einen Zusatz, ein *amendment*, zur Verfassung strikt geregelt ist: Es gibt maximal nur eine zweite Amtszeit. Niemand darf länger als acht Jahre das mächtigste Amt der Welt – dies ist es wohl immer noch vor dem des chinesischen Präsidenten und danach mit Abstand den Regierungschefs anderer Länder – ausüben. Während die englische Sprache keine Differenzierung nach Genus kennt und *The President* für jedwedes Geschlecht steht, kann man im Deutschen – wie es in diesem Buch geschieht – sorglos das Maskulinum «der Präsident» benutzen; es waren und sind bislang ausnahmslos Männer.

Im Jahr 2024 findet zum 60. Mal die Wahl eines Präsidenten der USA statt. Es ist der 5. November. Doch die Aufmerksamkeit der Weltöffentlichkeit hat das Rennen um den Einzug ins Weiße Haus schon über Monate zuvor gefesselt, mit seinem inzwischen traditionellen Reigen von Vorwahlen, den *primaries* und *caucuses*, von Fernsehdebatten und Wahlkampfauftritten, die schon lange zuvor, praktisch seit der ersten Hälfte des Vorjahres stattfanden. Zu dieser Ausweitung des demokratischen Willensbildungsprozesses tragen in ganz besonderem Maße die Medien bei – jeder Auftritt der relevanten Kandidaten wird feinfühlig von Experten und solchen, die als Experten präsentiert werden, zergliedert und analysiert. Wenn es noch zu früh für Vorwahlen ist (und diese beginnen im Januar, zehn Monate vor der eigentlichen Wahl), werden sogenannte *Town Hall Meetings* ins Programm genommen, in denen die Kandidaten dem Publikum im Saal und erhofften Millionen daheim ihr Programm (so sie ein solches haben) und vor allem ihre Persönlichkeit näherbringen sollen. Und die für die Fernsehsender das Stimulanz für ein *big business* sind: 2024 werden nach Schätzungen rund 16 Milliarden Dollar für Wahlwerbung ausgegeben, hauptsächlich im Fernsehen.

Im Gegensatz zu diesem immensen medialen Echo beginnt der eigentliche Wahlturnus nur für eine sehr kleine Zahl von Wählerinnen und Wählern. Der erste *caucus* in Iowa und die erste *primary* in New Hampshire finden in Staaten statt, die in der Bevölkerungsstatistik der USA auf Platz 36 und Platz 42 liegen. Mit den Entscheiden der dortigen Wählerschaft (die wiederum nur einen begrenzten Teil der erwachsenen Bevölkerung ausmacht) geben viele Kandidaten bereits das Rennen auf. Und in diesem Jahr waren bereits nach diesen frühen Urnengängen (wobei anstelle einer klassischen Wahlurne in den USA meist ein Computerscreen oder eine Wahlmaschine auf die Stimmabgebenden wartet) kaum noch Zweifel möglich, dass 2024 eine Rarität in der Geschichte der amerikanischen Präsidentschaftswahlen darstellen würde: Es würde ein *rerun* geben, ein erneutes Aufeinandertreffen der beiden Spitzenkandidaten der letzten Wahl. Es würde Joe Biden versus Donald Trump heißen.

In aller Regel sind die Verlierer amerikanischer Präsidentschaftswahlen volkstümlich ausgedrückt «bedient». Weder Jimmy Carter noch George Bush der Ältere dürften nach ihren Niederlagen ernsthaft an eine erneute Kandidatur gedacht haben. Die letzte Neuauflage eines vier Jahre zurückliegenden Wahlganges gab es 1956, als der Demokrat Adlai Stevenson abermals gegen den Republikaner Dwight D. Eisenhower antrat und erneut verlor. Es kann indes auch anders ausgehen. Der 22. Präsident Grover Cleveland unterlag 1888 Benjamin Harrison und trat 1892 erneut gegen diesen an – und wurde durch seinen Sieg nun auch der 24. Präsident der USA.

Eine Wiederholung dieser Abfolge, ein Präsident mit zwei *nonconsecutive terms* – mit nicht zusammenhängenden Amtszeiten –, würde eintreten, wenn Donald Trump die Wahl am 5. November 2024 gewinnt. Es ist sicher nicht übertrieben festzustellen, dass seine in der sogenannten politischen Klasse wohl einzigartige Persönlichkeit nicht nur diese Wahl und deren Vorgänger von 2016 und 2020 dominiert, sondern eine Nagelprobe für die amerikanische Demokratie darstellt. Es hat noch nie einen Präsidentschaftskandidaten gegeben, der sich inmitten eines Wahljahres so vieler unterschiedlicher juristischer Verfahren erwehren musste. Für seine Anhänger ist eine *weaponization* des Justizsystems, der Missbrauch der Justiz zu parteipolitischen Zwecken.

Bedeutsamer als diese juristischen Hürden sollte indes für die Wählerinnen und Wähler die Positionierung der Kandidaten innerhalb des demokratischen Gefüges der Vereinigten Staaten sein, ihre Verankerung auf dem Boden einer Verfassung, die sich seit 1787 vielfach bewährt hat. Seine Gegner – vor allem die entschlossensten unter ihnen, die sogenannten Mainstream-Medien – sehen in Trump eine Gefahr für diese Demokratie, einen potenziellen Autokraten. Verständlicherweise empfinden seine Anhänger das anders. Diese dissonante Interpretation gilt auch für die Bewertung des vielleicht entscheidenden Ereignisses der Präsidentschaft Trumps: sein Verhalten am 6. Januar 2021, als ein von ihm zumindest motivierter, wenn nicht aufgewiegelter Mob den Sitz der amerikanischen Demokratie, das Capitol, stürmte. Dass Trump über vier Jahre die Wahl von 2020 als «gestohlen» deklamierte, ohne dass je ein schlüssiger Beweis für eine Manipulation zugunsten Joe Bidens vorgelegt wurde, zeigt ein zutiefst gestörtes Verhältnis des 45. amerikanischen Präsidenten zu den demokratischen Institutionen seines Landes.

Die USA sind möglicherweise nicht die einzige westliche Demokratie, in der die Wahrnehmung durch breite Bevölkerungsschichten und die Realität keineswegs deckungsgleich sind. So sind die Wirtschaftsdaten der USA deutlich besser als die der meisten Partner, es gibt über Monate Wachstum und neue Jobs. Der Schlachtruf «Jobs! Jobs! Jobs!» aus Wahlkämpfen seit den 1970er-Jahren hat sich regelrecht verselbstständigt, sodass er inzwischen wie ein *running joke* aus *Saturday Night Life* wirkt. Jeder Politiker, der in seinem Bundesstaat oder gar für das ganze Land über einem signifikanten Jobwachstum präsidiert, kann seine Wiederwahl als höchst wahrscheinlich ansehen. Nicht so Joe Biden im Jahr 2024: Trotz einer Wirtschaftsbilanz über viele Monate vor der Wahl, von der Politiker aller Parteien zum Beispiel in Deutschland nur träumen können, liegt sein Kontrahent Donald Trump in *opinion polls* bei der Frage nach ökonomischer Kompetenz rund 20 Prozentpunkte vor dem Präsidenten.

Die Präsidentschaftswahl von 2024 zeigt mehrere Besonderheiten über die Wiederholung der beiden Kontrahenten hinaus – oder besser gesagt: der beiden wichtigsten Kontrahenten, denn auf den Wahlzetteln stehen wie immer eine ganze Reihe von Unabhängigen und Kandidaten kleiner Parteien wie den Libertarians und den Greens. Zum einen ist es fast bizarr, dass ein Land, das sich stets als jugendlich-dynamisch sieht und das mit einem Alter als Nation von 248 Jahren (berechnet vom Tag der Unabhängigkeitserklärung) deutlich jünger ist als zum Beispiel England, Frankreich oder Spanien, die Wahl zwischen zwei Greisen hat. Am Ende einer hypothetischen zweiten Amtszeit wäre Joe Biden 86 Jahre alt und Donald Trump 82 Jahre alt. Dementsprechend reagiert eine Mehrheit der Amerikaner bei Umfragen negativ auf die Alternativen, die ihnen das Wahljahr 2024 bietet. Zum anderen sehen viele Beobachter – in Europa offenbar noch mehrheitlicher als in den USA – in einer möglichen Wahl von Donald Trump einen Schlag für die amerikanische Demokratie, für die westliche Welt und besonders die Nato sowie eine Stärkung von Autokraten weltweit.

Es geht um viel. Nicht zum ersten Mal, aber 2024 in ganz besonderer Ausprägung. Dieses Buch soll seine Leser mitnehmen auf eine Reise zu den wichtigsten Wegmarken der amerikanischen Präsidentschaft, soll die sogenannten großen und auch einige nicht ganz so reputierliche Präsidenten auf ihrem Weg ins Weiße Haus begleiten und nebenbei die vielen kleinen und großen Besonderheiten des Wahlsystems, die in diesem Jahr immer wieder in den Nachrichten auftauchen werden, wie das Wahlmännerkollegium – für Europäer oft unverständlich – erklären. Über mehr als 200 Jahre waren Wahlen in den USA ein Hochamt der Demokratie. Vertrauen wir auf unsere amerikanischen Freunde, dass dies auch 2024 so sein wird.

1. Prolog
Die Geburtsstunde der modernen Mediendemokratie: John F. Kennedy, Richard Nixon und die Erfindung des Fernsehduells

1960: John F. Kennedy vs. Richard Nixon

Über Europa hatte sich längst die Nacht gesenkt und die Menschen in den Wirtschaftswunderländern im Herzen des Kontinents schliefen mehrheitlich einem neuen schaffensreichen Tag in ihrer 48-Stunden-Arbeitswoche entgegen. Die wenigsten der Bürgerinnen und Bürger in den noch jungen Nachkriegsdemokratien der Bundesrepublik Deutschland und Österreichs sowie der schon weitaus länger etablierten Demokratie in der Schweiz konnten sich vorstellen, dass jenseits des Atlantiks eine neue Epoche im Erleben dieser Staatsform inauguriert wurde. Denn rund 70 Millionen Amerikaner hatten sich an diesem 26. September 1960, einem Montagabend, vor ihren Fernsehgeräten niedergelassen und wurden Zeuge, wie sich «die Welt der Politik für immer veränderte».[1] Das Medium Fernsehen betrat die Bühne des politischen Willensbildungsprozesses und übernahm eine Hauptrolle, die es bis heute nicht wieder abgegeben hat – in den USA nicht, in den europäischen Demokratien nicht und erst recht nicht in Autokratien, wo es zum Instrument der Staatspropaganda wurde.[2]

Zum ersten Mal würde es zu einer landesweit, von Maine bis Hawaii übertragenen Debatte zwischen den beiden Spitzenkandidaten für die in knapp sechs Wochen stattfindende Präsidentschaftswahl kommen. Die Zahl der Zuschauer, die dem Ereignis beiwohnten, übertraf alles in der Geschichte des Mediums Fernsehen Dagewesene. Rechtzeitig vorher betraten die beiden Kandidaten das Studio in Chicago, der Republikaner und amtierende Vizepräsident Richard Nixon und der demokratische Senator aus Massachusetts, John F. Kennedy.

Beide Kandidaten hatten die letzten Stunden mit Vorbereitungen im Kreise ihrer Berater verbracht, hatten versucht, auf alle denkbaren Fragen des sorgfältig ausgewählten Panels von Journalisten die effektvollsten Antworten zu konzipieren. So zumindest die offizielle Historiografie. Gerüchteweise hingegen soll sich Kennedy in seiner Hotelsuite noch bei einer oder, nach anderer Überlieferung, zwei jener jungen Frauen entspannt haben, die im Umfeld des Senators stets als «Sekretärinnen» bezeichnet wurden. Stenografiekenntnisse waren nicht unbedingt notwendig.

Nixon war etwas früher im Studio, versuchte trotz eines gerade überstandenen Krankenhausaufenthalts wegen einer Knieverletzung auf die Anwesenden einen gut gelaunten und vitalen Eindruck zu machen. Einige Minuten erfreute sich der Vizepräsident der allgemeinen Aufmerksamkeit. Dann harrte seiner ein Schock. Als Senator Kennedy das Studio betrat, stürzten sich die Pressefotografen auf ihn und ließen den verblüfften Nixon stehen. Der Mann aus Massachusetts, so entfuhr es einem der Reporter, sah aus wie Adonis. Kennedy war braun gebrannt, trug einen dunklen Maßanzug und ein unwiderstehliches Siegerlächeln zur Schau: «Von dem Moment, da Kennedy hereinschritt und ihm die Aufmerksamkeit der Fotografen stahl, war Nixon nicht mehr derselbe Mann. Er war von der Filmstar-Aura seines Rivalen geradezu leergepumpt, spürte die eigene Minderbedeutung. Er sank in seinen Stuhl, seinen Kopf abgewandt, ein Mann auf dem Rückzug.»[3]

Die Debatte lief nicht gut für Nixon. Kennedy erschien ihm nicht unbedingt argumentativ überlegen – Zu*hörer*, die das Geschehen im Radio verfolgten und die dazugehörende Übertragung nicht gesehen hatte, gaben später bei Umfragen mehrheitlich an, dass Nixon auf sie den überzeugenderen Eindruck gemacht hatte. Doch das Radio hatte an diesem Tag das kleinere Publikum. Die allermeisten politisch interessierten Amerikaner waren an jenem Abend Zu*schauer*. Und in deren Einschätzung schnitt Kennedy deutlich besser ab. Der optische Kontrast zwischen beiden Kandidaten war unübersehbar. Kennedy hob sich in seinem dunklen Anzug vorteilhaft von der grauen Studioumgebung ab, er zeigte geradezu symbolhaft Profil. Nixons grauer Anzug hingegen schien in den Hintergrund überzugehen und gab dem Vizepräsidenten eine verwaschene Erscheinung, die noch durch seine Physiognomie unterstrichen wurde. Nixon sah nach dem Krankenhausaufenthalt elend aus, hatte Ringe unter den Augen und einen schlechtsitzenden Hemdkragen. Ein zusätzliches Problem war sein starker Bartwuchs, den Karikaturisten gern benutzten, um den Vizepräsidenten als dunkle, wenig Vertrauen einflößende Person zu porträtieren. Nixon benutzte Puder, um die Stoppeln abzudecken, lehnte aber ansonsten das Auftragen von Make-up ab. Im Laufe der Debatte begann der sich erkennbar unwohl fühlende Kandidat zu schwitzen, was gleichfalls wenig attraktiv wirkte. Der Spott, der sich über Nixon nach diesem Auftritt ergoss, war teilweise grausam. «Mein Gott!», rief Chicagos Bürgermeister Richard Daley, ein Demokrat, aus, «die haben ihn ja schon einbalsamiert, bevor er überhaupt gestorben ist!» Wenig freundlich war auch das Fazit von Nixons Vize-Präsidentschaftskandidaten Henry Cabot Lodge, das am wirkungsvollsten im Original klingt: «That son of a bitch just lost the election.»[4]

«Die Kandidaten brauchen nicht vorgestellt zu werden.» Mit diesen einleitenden Worten eröffnete Howard K. Smith vom Sender CBS die Debatte. Das Thema des ersten Aufeinandertreffens der beiden Kandidaten war zwar eigentlich amerikanische Innenpolitik, doch wurde die Außenpolitik schnell dominant. Gerade dies hätte nach allgemeiner Einschätzung ein Heimspiel für Vizepräsident Nixon werden müssen. Doch schon in den Anfangsminuten wurde deutlich, dass Senator Kennedy, der über Jahre im Auswärtigen Ausschuss des Senats gearbeitet hatte und Autor zahlreicher außenpolitischer Schriften war (darunter seine mit 22 Jahren verfasste Analyse *Why England Slept* über den Weg Großbritanniens in den Zweiten Weltkrieg), sich auf diesem Areal seinem Rivalen ebenbürtig fühlte und Letzterem in der Fähigkeit, seine Kompetenz zu kommunizieren, haushoch überlegen war. Nach Begrüßung des Moderators und Nixons drehte er sich in Richtung Kamera und nahm eine Position ein, wie sie in späteren Phasen des Fernsehzeitalters von Staatspräsidenten eingenommen wird, die sich an ihr Volk wenden. Geschickt spielte er auf einen historischen Vorläufer der bevorstehenden Wahl an, jene Entscheidung vor hundert Jahren, die gleichfalls von wegweisender, epochaler Bedeutung gewesen war: «Bei der Wahl von 1860 sagte Abraham Lincoln, dass es um die Frage geht, ob diese Nation zur Hälfte versklavt und zur Hälfte frei existieren könne. Bei der Wahl von 1960 geht es angesichts der uns umgebenden Welt darum, ob diese halb frei oder halb versklavt bestehen kann; ob sie sich in die Richtung auf die Freiheit zubewegt, in Richtung jener Straße, die wir genommen haben, oder ob sie in Richtung Sklaverei fortschreitet.» Kennedy zog einen nahtlosen Bogen zu den inneren Problemen Amerikas und verknüpfte die notwendigen Reformen in Amerikas Gesellschaft mit dem großen Kampf in Übersee, mit dem Wettstreit gegen eine totalitäre Ideologie: «Es hängt in ganz großem Maße davon ab, was wir in unserem Lande tun. Der Grund, dass Franklin Roosevelt in Lateinamerika als guter Nachbar galt, lag darin, dass er hierzulande ein guter Nachbar war. Die Menschen haben gespürt, dass sich die amerikanische Gesellschaft wieder bewegt. Ich will, dass wir dieses Bild von uns zurückgewinnen. Ich will, dass Menschen in Lateinamerika und Afrika und Asien wieder nach Amerika blicken, dass sie sich fragen, was der amerikanische Präsident macht, und nicht auf Chruschtschow oder die chinesischen Kommunisten schauen. Es ist Zeit, dass Amerika wieder voranschreitet.»[5]

Die Wirkung auf Amerikas Fernsehzuschauer war eine außerordentliche: Der junge Senator sah viel vertrauenerweckender und auch seriöser aus als der Politiker, der die letzten acht Jahre ihr Vizepräsident gewesen war. Diesem gelang es kaum, gegenüber diesem Auftritt an Profil zu gewinnen. In den meisten Punkten musste er Kennedy zustimmen. Doch Nixon, ein hochbegabter Debattenredner, gab sich nicht geschlagen und ging in die Offensive. Vor allem aus Kennedys «Unerfahrenheit» versuchte er Kapital zu schlagen – die fast 14 Jahre Kennedys im Capitol waren allerdings mehr legislative Erfahrung, als sie manche Präsidenten mit ins Weiße Haus gebracht hatten. Der Herausforderer konterte mit feiner Ironie und einem abermaligen Verweis auf den gemeinhin als den größten aller Präsidenten eingeschätzten sechzehnten Amtsinhaber: «Abraham Lincoln ist Präsident geworden nach einer wenig bekannten Periode im Repräsentantenhaus, nachdem er die Wahl um den Senat 1858 verloren hatte, und doch war er ein herausragender Präsident. Es gibt keinen sicheren, vorgezeichneten Weg in die Präsidentschaft. Es gibt keine Garantien, dass man bei der einen oder der anderen Route [ins Weiße Haus] ein erfolgreicher Präsident sein wird.»[6]

Der Eindruck nach Ende der Debatte war im Kennedy-Lager der eines eindeutigen Sieges – was Meinungsumfragen unter Zuschauern bestätigten: 43 Prozent sahen Kennedy als «Sieger», nur 23 Prozent hatten von Nixon den stärkeren Eindruck. Auch die Körpersprache desjenigen Kandidaten, der sich gerade nicht an die Zuschauer wandte, ließ die Sympathien eher in Richtung Kennedys ausschlagen. Nixon blickte bei des jugendlichen Senators Ausführungen oft finster, mit rastlosen Augenbewegungen im Studio umher. Kennedy wirkte auch als Zuhörer souveräner. Er machte sich Notizen (oder deutete dies zumindest an) und hob gelegentlich mit angedeutetem Lächeln eine Augenbraue.

Die Wahl des Jahres 1960, darin waren sich politische Beobachter in den USA ebenso wie in Europa einig, würde eine Wendemarke darstellen. Die Welt stand am Beginn eines Zeitalters faszinierender technologischer Möglichkeiten, aber auch am Rande von Armageddon. Bedeutsam war auch, dass – wie es Wahlsieger Kennedy in den berühmten Worten seiner Antrittsrede im kommenden Januar formulieren sollte – «die Fackel an eine neue Generation übergeben wurde, geboren in diesem Jahrhundert, geprägt vom Krieg, diszipliniert von einem harten und bitteren Frieden»: Kennedy war Jahrgang 1917, Nixon nur vier Jahre älter.

Viele Amerikaner waren überzeugt, dass mehr als nur eine neue kalendarische Dekade vor ihnen lag – es war ein neues und höchst ungewisses Zeitalter, in das einzutreten man im Begriff stand. Die zu Ende gehenden Fünfzigerjahre waren vielleicht nicht die heimelige Idylle, zu der sie viele Jahre später in Erinnerungen und Hollywoodfilmen wie «Zurück in die Zukunft» verklärt wurden. Doch für eine Mehrheit waren sie eine Epoche der Prosperität und relativ gesicherter Wertvorstellungen. Nach dem Zweiten Weltkrieg hatte ein ungeheurer wirtschaftlicher wie demografischer Aufschwung die USA erfasst. Millionen Soldaten kehrten von den Kriegsschauplätzen in Europa und Asien zurück, gründeten Familien und bauten Häuser, meist in Suburbia, den zunächst zaghaft wachsenden, bald aber ausufernden Vorortsiedlungen unweit der klassischen Großstädte wie New York, Chicago, Los Angeles und Philadelphia. Schon bald machte sich der Aufbruch einer ganzen Generation in die Bürgerlichkeit auf den *maternity wards*, den geburtshilflichen Abteilungen der Krankenhäuser bemerkbar. Ab 1946 kam die *baby boom generation* zur Welt, jene geburtenstarken Jahrgänge, die in den 1960er-Jahren erwachsen werden und bis in unsere jüngere Vergangenheit Politik und Wirtschaftsleben bestimmen sollten. Mindestens drei amerikanische Präsidenten sind Vertreter der *baby boomers*: Bill Clinton, George W. Bush und Donald Trump.

Die ehemaligen GIs, die an den Fronten den Horror des Krieges erlebt hatten, sehnten sich nach Ruhe, Frieden und Prosperität, um ihren eigenen Karrieren nachzugehen und ihre Kinder heranwachsen zu sehen. Diesem Bedürfnis schien der Präsident zu entsprechen, den Amerikas Wählerinnen und Wähler zweimal mit deutlichen Mehrheiten in das Weiße Haus schickten. Dwight D. Eisenhower war als Oberkommandierender der alliierten Streitkräfte in Europa für den D-Day, die Invasion in der Normandie im Juni 1944, verantwortlich gewesen und gilt nicht zu Unrecht als der Mann, der wie kein anderer die Befreiung weiter Teile Europas und vor allem Deutschlands von der Nazityrannei verkörpert. Der nach außen hin unpolitische General, der launig erklärte, noch nie an einer Wahl teilgenommen zu haben, war eine Art weise Vaterfigur für Millionen von Amerikanern, dem man zutrauen konnte, nach dem Sieg im Weltkrieg das Land auch mit Bedacht und ohne Hang zu extremen Maßnahmen durch den Kalten Krieg zu steuern. Beide Parteien buhlten um Eisenhowers Gunst; dass er sich schon seit Langem der Republikanischen Partei zurechnete, war weitgehend unbekannt. *I like Ike* wurde ein eingängiger Wahlslogan, der die traditionellen Parteigrenzen überwand. Amerikaner unterschiedlicher Herkunft schätzten den fast kahlköpfigen, freundlichen älteren Herrn und seine gleichfalls höchst liebenswürdige Frau Mamie, die ein besonderes Faible für die Farbe Rosa hatte, welche für acht Jahre im Interieur des Weißen Hauses allgegenwärtig sein sollte.

Eisenhower gewann sowohl 1952 als auch 1956 die Präsidentschaftswahlen mit großer Mehrheit. Die Demokraten schickten den Gouverneur von Illinois, Adlai Stevenson, gleich zweimal gegen ihn ins Rennen. Stevenson wurde in der öffentlichen Wahrnehmung als «akademischer Eierkopf» verstanden, der dem jovialen Ex-General an Popularität nicht im Entferntesten das Wasser reichen konnte. Auch die Tatsache, dass Stevenson 1952 gerade von seiner Frau geschieden war, war im Wahlkampf in jenen konservativen Zeiten alles andere als hilfreich. Doch die 1950er-Jahre waren keine Epoche permanenter biedermeierlicher Gemütlichkeit. Vor allem in Eisenhowers zweiter Amtszeit wurden Jahre stetigen Wachstums durch mehrere Rezessionen abgelöst. Immer offener wurde ersichtlich, dass ein großer Teil der amerikanischen Bevölkerung nicht nur an der vielerorts vorherrschenden Prosperität wenig Anteil hatte, sondern auch in der Ausübung seiner Bürgerrechte vor allem in den Staaten des Südens behindert wurde: die Amerikaner afrikanischer Abstammung, damals ganz offiziell noch *negroes* genannt. Im Süden herrschte strikte Rassentrennung nach der verlogenen Devise *separate but equal*, diskriminiert wurden schwarze Amerikaner aber fast überall im Land. Der Kampf mutiger Afroamerikaner für ihre Bürgerrechte sorgte vor allem in der zweiten Hälfte der Fünfzigerjahre immer wieder für nationale Schlagzeilen, einige Ereignisse sind Wendemarken in der amerikanischen Geschichte geworden, wie die Weigerung der Näherin Rosa Parks im Dezember1955, in Montgomery, Alabama ihren Sitzplatz im Bus einem weißen Fahrgast zu überlassen, und die Hasstiraden, denen sich im September 1957 die ersten sieben schwarzen Schülerinnen und Schüler ausgesetzt sahen, die eine Highschool in Little Rock, Arkansas besuchen wollten. Präsident Eisenhower schickte schließlich Fallschirmjäger zum Schutz der

Jugendlichen, die von einem weißen Mob bedroht und bespuckt worden waren, welcher außerdem einen afroamerikanischen Journalisten vor laufenden Fernsehkameras verprügelt hatte.

Doch nicht nur derartige Ereignisse im eigenen Land schreckten die Amerikaner aus der Selbstzufriedenheit, die sich nach dem Sieg über Hitler und über Japan ausgebreitet hatte, auf. Der tief verwurzelte Glaube an Amerikas technologische Überlegenheit, an seine ungefährdete Position als wissenschaftliche und industrielle Weltmacht wurde im Oktober 1957 nachhaltig erschüttert, als ein Satellit mit Namen Sputnik und nicht ein solcher mit der Bezeichnung Explorer um die Erde zu kreisen begann. Der Kontrahent im Kalten Krieg, die Sowjetunion, hatte die USA erstmals überholt. Es war ein Trauma, das nicht nur das amerikanische Selbstwertgefühl, sondern auch die politische Debatte in den USA mitprägen sollte. Bald machte das Schlagwort vom *missile gap* die Runde, von dem vermeintlichen Vorsprung der sowjetischen Raketenrüstung, die eine existenzielle Bedrohung der nationalen Sicherheit zu sein schien. Könnten sowjetische Raketen, so fragten sich besorgte Leitartikler, mit nuklearen Sprengköpfen mit nur wenigen Minuten Vorwarnzeit in Amerikas Großstädten einschlagen? Die «Raketenlücke» wurde als Metapher für Amerikas mutmaßliche Unterlegenheit und als Anklage gegen die angebliche Untätigkeit der Administration von Präsident Eisenhower und seinem Vizepräsidenten Richard Nixon 1960 zu einem der wichtigsten Wahlkampfthemen der Demokraten.

Während der Republikaner Nixon aus Kalifornien die letzten acht Jahre als Vizepräsident unter Eisenhower amtiert hatte und somit Teil des politischen Establishments war, strahlte der Kandidat der Demokraten eine unverbrauchte Frische aus. Senator John Fitzgerald Kennedy aus Massachusetts wurde wie kaum ein Präsidentschaftskandidat vor ihm zu einem Medienereignis, nicht nur kraft seines unbestreitbaren Charismas, sondern auch dank einer hochprofessionellen PR-Strategie und geradezu unbeschränkter finanzieller Möglichkeiten. Der jugendlich wirkende Senator, der bei seiner Nominierung erst 43 Jahre alt war, hatte auf viele Zeitgenossen und nicht wenige Journalisten die Ausstrahlung eines Popstars oder einer Hollywoodgröße. Der Kult um John F. Kennedy, seine bildschöne junge Frau Jacqueline und die beiden kleinen Kinder, die im Wahljahr drei Jahre alte Caroline und den kurz nach der Wahl geborenen John jr., sollte Teil der Ikonografie der Sechzigerjahre werden: auf dem Weg zum Weißen Haus und während der tragisch kurzen Amtszeit als

Sinnbilder modernen amerikanischen Lebensstils und einer scheinbar ungetrübten jungen Familienidylle. Und nach dem Tag von Dallas als Erinnerung an eine schnell zu «Camelot» verklärte Epoche, in der wie einst der frühmittelalterliche englische König Arthur ein junger, mutiger Präsident im Kreise seiner Getreuen den Weg in eine bessere Zukunft plante, bevor ihn ein grausiges Schicksal niederstreckte.

John F. Kennedy und sein Rivale Richard Nixon hatten im Zweiten Weltkrieg beide in der Marine gedient. Während Nixons Dienstzeit in dem Konflikt ohne Ereignisse verlief, die seine PR-Strategen hätten benutzen oder spätere Biografen hätten herausstellen können, war Kennedy einem breiten Publikum schon seit vielen Jahren als «Kriegsheld» bekannt. Im Pazifikkrieg nämlich hatte Leutnant Kennedy Schlagzeilen gemacht. Das von ihm kommandierte Schnellboot PT-109 war in der Nacht auf den 2. August 1943 auf Patrouillenfahrt unweit der Inselgruppe New Georgia. In der Dunkelheit wurde das Boot von einem mit voller Fahrt auf sie zukommenden, das kleine Schiff jedoch gar nicht bemerkenden japanischen Zerstörer regelrecht in zwei Teile geschnitten. Es war das einzige Schnellboot, das im gesamten Kriegsverlauf auf diese Weise verloren ging. Kennedy sammelte die Überlebenden (zwei Seeleute waren bei der Kollision umgekommen) und rettete einen verwundeten Kameraden, indem er eine Leine von dessen Schwimmweste in den Mund nahm und den halb Bewusstlosen, auf dem Rücken schwimmend, hinter sich herzog. Man erreichte eine kleine Insel mit dem freundlichen Namen Plum Pudding Island. Sieben Tage lang schienen die Männer in der Wasserwüste des Pazifiks ihrem Schicksal ausgesetzt, eine Zeit, währen der Kennedy mehrmals bis an die Grenze des körperlichen Zusammenbruchs zu anderen Atollen und Inseln schwamm, um Hilfe zu holen. Schließlich entdeckten sie zwei Insulaner, die wiederum von einem Camp neuseeländischer Soldaten, ein paar Kanustunden entfernt, wussten. Die erschöpften Männer erreichten das Lager der Verbündeten, die bereits die U. S. Navy informiert hatte, welche ein PT-Boot schickte, um Kennedy und seine Besatzung abzuholen.

Das Leiden der Männer von PT-109 und das umsichtige Verhalten des jungen Kapitäns machten umgehend Schlagzeilen in der Heimat. Die *New York Times* titelte: «Kennedys Sohn wird im Pazifik zum Helden, als japanischer Zerstörer sein Boot entzweischneidet». Mit der Veröffentlichung einer spannenden Geschichte über die Abenteuer von PT-109 im von Millionen Lesern konsumierten Journal *Reader's Digest* wurde der Name des jungen Marineoffiziers von Maine bis Kalifornien bekannt – es war eine Publikation, bei deren Entstehung sein Vater, Joseph Kennedy, tatkräftig geholfen hatte. Die Publizität verhinderte eine eingehendere Untersuchung der Marine, vielleicht gar ein Kriegsgerichtsverfahren gegen den jungen Helden – immerhin hat ein Schnellboot seinen Namen nicht von ungefähr und manch einem Admiral stellte sich die Frage, ob man es an Bord von PT-109 nicht an der nötigen Wachsamkeit habe mangeln lassen.

Die Verbreitung des merkwürdigen Kriegserlebnisses über die Medien zeigt ein Schema und eine Triebfeder auf, die auch den Wahlkampf des demokratischen Spitzenkandidaten 1960 prägten: eine geradezu vererbte brennende politische Ambition in Verbindung mit dem Willen, Summen in deren Realisierung zu investieren, von denen die politischen Rivalen, die im Laufe der Jahre John F. Kennedys Weg kreuzten, nur träumen konnte. Spiritus Rector und Finanzier der politischen Karriere des im Familienkreis «Jack» genannten John F. Kennedy war sein Vater Joseph. Über ihn und den von ihm abstammenden Clan mit all ihren schillernden Affären und tragischen Schicksalen sind inzwischen Regalmeter geschrieben worden. In diesem Zusammenhang sei lediglich darauf hingewiesen, dass schon viele Zeitgenossen der reichlich gefüllten Wahlkampfkasse der Kennedys mit gemischten Gefühlen gegenüberstanden. Denn Joseph Kennedy senior, ein klassischer amerikanischer Selfmademan irischer Abstammung, hatte sein Vermögen auf teilweise anrüchige Art verdient, durch Transaktionen am Rande der Legalität oder jenseits dieser wie dem Handel mit Spirituosen während der Prohibitionszeit. Kennedy senior, ein Aufsteiger wie aus dem Bilderbuch des American Dream, wurde selbst von politischem Ehrgeiz verzehrt, doch während seiner kurzen Zeit als amerikanischer Botschafter in London zu Beginn des Zweiten Weltkrieges hatte er zu deutlich eine inakzeptable Position bezogen. Kennedy war in der britischen Hauptstadt als Defätist eingeschätzt worden – und dies war noch die positivere Beurteilung. Der diplomatisch völlig unerfahrene Botschafter, dessen Unterstützung sich Präsident Roosevelt um fast jeden Preis für seine Wiederwahl 1940 sichern wollte, gab dem britischen Ansinnen, notfalls allein gegen Nazideutschland bestehen zu wollen, keine günstige Prognose. Wer Kennedy übelwollte – und dergleichen Gefühle hegten viele, die dem gewieften Geschäftsmann über den Weg gelaufen waren –, verdächtigte ihn gar der Sympathien für autoritäre Systeme wie jenes im Deutschland Adolf Hitlers.

Selbst im offiziellen Washington zur Unperson geworden, projizierte Joe Kennedy seinen Ehrgeiz auf seinen ältesten überlebenden Sohn John. Schon 1946 zog der 29-Jährige als Kongressabgeordneter für den 11. Bezirk des Staates Massachusetts in das Repräsentantenhaus in Washington ein. Die Strategie dieses recht lokalen Wahlkampfes sollte sich in den folgenden Urnengängen, bei denen John F. Kennedy kandidierte, wiederholen: der Einsatz der gesamten großen Kennedy-Familie, eine ungeheure mediale Aufmerksamkeit und eine fast ehrfürchtige Verehrung, die dem jungen Politiker, dessen Schlagfertigkeit und Charme kaum zu übertrumpfen möglich schien, bei den meisten seiner Auftritte entgegenschlug. Und natürlich ein unbegrenztes Budget. Auf Dauer war das Repräsentantenhaus für einen Mann mit Kennedys Qualitäten eine bis zwei Nummern zu klein. 1952 strebte Kennedy ins Oberhaus der amerikanischen Politik, in den Senat. Den Senatssitz hatte mit dem Republikaner Henry Cabot Lodge ein Angehöriger einer der ältesten und angesehensten Familien des Bundesstaates inne, dem nie die Idee gekommen wäre, gegen einen Herausforderer aus einer despektierlichen Aufsteigerfamilie, gegen einen Spross des verabscheuten Joseph Kennedy verlieren zu können. Außerdem wehte den Demokraten überall im Land der Wind ins Gesicht. Nach zwanzig Jahren demokratischer Präsidenten – Franklin D. Roosevelt von 1933 bis 1945, gefolgt von Harry Truman – standen die Zeichen auf Wechsel. Doch abermals war die Kennedy'sche Wahlkampfführung superb, der Einsatz der Ressourcen effizient und reichhaltig. Am Wahltag 1952 kam es in den USA zu einem Erdrutschsieg der Republikaner. Deren Spitzenkandidat Eisenhower wurde mit großer Mehrheit zum 34. US-Präsidenten gewählt, in Massachusetts (sonst einer Hochburg der Demokraten) ließ er seinen Herausforderer Adlai Stevenson mit mehr als 200.000 Stimmen Vorsprung hinter sich. Auch zum Gouverneur wählten die Bürger des Staates einen Republikaner. Nicht jedoch zum Senator: Entgegen dem Trend gewann John F. Kennedy die Wahl mit 51,5 Prozent der Stimmen. Keinen überraschte dieser Ausgang mehr als Henry Cabot Lodge, der erklärte, er fühle sich wie ein Mann, der gerade von einem Lastwagen überfahren worden war. Die beiden sollten sich 1960 abermals gegenüberstehen: Cabot Lodge, inzwischen von Präsident Eisenhower zum Botschafter bei den Vereinten Nationen ernannt, war der republikanische Kandidat für das Amt des Vizepräsidenten an der Seite von Richard Nixon.

Kennedy war nach dem Einzug in den Senat sofort der Liebling der Medien, vor allem die Gesellschaftsseiten der Zeitungen widmeten sich mit

Vorliebe dem attraktiven jungen Senator. Für höhere, um nicht zu sagen: höchste Ambitionen fehlte ihm nur eines: eine Vorzeigefamilie. Den ersten Schritt hierzu unternahm er am 12. September 1953, als er die höchst attraktive Jacqueline Bouvier heiratete, die in Washington als Reporterin arbeitete. Die Hochzeit auf einem Landgut in Rhode Island wurde, nicht zuletzt dank Joseph Kennedys und seines Stabes exzellenter logistischer Planung, ein Medienereignis. In den Gazetten des ganzen Landes tauchten Berichte über diese Feierlichkeit der oberen Zehntausend von Neuengland mit Bildern von einem gut aussehenden, glücklichen Paar auf. Der *junior senator* aus Massachusetts hatte jetzt bereits einen Bekanntheitsgrad erlangt, von dem manche Senatskollegen mit zehn- oder zwanzigjähriger legislativer Tätigkeit nur träumen konnten.

Die Tätigkeit im Senat und mehr noch die fast an Verehrung grenzende Aufmerksamkeit der Medien boten Kennedy genügend Gelegenheit, sein Profil zu schärfen und ein *household name* zu werden, ein Mann mit einem hohen nationalen Bekanntheitsgrad. Nachdem er 1958 mit überzeugender Mehrheit für seinen Heimatstaat Massachusetts in den Senat wiedergewählt wurde, fiel sein Name immer häufiger als der eines möglichen demokratischen Präsidentschaftskandidaten für 1960. Das öffentliche Bild Kennedys als eines Politikers mit *movie-star good looks*, von blendendem, sportiven Aussehen, wurde von der PR-Maschine der Kennedy-Familie sorgsam gepflegt. Von den Geheimnissen seines Privatlebens, der aufgrund seiner Affären vorübergehend am Rande des Scheiterns stehenden Ehe und seiner Krankheit – das Nebennierenleiden Morbus Addison –, welche regelmäßige Kortisonspritzen erforderlich machte, erfuhr die Öffentlichkeit in vollem Umfang erst nach seinem Tod.

Kennedy erklärte seine Kandidatur im Januar 1960. Innerhalb der Demokratischen Partei hatte er mehrere formidable Rivalen, die Senatoren Lyndon B. Johnson aus Texas, der das Amt des einflussreichen Mehrheitsführers im Senat innehatte, Hubert Humphrey aus Minnesota und Stuart Symington aus Missouri. Vorwahlen fanden 1960 in nur sechzehn Bundesstaaten statt, sodass die Kandidaten eine Doppelstrategie verfolgen mussten: einerseits in den *primaries* so gut wie möglich abzuschneiden, andererseits die Führungskräfte der Demokratischen Partei, die Königsmacher, hinter sich zu bringen. Joes Geld spielte auch im demokratischen Vorwahlkampf eine herausragende Rolle, nicht nur, weil es in großer Quantität eingesetzt wurde, sondern auch, da die Mittel höchst gezielt und professionell zur Wirkung kamen. Dies zeigte sich unter anderem darin, dass auf lokaler Ebene bei den wichtigen Vorwahlen, zum Beispiel in West Virginia, die entscheidenden Leute gewonnen werden konnten und dass die Logistik eine neue Qualität erreichte. Jack, seine Mitarbeiter und gelegentlich auch seine Frau flogen mit einem Privatjet, der den Namen von Tochter Caroline trug, durch die Lande, während sein innerparteilicher Rivale Hubert Humphrey weite Strecken mit der Eisenbahn oder dem Bus zurücklegte.

Unbezahlbar war indes Kennedys aufsehenerregendste Mitstreiterin: seine Frau. Jacky war so ungeheuer fotogen und telegen, wie man es noch nie bei einer Politikerfrau erlebt hatte. Ihr exzellenter Modegeschmack machte sie zur Trendsetterin. Wo immer ihr Auftritt an der Seite des Senators angekündigt war, scharten sich die Bürger und vor allem die Bürgerinnen schon Stunden vorher. Jack gewann die Vorwahlen in West Virginia wie in den meisten anderen Staaten und wurde auf der Convention der Demokraten im Juli 1960 in Los Angeles zum Präsidentschaftskandidaten gekürt. Zum *running mate*, seinem Vizepräsidentschaftskandidaten, machte er Lyndon B. Johnson aus Texas.

Sein Gegenspieler Richard Nixon konnte auf seine politische Erfahrung als Vizepräsident verweisen und mit seiner stramm konservativen Ideologie bei vielen traditionellen Wählern der Republikaner Eindruck machen. So hatte es der Mehrheit seiner Landsleute imponiert, dass er bei einem Besuch in Caracas, Venezuela sich von einem grölenden, Steine werfenden Mob nicht hatte vertreiben lassen und, mehr noch, dass er 1959 bei einem Besuch in Moskau dem Sowjet-Diktator Chruschtschow während einer Debatte auf einer Industrieausstellung mutig die Stirn geboten und den amerikanischen Lebensstil als gegenüber der Kollektivierung und Kolchosierung weit überlegen verteidigt hatte. Doch Nixon hatte nicht annähernd eine so gewinnende, die Menschen in seinen Bann schlagende Art wie Kennedy. Langjährige Mitarbeiter mochten ihn schätzen – doch wirklich beliebt war der oft etwas finster dreinblickende Politiker selbst bei engen Parteifreunden nicht. Außerdem haftete ihm der Ruf an, in der Auseinandersetzung mit dem politischen Gegner zu verbalen Schlägen unter die Gürtellinie auszuholen und mit schmutzigen Tricks zu arbeiten. Der Spitzname «Tricky Dick», den ihm 1946 sein Kontrahent im Wahlkampf um einen Sitz im Repräsentantenhaus verpasst hatte, sollte Nixon – durch die Watergate-Affäre praktisch validiert – bis zu seinem Lebensende anhaften. Als Eisenhower ihn 1952 zu seinem Vizepräsidentschaftskandidaten ernannte, geriet Nixon schnell in den Strudel eines Skandals. Dem politischen Gegner nahestehende Journalisten verbreiteten, es gebe einen «dunklen Wahlkampf-Fond», aus dem sich Nixon auch zur persönlichen Bereicherung bedient habe. Nixon wandte sich im Fernsehen live an die Bevölkerung, in einer Performance, in der die kaum gebändigte Empörung eines rechtschaffenen Amerikaners in eine weinerliche Rührseligkeit mündete, die heute beim Betrachten des flimmernden Schwarz-Weiß-Streifens peinlich wirkt, damals aber den Nerv zahlreicher Zuschauer traf. Nixon stritt jedwede Vorwürfe ab und berichtete schließlich: Ja, ein Geschenk habe man doch angenommen. Es handle sich um einen Cockerspaniel namens Checkers. Diesen hätten seine beiden kleinen Töchter inzwischen gar liebgewonnen und, nein, den treuen vierbeinigen Gefährten gebe man nicht wieder her, egal, wie viel Aufregung die Demokraten deswegen veranstalten würden. Der Auftritt stärkte Nixons Stellung auf dem Ticket (Eisenhower hatte zwischenzeitlich mit dem Gedanken gespielt, Nixon kurz vor der Wahl noch durch einen anderen *running mate* abzulösen) und ließ in ihm die Gewissheit aufkommen, dass er es meisterhaft verstehe, auf der Klaviatur des neuen Mediums Fernsehen zu spielen. Das Vertrauen Nixons darauf, vor laufender Kamera die Gefühle und Sentimentalitäten der Zuschauer stets so gut beeinflussen zu können wie bei der Checkers-Rede, wurde – wie sich im Wahlkampf 1960 zeigte – in dem Moment zu einer fatalen Fehleinschätzung, da Nixon auf einen Kontrahenten traf, der dieses Medium noch besser zu nutzen verstand.

Nixon versuchte im Wahlkampf wiederholt den Eindruck zu erwecken, als habe er in den zurückliegenden acht Jahren eine wesentlich aktivere Rolle gespielt, als sie dem Vizepräsidentenamt normalerweise zukommt. Angesichts einer gewissen Abgehobenheit Eisenhowers vom politischen Alltagsgeschäft in dessen zweiter Amtszeit, einer Minderung der Arbeitslast, die teilweise auf einem Herzinfarkt beruhte, den Eisenhower 1955 erlitten hatte, schien Nixon streckenweise zu suggerieren, als sei er in den letzten Jahren der eigentliche Staatenlenker gewesen. Dies verärgerte den alten General, der zu Nixon stets ein distanziertes Verhältnis hatte. Und er zahlte es seinem Vize heim. Als Reporter den Präsidenten fragten, welche Ideen und Konzepte Nixons er in den letzten Jahren bei seiner Regierungstätigkeit übernommen hatte, antwortete Eisenhower mit einer Äußerung, die einem Dolchstoß ins Herz des Nixon'schen Wahlkampfes gleichkam: «Wenn Sie mir eine Woche Zeit geben, fällt mir vielleicht etwas ein. Ich erinnere mich wirklich nicht.»[7] Doch trotz solcher Rückschläge war Nixon für das Kennedy-Lager ein Gegner, der nicht zu unterschätzen war.

Ein Interesse an einem landesweit live im Fernsehen übertragenen Duell der Kandidaten hatten neben den TV-Anstalten vor allem die Demokraten. Es war eine völlig neue Form der politischen Auseinandersetzung, wenig kalkulierbar, stets mit der Gefahr, durch einen Fehler, einen Missklang im Angesicht von Millionen Wählern, den eigenen Wahlchancen irreparablen Schaden zuzufügen. Eisenhower riet Nixon, nicht auf den Vorschlag einzugehen, mit Kennedy rhetorisch im Fernsehen die Klingen zu kreuzen. Doch Nixon war stolz auf seine Argumentationsfähigkeit und teilte des Präsidenten Bedenken nicht, dem weniger erfahrenen Kennedy ein Forum zu geben, auf dem sich dieser auf gleicher Augenhöhe wie der Vizepräsident der Vereinigten Staaten befand. Er verstieg sich gar zu der völlig unrealistischen Behauptung, dass das Fernsehen nicht mehr so effektiv sei wie 1952 und den Reiz des Neuen verloren habe. Zu Beginn der Fünfzigerjahre fand sich ein Fernsehapparat in einem von zehn amerikanischen Haushalten. 1960 verfügten neun von zehn Haushalten über ein TV-Gerät.

Nach der Premiere vor 70 Millionen Zuschauern am 26. September fanden im Herbst 1960 drei weitere Debatten zwischen Kennedy und Nixon statt, doch keine von ihnen erreichte die Zuschauerzahlen der ersten. Nixon erlebte am 7. Oktober im NBC-Studio in Washington ein «Comeback», sah besser aus als beim ersten Aufeinandertreffen (er hatte mit zahlreichen Milkshakes versucht, Gewicht zuzulegen) und konnte Kennedy bei der Diskussion um das damals wie heute existierende Problem Taiwan–China vorübergehend in die Defensive drängen. Zu des Republikaners Nachteil hatte sein deutlich besserer Auftritt rund zwanzig Millionen Zuschauer weniger als die erste Debatte. Am 13. Oktober bekam die Auseinandersetzung ein anderes Format, als sich Kennedy und Nixon nicht im gleichen Studio gegenüberstanden, sondern über mehr als 4.000 Kilometer getrennt waren: Kennedy sprach aus einem Studio in New York, Nixon blickte in Los Angeles in die Kameras. Die vierte und letzte Debatte am 21. Oktober in New York schien bereits Routine geworden zu sein. Die Stoßkraft des Mediums Fernsehen hat sich 1960 in vollem Umfang manifestiert, Fernsehdiskussionen der Spitzenkandidaten gehören nicht nur in den USA, sondern in vielen Demokratien der Welt zum festen Ritual des Wahlkampfes. John F. Kennedy hatte die Bedeutung des Fernsehens richtig eingeschätzt, als er ein Jahr vor den großen Debatten geschrieben hatte: «Nichts ist mit dem revolutionären Einfluss des Fernsehens vergleichbar. Das TV hat die Art unserer politischen Kampagnen, Parteitage, Kandidaten und Kosten drastisch verändert.»

Angesichts des offensiv geführten und als erfolgreich wahrgenommenen Wahlkampfes und vor allem des Erfolgs in den TV-Debatten, angesichts begeisternder Menschenmengen, die dem Kandidaten frenetisch zujubelten, gingen Optimisten im Kennedy-Lager davon aus, am Wahltag zwischen 53 oder 55 Prozent der Stimmen zu erhalten. Doch die Wahl am 8. November 1960 wurde eine der knappsten der amerikanischen Geschichte. Bei fast 69 Millionen abgegebenen Stimmen trennten Kennedy und Nixon nur 118.574 Stimmen – Old Joe scherzte, er habe schließlich nicht für einen Erdrutschsieg gezahlt. Kennedy kam auf 49,7 Prozent, Nixon auf 49,5 Prozent der abgegebenen Stimmen. Deutlicher war Kennedys Vorsprung im Wahlmännerkollegium: Hier hatte Kennedy 303 Stimmen gegenüber 219 Stimmen für Nixon auf sich vereinigen können. Hätten sich 9.000 Wähler in Illinois und 46.000 Wähler in Texas statt für Kennedy für Nixon entschieden, wären beide Staaten an den Kalifornier gefallen und dieser bereits 1961 als 35. und nicht erst 1969 als 37. amerikanischer Präsident vereidigt worden.

Kennedy legte an einem sonnenklaren, aber eiskalten Januartag des Jahres 1961 seinen Amtseid ab und hielt eine Rede, die zu den großen politischen Deklarationen der amerikanischen Geschichte gehört und die in dem Aufruf an eine neue Generation von Verantwortung tragenden Amerikanern gipfelte:

And so, my fellow Americans: ask not what your country can do for you – ask what you can do for your country.

My fellow citizens of the world: ask not what America will do for you, but what together we can do for the freedom of man.

Die mit viel Idealismus begonnene Präsidentschaft des John Fitzgerald Kennedy währte nur tausend Tage und endete in Dallas, in den Mittagsstunden des 22. November 1963.

2. Gründervater und Hauptstadtumzug

1788 und 1792: George Washington

Die Schöpfer der amerikanischen Verfassung hatten eine genaue Vorstellung von der Person, die künftig die Geschicke der jungen Vereinigten Staaten von Amerika lenken sollte. Er (und daran, dass es ein Mann sein würde, bestand im Jahre 1787 kein Zweifel) musste ehrlich und integer sein. Das hohe Amt sollte er nur mit Zögern annehmen, da ihm ungebührliche Machtfülle zuwider war; nach seiner Vereidigung sollte er es indes mit Entschlossenheit und Mut ausüben. Nach Ende seiner Amtszeit sollte dieser ranghöchste Vertreter des amerikanischen Volkes die Macht ohne das geringste Zögern wieder aus seinen Händen geben und das Schwert des Staatsführers mit der Pflugschar des Farmers vertauschen. Er müsste Würde und Bescheidenheit zugleich ausstrahlen, sollte die beinahe royale Unnahbarkeit eines Staatenlenkers mit einer Volkstümlichkeit verbinden, die ihn zwar nicht zu einem Präsidenten «zum Anfassen», wohl aber im Bewusstsein der Menschen zu einer Art Vater der Nation machen würde. Und als solcher stünde seine Persönlichkeit ebenso wie seine Amtsführung nicht nur über jedweder Kritik, sondern auch über dem Zwist, den man im Allgemeinen mit dem Begriff «Parteien» verband – ein Terminus, den die meisten Delegierten zur Constitutional Convention, zur Verfassunggebenden Versammlung, in Philadelphia im Sommer 1787 nicht ohne eine Mimik des Abscheus auszusprechen vermochten.

Die 55 Delegierten in Philadelphia beriefen nicht den Mann in ein Amt, sondern schufen vielmehr das Amt nach dem Bild, vielleicht auch nach der idealisierten Vorstellung eines bestimmten Mannes. Der Name dieses Individuums war George Washington. Für seine Landsleute war er Retter in der Vergangenheit und Hoffnungsträger für die Zukunft in einem, für die weitere Entwicklung der jungen Nation sollte er sich als ein historischer Glücksfall erweisen. Denn Washington verkörperte mit seinem Charakter, seiner Persönlichkeit und seiner Pflichtauffassung exakt jene Tugenden, die man ihm zuschrieb und die in dieser Phase der Konstituierung des neu gegründeten

Staatswesens dringend vonnöten waren. Nur wenige Jahre nach Erringung der Unabhängigkeit war es unklar, welchen Weg dieses Land gehen würde. Schlimmer noch: Pessimisten zweifelten daran, ob die 13 Gründer des Staatenbundes, der sich 1776 von Großbritannien für unabhängig erklärt hatten, überhaupt als Nation überleben konnten oder ob diese Gliedstaaten getrennte Wege gehen würden.

Als 1775 die ersten Schüsse in dem sich seit Jahren abzeichnenden Konflikt zwischen der englischen Krone und den 13 Kolonien zwischen Massachusetts[1] und New Hampshire im Norden und Georgia im Süden gefallen waren, hatte der in Philadelphia tagende Continental Congress den damals 43-jährigen Pflanzer aus Virginia, George Washington, zum Oberkommandierenden der Streitkräfte dieser vereinigten Kolonien ernannt. Washington, der über militärische Erfahrung aus dem Krieg Englands gegen die Kanada beherrschenden Franzosen von 1756 bis 1763 verfügte, schuf aus Freiwilligenverbänden eine Armee und hielt sie in dem fast acht Jahre währenden Unabhängigkeitskrieg zusammen. Nach anfänglichen Misserfolgen und dem Überwinden von Intrigen wurde er nicht nur zur unangefochtenen Führungspersönlichkeit dieser Streitmacht, sondern auch der neuen Nation, die ihr Geburtsdokument auf den 4. Juli 1776, den Tag der Unabhängigkeitserklärung, datierte, die aber zu diesem Zeitpunkt noch keine klar definierte konstitutionelle Form aufwies. Einzig der Überlebenswille im Kampf gegen England, die stärkste Militärmaschine der Epoche, hielt die Kolonien zusammen. Ihre eher machtlose Repräsentanz war die als Kongress bezeichnete Versammlung von Deputierten der ehemaligen Kolonien. Im Laufe des Unabhängigkeitskrieges musste der Kongress mehrfach vor englischen Truppen fliehen. Das Gesicht der noch ungeformten Nation, ihr Symbol für ein die Ereignisse in Amerika aufmerksam beobachtendes europäisches Publikum wurde George Washington. Das kühne Experiment der Amerikaner, sich nicht nur gegen ihren König aufzulehnen, sondern ganz offenbar eine Zukunft als Republik zu gestalten, wurde in Journalen, die in Paris und Stockholm gedruckt wurden, ebenso wie in literarischen Kaffeehäusern zwischen Amsterdam und Wien von den Denkern jener mit dem Begriff Aufklärung assoziierten Epoche heftig und oft kontrovers diskutiert. In den Machtzentren und Kabinetten Europas beobachtete man den Unabhängigkeitskrieg weniger aus politisch-philosophischem Interesse, sondern eher wegen seines potenziellen Einflusses auf das Konzert der Mächte in der Alten Welt, in deren überseeischen Besitzungen und auf den

Weltmeeren. Die alte Weisheit, dass der Feind meines Feindes mein Freund sein muss, führte dazu, dass Englands Erzrivale Frankreich zunächst heimlich, dann offen den amerikanischen Unabhängigkeitskampf unterstützte. Der französische General Rochambeau wurde George Washingtons wichtigster Verbündeter zu Land, der französische Admiral de Grasse zur See. Im Oktober 1781 fügten diese Alliierten unter dem Oberbefehl Washingtons den Briten bei Yorktown in Virginia und auf den Wassern der Chesapeake Bay die den Krieg entscheidende Niederlage zu. Die Kapelle der kapitulierenden britischen Armee unter dem Oberbefehl des Lord Cornwallis spielte bei der Niederlegung der Waffen vor Yorktown ein Lied, das Britanniens Überraschung über das Debakel im Kampf gegen die für unprofessionell bis minderwertig gehaltenen «Rebellen» trefflich symbolisierte: *The World Turned Upside Down*. Frankreichs Staatenlenker am Hof von Versailles erfreute die Niederlage des Rivalen auf das Vorzüglichste – dass der Geist der Rebellion gegen ein als ungerecht empfundenes Regime nur sechs Jahre nach dem 1783 den Amerikanischen Unabhängigkeitskrieg beendenden Frieden von Paris das eigene Land erreichen und zu einer viel gewalttätigeren Revolution als der amerikanischen führen würde, ahnten weder Ludwig XVI. noch seine Minister.

Die Bewunderung, die viele Intellektuelle in Europa für die Amerikaner und deren Führungspersönlichkeit aufbrachten, stieg noch, als man erfuhr, wie dieser George Washington nach Ende des Krieges mit der ihm verliehenen Machtfülle umging. Washington trat am 23. Dezember 1783 vor dem in Annapolis (Maryland) tagenden Kongress, sprach Worte des Dankes und der inneren Bewegung und legte dann seinen Degen symbolträchtig vor den Vertretern der zivilen Autorität nieder. Ein Feldherr, der auf der Höhe seines Ruhmes freiwillig seine Macht hergibt und sich dem römischen Vorbild Cincinnatus gleich wieder auf seine Landgüter zurückzieht, um das Leben eines *Country Gentleman* zu führen – es war ein ziemlich unerhörter Vorgang, der einen würdigen Kontrast zu historischen Parallelen von Cäsar bis Cromwell darstellte und der in naher Zukunft noch mehr bewundert wurde, als in Europa ein militärischer Genius aus Korsika neue Höhen der Machtversessenheit offenbarte und sich selbst in Anwesenheit eines zum Statisten degradierten Papstes zum Kaiser von Frankreich krönte.

Nachdem Washington sich auf sein geliebtes Landgut Mount Vernon zurückgezogen hatte, bewegte sich sein Land auf eine ungewisse Zukunft zu. Eine starke zentrale Regierung fehlte den 13 ehemaligen Kolonien ebenso wie eine gemeinsame Währung, Partikularinteressen deuteten eher auf ein Auseinanderdriften als auf ein Wachstum als geeinte Nation. Schon im Juli 1784 traf auf Mount Vernon der Brief eines anonymen Verehrers ein, der über den Zustand des in Zwietracht und Orientierungslosigkeit versinkenden Landes lamentierte und gleichzeitig im Adressaten des Schreibens, George Washington, den einzigen denkbaren Garanten eines Auswegs aus der Krise sah:

> «Ich bin daher in der Überzeugung, dass die Gegenwart ein kritischer Moment für Amerika ist, ohne die mindesten Zweifel dazu veranlasst zu denken, dass Sie, Great Sir, nicht nur die geeignetste Person, sondern, so fürchte ich, auch die einzige Person auf der Erde sind, die zusammen mit der Neigung auch die Fähigkeiten besitzt, die Sie in Stande setzen, den drohenden Ruin abzuwenden.»[2]

Diese Auffassung wurde von den Delegierten der Constitutional Convention 1787 geteilt. Das von ihnen geschaffene Amt des Präsidenten war maßgeschneidert für den Abgesandten aus Virginia, der die Reise nach Philadelphia mit einer vierbändigen Ausgabe des «Don Quixote» angetreten hatte und dort wenig Zeit zu entspannter Lektüre fand. Es war weithin bekannt, dass Washington nur ungern Mount Vernon verlassen würde und keineswegs nach politischer Macht strebte. Sein ehemaliger Adjutant Alexander Hamilton, eine der treibenden Kräfte bei der Schaffung der Verfassung und einer der einflussreichsten Gestalter der jungen Republik, machte seinem ehemaligen Chef unmissverständlich deutlich, dass er sich abermals der Pflicht nicht entziehen konnte:

> «Ich gehe davon aus, Sir, dass Sie sich dazu entschieden haben dem zu folgen, was ohne Zweifel der allgemeine Ruf Ihres Landes in Bezug auf die neue Regierungsform sein wird. Gestatten Sie mir darauf hinzuweisen, dass es unverzichtbar für diese erste Operation ist, dass Sie sich zur Verfügung stellen. Es macht wenig Sinn, ein neues System einzuführen, wenn man nicht alle Einflüsse zu seiner festen Etablierung spielen lässt.»[3]

Die Verfassung trat 1788 in Kraft, der Kongress bestimmte noch im September des gleichen Jahres, wie der Staats- und Regierungschef zu wählen sei. Am ersten Mittwoch im kommenden Januar sollten die Wahlmänner (*electors*) in der vorübergehenden Hauptstadt New York zusammentreten und ihre Stimmen für den ersten Präsidenten sowie den ersten Vizepräsidenten abgeben. Die Zahl der jeweiligen Elektoren sollte im Verhältnis zum demografischen

Gewicht ihrer Heimatstaaten stehen. Virginia, der bevölkerungsreichste Staat, hatte 24 Wahlmänner, gefolgt von Pennsylvania und Massachusetts mit jeweils 20. Die beiden kleinsten Staaten, Delaware und Rhode Island, entsandten je 6 Wahlmänner in das erste Electoral College der amerikanischen Wahlgeschichte. Wie die einzelnen Staaten ihre Wahlmänner bestimmten, war ihnen selbst bzw. ihren jeweiligen Gesetzgebenden Versammlungen überlassen. In der Frühphase der amerikanischen Geschichte war es in aller Regel das jeweilige Staatsparlament (*state legislature*), das seine Wahlmänner ernannte, welche damit auf höchst indirekte Art Ausdruck des politischen Willensbildungsprozesses waren. In manchen Staaten fanden in den Gründerjahren Wahlen zu den jeweiligen Staatsparlamenten primär mit dem Motiv statt, dabei solche Abgeordnete zu wählen, die für eine bestimmte Präferenz bei der darauf folgenden Präsidentschaftswahl standen – Abgeordnete, die also zum Beispiel bei der Wahl von 1800 deutlich hatten erkennen lassen, ob sie sich den Föderalisten und damit John Adams oder den Republikanern unter Thomas Jefferson verbunden fühlten. Derartige Festlegungen waren 1788/89 nicht vonnöten. Einziger Kandidat war George Washington, der sich einer geradezu universellen, niemals wiederholbaren Zustimmung durch seine Landsleute erfreute.

Aufgrund der langen Kommunikationswege in dem weit gestreckten Land, in dem Neuigkeiten mit der Geschwindigkeit des Postreiters vorankamen, war nicht nur die Einhaltung des als landesweit einheitlich vorgeschriebenen Wahltermins schwierig, sondern auch eine Abstimmung der Elektoren von New York mit jenen aus Massachusetts oder South Carolina. Und dass eine gewisse Abstimmung nötig war, dafür sorgte der größte dem neuen System innewohnende Fehler. Jeder Wahlmann nämlich hatte zwei Stimmen. Die Wahlgesetzgebung sah vor, dass jener Kandidat mit den meisten Stimmen im Wahlmännerkollegium Präsident sein würde, derjenige mit der zweitgrößten Stimmenzahl Vizepräsident. Da alle Vertreter der politischen Klasse des Jahres 1788 George Washington als Präsident sehen wollten – ein Wunsch, der ungeachtet des Fehlens von beweisenden Meinungsumfragen sicherlich von der überwältigenden Mehrheit der Amerikaner geteilt wurde –, musste sichergestellt werden, dass er nicht nur die meisten Stimmen erhielt, sondern auch, dass kein anderer Kandidat genauso viele Stimmen auf sich vereinigen konnte. In dieser Wahl, der ersten und einzigen vor der Ausbildung eines noch rudimentären Parteiensystems, gab es nur einen weiteren Kandidaten: den für die Vizepräsidentschaft. Es war John Adams aus Massachusetts, einer der führenden Verfechter der amerikanischen Unabhängigkeit, ein Patriot der ersten Stunde und ein erfolgreicher Diplomat auf Missionen in den Niederlanden und am Hof von St. James in London. Hätte Adams genauso viele Stimmen bekommen wie Washington – es wäre ein Affront gegen den General gewesen!

Aus dieser von der Verfassung vorgegebenen Falle führte nur ein Weg heraus, den der scharfsinnige Alexander Hamilton als einer der Ersten erkannte. Alle Wahlmänner müssten (und würden) für Washington stimmen, aber hier und dort sollte der eine oder andere Elektor quasi vergessen, seine zweite Stimme für John Adams abzugeben. Dieser Trick wurde als *throw away* bezeichnet. Hamilton schrieb einem Vertrauten: «Ich habe Freunden in Connecticut vorgeschlagen, zwei Stimmen wegzuwerfen, anderen in New Jersey, die gleiche Zahl wegzuwerfen, und unterbreite Ihnen, ob es nicht in Ordnung wäre, drei oder vier Stimmen in Pennsylvania zu verlieren.»[4]

Hamiltons Rechnung ging auf. Am 6. April 1789 wurden die abgegebenen Stimmen im Kongress offiziell ausgezählt. Es war eine unvollständige Wahl, denn North Carolina und Rhode Island hatten die Verfassung nicht ratifiziert, New York hatte seine Wahlmänner nicht zum vorgeschriebenen Zeitpunkt bestimmen können. George Washington erhielt alle 69 abgegebenen Wahlmännerstimmen. Das Szenario, dass ein zu gutes Ergebnis des Vizepräsidenten – oder gar einen Gleichstand! – als Insult des allseits verehrten Washington wirken musste, konnte um einen hohen Preis durch Hamiltons Machenschaften vermieden werden. Es war nämlich der neue Vizepräsident, der außerordentlich verärgert war. John Adams erhielt nur 34 Stimmen – viel zu viele Wahlmänner hatten beim *throw away* mitgemacht und ihre zweiten Stimmen an andere Politiker wie John Hancock und John Jay gegeben.

Der Kongress schickte am nächsten Tag, dem 7. April 1789, einen Boten nach Virginia, um Washington offiziell von dem Ergebnis zu unterrichten. Der General hatte nie offiziell seine Kandidatur erklärt und hielt es seiner Würde für angemessen, an der Wahl kein Interesse zu bekunden. Der Kongress spielte bei dieser kleinen Komödie mit und tat so, als hätte Washington in den Wochen seit dem Zusammentreten der Elektoren in ihren Staaten keinerlei Nachricht über die sich abzeichnende Entscheidung erhalten. Hatte Washington noch irgendwelche Zweifel an seiner Beliebtheit und an den Hoffnungen, die man an ihn in seinem neuen Amt richtete, der Triumphzug, zu dem sich seine Reise von Mount Vernon nach New York entwickelte, muss diese schnell zerstreut haben. In Baltimore hatten sich mehr als zehntausend Menschen versammelt und jubelten ihrem künftigen Präsidenten unter Salutschüssen von aus dem Unabhängigkeitskrieg übrig gebliebenen Kanonen zu. Noch größer war die Menge in Philadelphia, wo Washington auf einem Schimmel einzog und einen von dem Künstler Charles Willson Peale entworfenen Triumphbogen durchritt. In Trenton, heute die Hauptstadt New Jerseys, wo Washington am Weihnachtsmorgen 1776 seinen ersten Sieg im Krieg gegen die britische Kolonialmacht hatte erringen können, warfen in Weiß gekleidete Mädchen Blumen nach ihrem Idol, während die älteren weiblichen Honoratioren ein Liedlein mit dem Titel *The Defender of the Mothers, The Protector of the Daughters* sangen. Den Hudson River überquerte er in einem von ganz in Weiß gekleideten Seeleuten gesteuerten Schiff, während auch hier eine Hymne gesungen wurde. Den Text hatte man neu geschaffen, die Melodie war jene von *God Save the King* – wie kaum ein anderer hatte George Washington dafür gearbeitet, dass in seinem Land diese Ode an einen König nicht mehr en vogue war.

In der Federal Hall von New York legte George Washington am 30. April 1789 seinen Amtseid als erster Präsident der Vereinigten Staaten ab. Dann begann er eine Tradition, die auch heute noch fester Bestandteil dieser Zeremonie ist: Washington hielt seine *inaugural address*, seine Rede aus Anlass der Amtseinführung. In privaten Briefen ließ er wenig Zweifel daran, dass er aus Pflichtbewusstsein sein geliebtes Mount Vernon verlassen hatte. Washington enttäuschte seine Landsleute nicht; er steuerte das Schiff des jungen Staates durch alle Klippen der Epoche und gilt unter Historikern noch heute als einer der größten Präsidenten der amerikanischen Geschichte.

«Ich gehe auf unbeschrittenem Boden», hatte Washington bald nach seiner Vereidigung zutreffend beobachtet. Was immer der erste Präsident unternahm, er setzte einen Präzedenzfall. «Sie sind nun König, unter einem anderen Namen», rief ihm ein politischer Weggefährte zu. Doch was genau war sein Name, wie hatte man den Souverän einer Republik anzureden? Verschiedene Titel wurden diskutiert, im Senat gehörten *His Elected Majesty* und *His Mightiness* zu den Favoriten. Obwohl Washington ein Mann war, der stets auf Form und Etikette bedacht war, setzte sich mit der Zeit eine Anrede durch, die republikanische Simplizität ausstrahlte, ohne es an Respekt, vielleicht sogar Ehrfurcht fehlen zu lassen: *Mr. President.*

Der Regierung Washington gelang eine Stabilisierung der jungen Nation, gestützt durch eine meisterhafte Verfassung, als deren wesentlichen Autor der Virginier James Madison gilt und die in den nächsten mehr als zwei Jahrhunderten in vielen sich neu konstituierenden Ländern eine Vorbildfunktion einnahm. In der Außenpolitik war es das größte Verdienst Washingtons, in der bewegten Epoche seiner beiden Amtszeiten, von April 1789 bis März 1797, sein Land aus den europäischen Konflikten herausgehalten zu haben. Der alte General wusste, dass Amerika wenige Jahre nach seinem Unabhängigkeitskrieg nicht über die Ressourcen verfügte, um abermals an einem Konflikt teilzunehmen, und steuerte das Land auf einen Kurs der Neutralität zwischen dem revolutionären Frankreich und seinen Gegnern, allen voran Großbritannien. Wo seine persönlichen Sympathien lagen, spürten selbst seine engsten Mitarbeiter kaum. Es mag immerhin als ein Indiz seiner Zustimmung für das Streben nach Freiheit auch anderenorts gelten, dass noch heute in seinem Landsitz Mount Vernon der Schlüssel der Bastille zu sehen ist. Der Sturm auf die Festung im Herzen von Paris, gut zweieinhalb Monate nach Washingtons Amtsantritt, war der Auftakt zur Französischen Revolution; der Schlüssel war ein Geschenk seines französischen Adjutanten, des Marquis de Lafayette.

Die Haltung gegenüber den Kontrahenten des europäischen Ringens, das sich mit Unterbrechungen bis 1815 hinziehen sollte, war einer der Auslöser einer Entwicklung, die Washington, der sich als *president above party*, als über allen Parteiungen stehend fühlte, mit großem Missfallen beobachten musste. In seiner ersten Amtszeit begann sich ein noch rudimentäres Parteiensystem auszubilden, das zwar nicht über die organisatorischen und logistischen Kennzeichen moderner Parteien wie offizielle Mitgliedschaft, regelmäßige Versammlungen, Wahl von Funktionsträgern, finanzielle Zuwendungen etc. verfügte, dessen Anhänger sich aber dennoch mit stetig größer werdender Leidenschaft argumentative Gefechte lieferten, in den der jeweiligen Gruppierung nahestehenden Gazetten ebenso wie in Debattierklubs und vor allem an einem unerwarteten Ort: in George Washingtons Kabinett. Die beiden prominentesten Minister des Präsidenten wurden zu den Wortführern der beiden sich entwickelnden Parteien. Sein Finanzminister Alexander Hamilton, ein geistreicher politischer Autor, war zusammen mit Benjamin Franklin und George Washington einer der treibenden Kräfte hinter der Einberufung der Verfassunggebenden Versammlung gewesen. Die dort erarbeitete Konstitution unterstützte er mit seinem reichen publizistischen Œuvre, in dem er für die Ratifizierung der Verfassung warb. Seine herausragenden Schriften erschienen anonym zusammen mit jenen James Madisons in einer Zeitschrift mit dem Titel *Federalist Papers*. Föderalisten, *federalists*, war auch der Name, mit der

Hamiltons «Partei» bedacht wurde. Der Finanzminister, ein Bonvivant von großem persönlichem Charme und einer beeindruckenden Vision von Amerikas Zukunft (die sich in wesentlichen Teilen erfüllen sollte), trat für eine starke Zentralgewalt ein und baute auf eine Wirtschaftsordnung, in der Handel und Industrie (damals meist noch als Manufakturwesen bezeichnet) die führende Rolle spielten. Außenpolitisch galt die Bewunderung Hamiltons und seiner Anhänger dem politischen System des ehemaligen Mutterlandes England.

Thomas Jefferson, der wesentliche Verfasser der Unabhängigkeitserklärung von 1776 und Außenminister, wurde bald als führender Theoretiker und auch Agitator einer Geisteshaltung bekannt, die man zunächst als *Anti-Federalist*, dann als *Democratic-Republican* und schließlich nur noch als *Republican* bezeichnete. Dieser Name wirkt aus heutiger Sicht außerordentlich verwirrend: Die Republikaner des Thomas Jefferson gelten als Vorläufer der modernen Demokratischen Partei. Die heutigen Republikaner haben ihre Wurzeln in einer viel späteren Epoche, der Vor-Bürgerkriegsära der 1850er-Jahre. Ihr historischer Gründervater ist Abraham Lincoln, nicht Thomas Jefferson. Jefferson und die Republikaner waren einer starken Zentralgewalt (und deren Machtmittel, einer stehenden Armee) gegenüber äußerst misstrauisch und suchten die Stellung der einzelnen Staaten zu stützen. Für das Blühen und Gedeihen der Wirtschaft Amerikas sollten Farmen und Plantagen sorgen und weniger rauchende Schlote. In der Außenpolitik sah vor allem Jefferson im revolutionären Frankreich einen potenziellen Verbündeten, wenn nicht gar einen ideologisch Gleichgesinnten.

Die Wahl des Jahres 1792 war die erste, in der widerstreitende Ideen und Kandidaten aufeinanderstießen – bei manchen Gouverneurswahlen, bei den Wahlen zu den Staatsparlamenten und bei jenen zum Kongress gaben sich viele Kandidaten als Anhänger der einen oder der anderen Richtung zu erkennen. Nur ein Amt wurde aus dem sich entwickelnden demokratischen Wettstreit herausgehalten: das des Präsidenten. George Washington wollte nach vier Jahren im Amt 1792 sich endlich in sein privates Landleben zurückziehen und bat James Madison, eine Abschiedsrede für ihn zu verfassen. Doch die beiden wichtigsten Kontrahenten in der sich abzeichnenden politischen Landschaft, Hamilton und Jefferson, bemühten sich gleichermaßen, den Ex-General davon zu überzeugen, dass eine zweite Amtszeit zur Stabilisierung der noch wenig erprobten Verfassungsorgane unumgänglich sei. Washington gab schließlich nach, ohne offiziell eine Kandidatur zu verkünden – sein sybillinisches Schweigen wurde von Föderalisten und Republikanern gleichermaßen so verstanden, dass der Präsident weiterhin als über allen Gegensätzen stehender Vater der Nation bereit war seine Pflicht zu erfüllen.

Während Washington nach wie vor kaum angreifbar war und kein noch so ehrgeiziger Politiker eine Kandidatur gegen ihn ernstlich in Erwägung ziehen mochte, wurde das Amt des Vizepräsidenten erstmals Gegenstand eines Wettstreits zweier Parteien. John Adams galt als Kandidat der Föderalisten. Gegen den amtierenden Vizepräsidenten schickten die Republikaner den Gouverneur von New York, George Clinton, ins Rennen. Diesmal ging der Wahlprozess fast reibungslos vor sich; dass sich die Zahl der Wahlmänner deutlich vergrößert hatte, lag nicht nur am Bevölkerungszuwachs, sondern auch daran, dass zwei neue Staaten hinzugekommen waren. Vermont und Kentucky ergänzten die ursprünglichen 13 Gründerstaaten.

Wie vier Jahre zuvor erhielt George Washington alle Wahlmännerstimmen, jeder der 132 Elektoren stimmte für den amtierenden Präsidenten. Es war die letzte einstimmige Wahl der US-Geschichte. Als die Wahlmänner zur Wahl des Vizepräsidenten schritten, fand sich eine Mehrheit von 77 Stimmen für John Adams, sein Herausforderer George Clinton erhielt 50 Stimmen, die verbliebenen 5 Stimmen entfielen auf andere Kandidaten. Das Wahlsystem funktionierte, die politische Stabilität schien gewährleistet. Dass Washington noch mehr als bei seiner ersten Wahl das Amt gegen seine innersten Wünsche antrat, die sich – den Terminus benutzte er in seinen Schriften regelmäßig in sehnsuchtsvollem Ton – auf *retirement*, auf den Ruhestand und das Landleben konzentrierten, verdeutlichte auch die Antrittsrede seiner zweiten Amtsperiode. Sie war die kürzeste aller *inaugural addresses*.

Es gab keine Überzeugungskunst, die George Washington im Jahr 1796 hätte bewegen können, ein drittes Mal zu kandidieren. Der Präsident schloss eine solche Kandidatur kategorisch aus und begründete damit eine Tradition, der für eineinhalb Jahrhunderte auch die erfolgreichsten Präsidenten folgten: Nach zwei Amtszeiten heißt es Abschied nehmen von der Macht in der Hauptstadt, die seit dem Jahr 1800 in der nach dem ersten Präsidenten benannten Stadt am Potomac beheimatet ist.

Ungleich verteilt – die Heimatstaaten der Präsidenten

In den ersten 36 Jahren der amerikanischen Präsidentschaft schien das Amt fast eine Art Erbhof für die älteste englischsprachige Kolonie in Amerika, The Commonwealth of Virginia, zu sein. Das mochte in anderen einflussreichen Gründerstaaten Missmut auslösen – bis 1829 gelang es nur Massachusetts, nichtvirginische Präsidenten in die Hauptstadt zu schicken, nämlich John Adams und seinen Sohn John Quincy Adams. Die bisher 45 Individuen im höchsten Staatsamt kamen aus weniger als der Hälfte der Bundesstaaten, wobei neben Virginia die Staaten Ohio und New York die meisten Präsidenten stellten. Allerdings ist die Zuordnung der Heimat eines Präsidenten, *the President's home state*, nicht ganz einfach. Definiert man den Heimatstaat als denjenigen, in dem der Präsident geboren wurde, oder eher als jenen, in dem er politische Karriere machte? In ersterem Fall würde man den Kurzzeitpräsidenten William Henry Harrison ebenso Virginia zuschlagen wie Woodrow Wilson, der in Staunton im gebirgigen Westen des Commonwealth geboren wurde. Allerdings sehen die Statistiken Harrison eher als Kandidaten aus Ohio, wo er heimisch war, und Wilson als Staatsmann aus New Jersey – dort leitete er die renommierte Universität Princeton, dort war er Gouverneur. Zweifelsfrei ein Virginier ist hingegen John Tyler, der Harrison nachfolgte.

Zählt man Harrison als Vertreter des Buckeye State (Ohio), so bringt dieser es auf sechs Präsidenten, neben dem Indianerkämpfer sind es Rutherford Hayes, James Garfield, William McKinley, William Howard Taft und Warren Harding – zahlreich sind sie zwar, doch keinem einzigen dieser *Ohioans* wird so etwas wie historische Größe zugesprochen. Das würde sich auch nicht ändern, wenn man den in Ohio geborenen Ulysses S. Grant hinzuzählt, der indes wegen seines Wohnsitzes in Galena als einer der drei Präsidenten aus Illinois (neben Lincoln und Obama) gilt. Aus New York stammen inzwischen sieben Präsidenten: die beiden Roosevelts, Martin Van Buren, Millard Fillmore, Chester Arthur, Grover Cleveland und Donald Trump. Letzterer hat sich

2019 in einer «declaration of domicile» als mit Hauptwohnsitz in Florida registriert – in einem Staat, der bislang keinen Präsidenten gestellt hat.

Die heute demografisch so dominanten Staaten Kalifornien und Texas haben bislang zwei bzw. drei Präsidenten hervorgebracht: Herbert Hoover und Ronald Reagan aus dem Golden State, Bush Vater und Sohn sowie Lyndon B. Johnson aus dem Lone Star State. Der Westen ist eher dünn vertreten, was mit der späten Besiedlung zu tun hat, vielleicht aber auch damit, dass es doch so etwas wie die viel gescholtene «Ostküstenelite» gibt. Sämtliche Rocky-Mountain-Staaten sowie weite Teile des Mittleren Westens wie Iowa (gleichwohl Hoover hier geboren wurde), beide Dakotas, Wisconsin und das angeblich als so typisch für das *heartland* geltende Kansas (hier liegt zumindest Eisenhower begraben) sind ohne Präsidenten geblieben. Der kleine Staat Delaware, der sich stolz *The First State* nennt, da er als erster am 7. Dezember 1787 die amerikanische Verfassung ratifizierte, hatte mit der Wahl im November 2020 sein eigenes «First»: Joseph Robinette Biden junior ist der erste Präsident aus dem nur rund 6.400 Quadratkilometer (etwas weniger als der Kanton Graubünden) großen und wegen seiner landschaftlichen Schönheit auch «Small Wonder» genannten Staat an der Atlantikküste.

3. Historisches Novum: Der friedliche Machtwechsel

1800: Thomas Jefferson vs. John Adams

Margaret Bayard Smith, die Frau eines Zeitungsverlegers, war sich der historischen Bedeutung des Ereignisses wohl bewusst, dessen Zeugin sie zusammen mit einigen anderen tausend Menschen gerade geworden war:

> «Ich habe an diesem Morgen eine der interessantesten Szenen miterlebt, die ein freies Volk überhaupt bezeugen kann. Der Wechsel einer Administration, der in jedem Regierungssystem und zu jeder Epoche stets eine Phase der Konfusion, der Schurkerei und des Blutvergießens war, hat in unserem glücklichen Land ohne eine Andeutung von Ablenkung oder Unordnung stattgefunden.»[1]

Mrs. Smith war eine scharfsinnige Beobachterin, denn die «Szene», der sie in der noch völlig provisorischen Hauptstadt Washington, das erst seit wenigen Monaten Regierungssitz war, beigewohnt hatte, beeindruckt auch mehr als zwei Jahrhunderte später durch ihre würdevolle Simplizität. Was diesen 4. März 1801 zu einem so symbolhaft glücklichen Tag für die weitere Entwicklung der USA machte, war das, was an jenem Vormittag passierte: eigentlich nichts. Zum ersten Mal kam es zu einem Regierungswechsel, zum Übergang der Macht von einer politischen Partei auf die andere. In Europa lasen die Zeitgenossen in den Gazetten mit fast atemlosem Staunen von diesem in der Alten Welt weithin undenkbaren Vorgang. Ein Machtwechsel war in der Mehrheit der europäischen Staaten entweder eine dynastische Erbfolge, die Thronbesteigung durch einen neuen Kaiser, Zaren, König oder Landesherrn durch seinen Nachfolger (seltener durch eine Nachfolgerin) oder durch einen blutigen Umsturz. Einen solchen hatte wenige Jahre zuvor Frankreich mit seiner 1789 einsetzenden und über die nächsten Jahre sich radikalisierenden Revolution erlebt.

In den noch jungen Vereinigten Staaten stand keine Guillotine, sondern die Wahlurne. Die Folgen der Auszählung liefen ungeachtet des vorherigen lebhaften, fast bitteren Wahlkampfs mit einer Selbstverständlichkeit ab, ohne die mindeste Gefahr gewaltsam artikulierter Dissonanz, dass die Beobachter ihr Land in der Tat als glücklich einschätzen konnten. Selbst die Tatsache, dass der aus dem Amt scheidende Präsident und Wahlverlierer, John Adams, seinem Nachfolger, Thomas Jefferson, nicht coram publico gratulieren mochte, konnte die historische Signifikanz dieser «Revolution von 1800» nicht schmälern. Adams hatte noch lange vor Sonnenaufgang, um vier Uhr morgens, Washington mit einer regulären Kutsche verlassen und sich auf die lange Reise ins heimische Quincy in Massachusetts begeben.

Der Weg zu diesem Regierungswechsel von Föderalisten zu Republikanern (zwei noch rudimentäre und vom Organisationsgrad nicht mit modernen Parteien vergleichbare politische Lager), der in Jeffersons beschwichtigender Ansprache an jenem ersten Tag seiner Präsidentschaft gipfelte, wonach «wir alle sind Föderalisten, wir alle sind Republikaner»[2], war allerdings wesentlich steiniger als der Akt der Vereidigung des neuen Präsidenten. Das Verhältnis von John Adams zu seinem Vizepräsidenten Thomas Jefferson war nach vier gemeinsamen Jahren zutiefst zerrüttet und hatte auch ihre aus der Frühphase der Amerikanischen Revolution datierende Freundschaft zerstört. Beide gehörten der Administration des ersten Präsidenten George Washington (1789–1797) an; John Adams als Vizepräsident und Thomas Jefferson als Außenminister. Adams stieg nach der Wahl von 1796 ins höchste Staatsamt auf, Jefferson wurde Vizepräsident.

Für die Föderalisten, vor allem deren Wortführer Alexander Hamilton, dem ersten Finanzminister der USA, war Jefferson ein «Jakobiner», der Sympathien für die Gewaltherrschaft der Französischen Revolution hatte. Umgekehrt warfen die Republikaner (ungeachtet des Namens nicht mit der heutigen Republikanischen Partei zu verwechseln, die erst in den 1850er-Jahren gegründet wurde) der Regierung Adams Eingriffe in die Grundrechte amerikanischer Bürger vor. Der wegen einer krisenhaften Zuspitzung der Beziehungen zu Frankreich 1798 erlassene *Alien and Sedition Act* konnte in der Tat dazu benutzt werden, oppositionelle Presseorgane zum Schweigen zu bringen. Die Tatsache, dass John Adams ein gewisses Faible für Pomp hatte, führte schnell zum Vorwurf der Republikaner, Adams wolle die Monarchie einführen und sich selbst zum König machen. Als Begründung für diesen Vorwurf wurde zudem angeführt, dass Adams einen politisch engagierten und als Diplomat erfolgreichen Sohn, John Quincy, hatte, den sein Vater vermutlich als eine

Art Thronfolger betrachte. Es drohe, so schmähten republikanische Gazetten, eine Dynastie der Adams. Bei Jefferson hingegen bestehe diese Gefahr nicht, der Vizepräsident habe schließlich «nur» Töchter – zumindest offiziell. Der Wahlkampf war polemisch, doch die Spitzenkandidaten selbst mochten in die Schlammschlacht nicht mit hineingezogen werden. Als John Adams auf dem Weg von Massachusetts in die Hauptstadt Washington in den Staaten Maryland und Pennsylvania nicht die kürzestmögliche Route benutzte, sondern verschiedene Orte besuchte und dort mit Honoratioren sprach, wurde ihm vorgeworfen, selbst auf Stimmenfang zu gehen, was als absolut unschicklich für einen Präsidenten galt. Jefferson seinerseits warnte einen seiner Agitatoren, um seinen Ruf besorgt: «Lasst meinen Namen nicht mit diesem Geschäft [= Wahlkampf] verbunden sein.»[3]

Er hatte Grund zu dieser Forderung, denn der noch nicht als solcher bezeichnete Wahlkampf war einer der schmutzigsten der amerikanischen Geschichte. Zu Jeffersons publizistischen Verbündeten – mit dem man als Gentleman tunlichst nicht in einem Atemzug genannt werden wollte – gehörte unter anderem der Pamphletist James Callender, der in seiner Schrift «The Prospects Before Us» die Leser vor die Wahl stellte, mit John Adams an der Spitze auf Krieg und allgemeine Verelendung oder mit Thomas Jefferson auf Frieden und Prosperität zuzusteuern. Callender war ein Journalist, der nicht vor Angriffen tief unter die Gürtellinie zurückschreckte; erst 1797 hatte er Hamiltons Chancen auf ein höheres Amt zerstört, in dem er die außerehelichen Eskapaden des früheren Finanzministers und Gründer des fiskalischen Systems der USA dem Publikum in lüsternen Details darlegte. Mit solchen Leuten zu paktieren kam letztlich auch Thomas Jefferson teuer zu stehen. Im Jahr 1802, als Jefferson Präsident war, schockte Callender die Leserschaft mit dem Vorwurf, Thomas Jefferson habe ein Verhältnis mit einer Sklavin, Sally Hemmings, und sei der Vater ihrer Kinder – was heute von den meisten Historikern akzeptiert wird.

Als *running mate*, als seinen Vizepräsidentschaftskandidaten, bestimmte John Adams Charles Cotesworth Pinckney aus South Carolina. Jefferson entschied sich für einen der profiliertesten Politiker der Republikaner, den Anwalt Aaron Burr aus New York. Burr war ein hochintelligenter, rhetorisch brillanter Mann von manchmal geradezu umwerfendem Charme. Selbst Menschen, die seine und Jeffersons politische Ansichten teilten, sahen indes bei Burr eine gewisse Prinzipienlosigkeit, verbunden mit Opportunismus, kaum gebremster

Ambition und einer Neigung zu Ranküne und Intrige. Jefferson hatte durchaus seine Bedenken, mit Burr in die Wahl zu ziehen – wie berechtigt diese Vorbehalte sein würden, konnte indes selbst dieser durch viele Kabalen gegangene Gründervater der USA nicht ahnen.

Historiker schätzen, dass in der Wahlperiode von März bis Dezember 1800 etwa 550.000 Amerikaner wahlberechtigt waren. Wie viele wirklich zur Wahl gingen, ist unbekannt, denn die Wahlzettel wurden anschließend (mit Ausnahme von Massachusetts) vernichtet. In einigen Staaten konnten die Wähler direkt die Wahlmänner wählen, die dann im Wahlmännerkollegium Volkes Stimme (oder zumindest die seiner Wahlberechtigten) zum Ausdruck bringen sollten, in den meisten Staaten wählte man Abgeordnete für das jeweilige Staatsparlament, das dann seinerseits aufgrund der mit dieser Wahl geschaffenen Mehrheitsverhältnisse seine Elektoren bestimmte. Eine Besonderheit: Im Staat New York durften weiße Frauen wählen, im Staat Maryland freie Schwarze – beides wurde innerhalb der nächsten Jahre wieder abgeschafft.

Als am 11. Februar 1801 die Stimmzettel der Elektoren geöffnet wurden, zeigte es sich, dass die Republikaner eine knappe Mehrheit gewonnen hatten. Auf föderalistischer Seite hatten John Adams 65 Stimmen und Pinckney 64 Stimmen. Zur Wiederwahl als Präsident reichte dies für John Adams nicht. Bei den Republikanern war zwar im Vorfeld ausgemacht worden, dass ein Elektor einem anderen als Burr seine Stimme geben sollte, doch der Mann hatte diesen Deal offenbar vergessen. So bekamen sowohl Thomas Jefferson als auch Aaron Burr 73 Stimmen. Plötzlich stand Aaron Burr der Sinn nach Höherem. Noch kurz vor der Wahl hatte er blumig erklärt: «Es ist gut möglich, dass ich die gleiche Anzahl von Stimmen erhalte wie Mr. Jefferson. Sollte es zu diesem Ergebnis kommen, so weiß jeder, der mich kennt, dass ich einen solchen Wettstreit verabscheuen würde.»[4] Doch auf eine öffentliche Erklärung, dass er nicht für die Präsidentschaft zur Verfügung stünde, wartete man nun bei Burr vergeblich.

Findet sich im Wahlmännerkollegium keine Mehrheit für einen Kandidaten, muss das Repräsentantenhaus entscheiden. Hier wurde nach Staaten abgestimmt. Da die USA 1801 aus 16 Bundesstaaten bestanden, bedeutete die erforderliche absolute Mehrheit, dass sich mindestens neun Staaten für einen Kandidaten aussprechen mussten. Am 11. Februar 1801 trat das Repräsentantenhaus zusammen, während ein Schneesturm über Washington zog. In dieser Kammer des Kongresses hatten die Föderalisten noch eine Mehrheit. Sie hatten kein Interesse daran, Jefferson zum Präsidenten zu wählen. So fanden sich nur acht Staaten, die für Jefferson stimmten, sechs votierten für Burr und zwei weitere Staaten waren gespalten, sodass deren Repräsentanten einen leeren Stimmzettel abgaben. Acht Staaten – das war keine absolute Mehrheit. Als an diesem Winterabend die Dunkelheit über dem noch unfertigen Capitol hereinbrach, wurden die Kamine und die kerzenbestückten Kronleuchter angezündet; die Abgeordneten mussten noch verweilen, was angesichts des draußen tobenden Blizzards für manche nicht die schlechteste Lösung war. Bis es drei Uhr nachts schlug, hatte man nicht weniger als 27 Mal abgestimmt – das Ergebnis blieb gleich.

In den nächsten Tagen suchte man nach einem Ausweg aus der ersten großen Verfassungskrise der USA. Wieder einmal arbeitete Hamilton hinter den Kulissen, versuchte Abgeordnete zu beeinflussen. Der langjähriger Rivale Jeffersons erkannte, dass der Virginier – bei allem, was sie trennte – bei Weitem der bessere Mann im Präsidentenamt sein würde: «Jefferson muss den Vorzug bekommen. Es gibt nichts, was für Burr spricht. Er ist moralisch bankrott jenseits jedweder Vorstellung. Er ist der Catilina Amerikas.»[5] Am 17. Februar schließlich, im 36. Wahlgang, entschlossen sich die Föderalisten in den Delegationen von Maryland und Vermont, nicht an der Abstimmung teilzunehmen. Damit änderte die republikanischen Stimmenzahl in beiden Delegationen das Votum beider Staaten von Enthaltung in eines pro Jefferson. Gleichzeitig hatte Delaware sich aus dem Burr-Lager zurückgezogen und sich der Stimme enthalten. Somit hatten sich zehn Staaten für Jefferson und vier für Burr bei zwei Enthaltungen ausgesprochen. Thomas Jefferson war nun der dritte Präsident der USA. An seiner Seite stand ein Vizepräsident, dem er kaum über den Weg getraut haben dürfte.

Nach allen Wirrnissen konnte Thomas Jefferson zufrieden resümieren, dass die «Revolution», der Übergang der Macht von einer Partei in die Hände einer anderen, nicht «mit dem Schwert, sondern mit den Stimmzetteln des Volkes» vonstattengegangen war. Doch die Episode der Wintermonate 1800/01 hatte dennoch ein blutiges Nachspiel, bei dem nicht das Schwert, wohl aber die Pistole gezückt wurde. Die Feindschaft zwischen Hamilton und Burr gipfelte in einer Duellforderung. Am Morgen des 11. Juli 1804 standen sich in Weehawken, New Jersey, der amtierende Vizepräsident der USA, Aaron Burr, und einer der Wegbereiter der Konstitution und erste Finanzminister des Landes, Alexander Hamilton, gegenüber. Der Schuss Hamiltons ging in das

Gezweig der Bäume über den Duellanten, die Kugel Burrs durchschlug die Leber Hamiltons und blieb in seiner Wirbelsäule stecken. Am nächsten Tag starb der Mann, der für sein Land eine glänzende Zukunft als industrielle Großmacht vorhersah und dessen Porträt die Zehndollarnote schmückt – ein posthumer Triumph über seinen Rivalen Jefferson, der den amerikanischen Verbraucher von dem im Alltag kaum noch benutzten Zweidollarschein irritiert anblickt.

Die Nummer zwei auf dem Ticket. Zur Rolle des Vizepräsidentschaftskandidaten

John Adams fasste ein vernichtendes Urteil über das Amt ab, das er acht Jahre lang innehatte: «Mein Land, in all seiner Weisheit, hat das unwichtigste Amt geschaffen, das der Mensch je hat erfinden oder in seiner Fantasie hat erdenken können.» Die Worte galten der Institution der Vizepräsidentschaft. Adams war in den letzten Wochen seiner Amtszeit Zeuge eines Geburtsfehlers des Wahlsystems, den – wie beschrieben – Aaron Burr auszunutzen versuchte, und mochte wohl eingesehen haben, dass das Amt doch nicht ganz so irrelevant war. In der ursprünglichen Vorgabe durch die Verfassung wurden im Wahlmännerkollegium von jedem dieser *electors* zwei Stimmen abgegeben. Der Kandidat mit den meisten Stimmen wurde Präsident, der mit den zweitmeisten Vizepräsident. Bei fast allen realen Wahlausgängen der nächsten mehr als zwei Jahrhunderte hätte das bedeutet, dass Vertreter gegensätzlicher politischer Überzeugungen und rivalisierender Parteien die beiden Spitzenpositionen eingenommen hätten – aus der Wahl von 2020 wären also Präsident Joe Biden und Vizepräsident Donald Trump hervorgegangen.

In der ursprünglichen Version der Abstimmung im Electoral College hätten die Repräsentanten jedweder Partei eine ihrer beiden Stimmen ihrem Präsidentschaftskandidaten und die zweite dem Vizepräsidentschaftskandidaten gegeben. Das hätte indes bedeuten können, dass beide Persönlichkeiten die gleichen Stimmenzahl bekommen hätten – womit keine Entscheidung gefallen wäre. Also führte man die Notlösung ein, dass einer der Wahlmänner bei der Abstimmung über den Vizepräsidenten seine Stimme abzugeben «vergaß». Bei der Wahl von 1800 geschah die nicht, entweder weil das «Vergessen» vergessen wurde oder weil angesichts des sehr engen Wahlausgangs keiner der republikanischen (korrekter: Democratic-Republican) Elektoren das Risiko eingehen wollte, dass der Föderalist John Adams ihrem Kandidaten Thomas Jefferson zur Seite stehen würde. Mit dem 12. Verfassungszusatz (*amendment*) aus dem Jahr 1804, der zwei getrennt stattfindende Wahlgänge vorschreibt – einen für die Präsidentschaft und einen für die Vizepräsidentschaft –, wurde das heute gültige Verfahren etabliert.

Welche Bedeutung der Wahl des Vizepräsidenten zukommt, wurde eine Generation nach der schwierigen Wahl von 1800 deutlich. Als mit William Henry Harrison im April 1840 zum ersten Mal ein Präsident im Amt starb, erkannte das politische Amerika plötzlich, dass der zweite Mann auf dem «Ticket» in der Tat nur den einen sprichwörtlichen Herzschlag vom höchsten Amt im Staate entfernt ist. Die Erkenntnis von der wahren Bedeutung des Amtes setzte sich indes nur sehr langsam durch. Nur wenige Wähler der Republikanischen Partei nahmen beispielsweise 1880 Anstoß daran, dass mit dem Chef der Zollbehörde des New Yorker Hafens, ein besonders korruptionsbelastetes Amt, Chester A. Arthur, der Prototyp des *machine politician*, des in verräucherten Hinterzimmern Patronage betreibenden Politprofis, die Nummer zwei auf dem Ticket war. Nur ein halbes Jahr nach Beginn der Amtszeit von Präsident Garfield zog ebenjener Mann ins Weiße Haus ein – Garfield war den Folgen eines Attentats erlegen. In fast jeder Biografie von Chester Arthur (der entgegen allen Erwartungen ein integrer Präsident war) findet sich der entsetzte Ausruf eines republikanischen Würdenträgers: «Chet Arthur, President of the United States! Good God!»

Heute besteht an der Bedeutung des Amtes kaum noch ein Zweifel. Immerhin neunmal wurde ein Vizepräsident mitten in der Amtszeit des eigentlich Gewählten zum Präsidenten. Vier Präsidenten starben im Amt eines natürlichen Todes (William Henry Harrison, Zachary Taylor, Warren Harding, Franklin D. Roosevelt), vier wurden ermordet (Abraham Lincoln, James Garfield, William McKinley, John F. Kennedy) und einer trat zurück (Richard Nixon). Doch auch ohne solch dramatische Ereignisse ist das Vizepräsidentenamt politisch signifikant. Der Vizepräsident oder – in der Gegenwart – die Vizepräsidentin ist nämlich gleichzeitig Präsident des Senats. Kommt es dort bei einer Abstimmung zu einem Unentschieden, entscheidet ihre Stimme, *the tie-breaking vote*. Diese Situation kam auf Vizepräsidentin Kamala Harris zu.

Eine weitere Aufgabe des Vizepräsidenten, die wohl ein eher fragwürdiges Privileg ist: Er wird meist zu Staatsbegräbnissen geschickt, wenn ausländische Staatsoberhäupter und Regierungschefs für immer von der Bühne abtreten. Als die ihrem Ende entgegengehende Sowjetunion in den 1980er-Jahren in kurzer Folge gleich drei Parteichefs zu Grabe trug (Breshnew, Andropow, Tschernenko), musste Vizepräsident George Bush senior so oft im dunklen Anzug gen Osten fliegen, dass sein Stab eine neue Aufgabenbeschreibung für das Amt fand: «You die, we'll fly!»

Der 25. Verfassungszusatz aus dem Jahr 1967 legt fest, dass der Vizepräsident als Präsident amtiert, als *acting president*, wenn der eigentliche Präsident vorübergehend amtsunfähig ist. Das bedeutet auch, dass die Amtsgewalt auch für einige Stunden auf den Vizepräsidenten übergehen kann, wenn der Präsident beispielsweise wegen eines chirurgischen Eingriffs in Narkose liegt und nicht ansprechbar ist. Der Verfassungszusatz gibt dem Präsidenten auch das Recht, einen neuen Vizepräsidenten während seiner Amtszeit zu ernennen, falls der eigentliche Vize stirbt (das war sieben Mal der Fall, zuletzt 1912) oder zurücktreten muss. In der Tat gab es mehrfach eine Situation, in der der Präsident für eine gewisse Zeit ohne Vize war – zuletzt war es Lyndon B. Johnson, der nach Kennedys Ermordung im November 1963 ins Amt kam und bis zu seiner Wiederwahl (die eigentlich die erste richtige Wahl zum Präsidenten für Johnson war) ein Jahr später ohne Stellvertreter blieb. Diese Regel griff zum ersten (und einzigen) Mal, als Nixons Vize Spiro Agnew zurücktrat und Nixon an seiner Stelle Gerald Ford ernannte – auf der Höhe des Watergate-Skandals mochte Nixon geahnt haben, dass Ford bald sein Nachfolger werden würde. Ford ernannte nach seinem «Aufstieg» seinerseits Nelson Rockefeller zum Vizepräsidenten.

Eine nicht ganz unwichtige Regel gibt es für die Wahl des Vizepräsidentschaftskandidaten: die Elektoren dürfen nicht für einen Präsidenten und einen Vizepräsidenten stimmen, der aus dem gleichen Staat kommt wie sie selbst – was bei einem knappen Wahlausgang möglicherweise relevant sein kann. In der Praxis heißt das, dass beide Kandidaten aus unterschiedlichen Staaten kommen sollen. Doch auch diese Regel lässt sich umgehen: Der in Texas ansässige Dick Cheney meldete sich für die Wahl 2000 wieder nach Wyoming, seiner alten Heimat, um – denn der andere Mann auf dem Ticket von 2000 und jenem von 2004, George W. Bush, war ebenfalls Texaner.

4. Beinahe einstimmig: Die «Era of Good Feeling»

1820: James Monroe

Als Bürgerinnen und Bürger moderner westlicher Demokratien sind wir es gewohnt, Wahlen mit astronomisch hohen Erfolgszahlen in Größenordnungen von 90 Prozent oder 95 Prozent oder einem noch höheren Stimmanteil für eine Partei, einen Kandidaten oder, bei Volksabstimmungen, einer speziellen Thematik mit höchstem Misstrauen zu betrachten. Bekanntermaßen brüsten sich Diktaturen nach Wahlgängen, die alles andere als frei und geheim sind, gern mit solchen vermeintlich überzeugenden Dokumenten der Zustimmung durch eine vorgeblich dankbare Bevölkerung. So war es zum Beispiel in der DDR Usus, dass mehr als 99 Prozent der Wählerinnen und Wähler dem sogenannten Vorschlag der Nationalen Front zustimmten; wer seine Stimme nicht öffentlich abgab, sondern sich in einer Wahlkabine zurückzog, machte sich «staatsfeindlicher Gesinnung» verdächtig. Als das System bei der Kommunalwahl im Mai 1989 sich eine Blöße geben zu müssen glaubte und mit einer Zustimmungsrate von «nur» 98,85 Prozent sich das schlechteste Ergebnis einer «Wahl» in der Geschichte der DDR zugestand, kam es in einem durch die Politik der Sowjetunion unter Michail Gorbatschow veränderten politischen Klima zu Bürgerprotesten gegen den Wahlbetrug, die in die friedliche Revolution des Herbstes 1989 mündeten.

Zu Beginn des 19. Jahrhunderts ließ auch der mächtigste Mann des damaligen Europas und einer der herausragendsten politischen Persönlichkeiten (im Guten wie im Schlechten) in der Geschichte des Kontinents verschiedentlich Plebiszite abhalten: Napoleon Bonaparte. Auch dieser Gewaltherrscher – also solchen muss man ihn ungeachtet seiner Reformen wie des Code Napoleon bezeichnen – erfreute sich beim Referendum über die Verfassungsänderung im Juni 1804, das ihm formell den Weg zur Kaiserkrönung ebnete, einer Zustimmung durch 99,93 Prozent der Wahlberechtigten.

Einige Jahre später gab die amerikanische Demokratie ein Beispiel dafür, dass ein Ergebnis, das fast einer Einstimmigkeit gleichkommt, durchaus auf dem Konsens der Regierten basieren und ohne auch nur eine Andeutung von Zwang zustande kommen kann. Es blieb – vielleicht: glücklicherweise – eine Ausnahme. Einen Wahlausgang von 231 zu 1 Stimmen in dem bei Präsidentschaftswahlen entscheidenden Wahlmännerkollegium hat es nie wieder gegeben und ist längst Utopie. Oder Reminiszenz.

Eine lang verblasste sentimentale Erinnerung ist aus heutiger Sicht, in der die tiefe Polarisierung der amerikanischen Gesellschaft, die durch die Persönlichkeit von Präsident Donald Trump sicherlich (zurückhaltend ausgedrückt) nicht geringer wurde, weithin beklagt wird, auch die Stimmungslage der Nation gegen Ende der zweiten Dekade des 19. Jahrhunderts. Zu einer Zeit, als Napoleon in seinem Exil auf St. Helena saß und sich über viele deutschsprachige Staaten die Restriktionen der Fürstenrestitution und der Polizei- und Obrigkeitsstaat herabsenkte, der mit den Karlsbader Beschlüssen und dem österreichischen Staatskanzler Metternich untrennbar assoziiert ist, erlebten die USA eine kollektive Grundzufriedenheit, nein, geradezu eine Euphorie, die sich in der Bezeichnung für die Jahre um 1820 ausdrückt und die sich bei der Präsidentschaftswahl in jenem Jahr eindrucksvoll manifestierte: *The Era of Good Feeling.*

Der nationale Zusammenhalt und das kollektive Selbstbewusstsein der USA waren enorm gestiegen, nachdem das Land den *War of 1812*, den zweiten Krieg mit Großbritannien, nach jenem um die Unabhängigkeit einigermaßen glimpflich überstanden hatte. Die seit Langem schwelenden Streitigkeiten mit dem die Weltmeere beherrschenden einstigen Mutterland, dessen Royal Navy den Handel der in den napoleonischen Kriegen neutralen Länder – wie den Vereinigten Staaten – nach Kräften drangsalierte und auf hoher See amerikanische Schiffe aufbrachte, um amerikanische Seeleute in den Dienst Seiner Majestät zu pressen, waren im Juni 1812 eskaliert, als Präsident James Madison die Kriegserklärung an Großbritannien unterzeichnete. Nur zu bald wurde der als wesentlicher Autor der amerikanischen Verfassung geltende Präsident gewahr, welche manchmal tragische Rolle die langsamen Kommunikationsmöglichkeiten der Epoche gelegentlich spielen konnten. Fast gleichzeitig nämlich hatte die Regierung in London eine Grundlage des aggressiven maritimen Auftretens, die sogenannten *Orders in Council*, zurückgenommen. Die *Times* jubilierte optimistisch: «Da die Feindseligkeiten mit Amerika auf einer Grundlage beruhen, die jetzt beseitigt worden ist, müssen diese Feindseligkeiten ebenso zu Boden sinken.»[1] Das Schiff mit dieser guten Nachricht war zur gleichen Zeit in westliche Richtung über den Atlantik unterwegs wie ein anderes, mit der amerikanischen Kriegserklärung an Bord, auf entgegengesetztem Kurs.

Der Krieg war kein Ruhmesblatt für die USA. Die Invasion Kanadas schlug fehl; immerhin gelangen der U.S. Navy ein paar Erfolge auf den Meeren gegen britische Fregatten. Dann landeten im August 1814 mehr als 4.000 auf den europäischen Schlachtfeldern geschulte Veteranen, reguläre Truppen in scharlachroten Uniformen und Marines der Royal Navy, am Ufer der Chesapeake Bay und marschierten in Richtung der noch unfertigen Hauptstadt. Präsident James Madison und seine Regierung mussten aus Washington fliehen. In den Abendstunden des 24. August 1814 rückten die ersten britischen Einheiten in die Stadt. Die Briten stürmten das Capitol und begannen, zerschlagenes Mobiliar, Brennholz, Vorhänge und was immer sonst trocken und zunderig aussah, in die Kammern des Parlaments zu bringen. Bald darauf züngelten die Flammen aus dem Gebäude und auch die erste Library of Congress wurde vom Feuer vernichtet. Auch das *President's House* wurde in Brand gesteckt. Eine weitere Invasion unternahm die Weltmacht, diesmal tief im Süden, bei New Orleans. Es wurde ein Debakel. Die gut organisierten Abwehrreihen der Amerikaner unter dem energischen Andrew Jackson (den wir im folgenden Kapitel noch etwas näher kennenlernen werden) fügten den Briten am 8. Januar 1815 eine schwere Niederlage zu. Die ungefähr 300 toten Briten und die etwa 70 toten Amerikaner brachten ein sinnloses Opfer. Wie am Beginn des *War of 1812* stand auch an dessen Ende der Fluch der langsamen transatlantischen Kommunikation. Knapp drei Wochen zuvor war im (heute) belgischen Gent Frieden geschlossen worden. Alles blieb, wie es war. Immerhin: Die Hoffnung des amerikanischen Diplomaten und späteren sechsten Präsidenten John Quincy Adams (Sohn des zweiten Präsidenten John Adams), die er vor dem Setzen seiner Unterschrift unter den Friedensvertrag äußerte, sollte Realität werden: «Möge dies der letzte Friedensvertrag zwischen Großbritannien und den Vereinigten Staaten sein!»[2]

Den Krieg gegen das britische Empire unbeschadet überstanden zu haben, gab dem nationalen Selbstbewusstsein der USA einen enormen Aufschwung. Zum inneren Frieden trug bei, dass die Parteileidenschaften, die sich einst um die gegensätzlichen Pole Thomas Jefferson und Alexander Hamilton gruppiert hatten, abklangen. Die Föderalisten wurden zusehend schwächer und machten sich auf, langsam aus der politischen Geschichte der USA zu verschwinden. Im November 1816 wurde der von Madison sozusagen handverlesene Nachfolger, sein Außenminister James Monroe, mit deutlicher Mehrheit zum fünften Präsidenten der USA gewählt. Seine Amtszeit markiert das letzte Kapitel in der sogenannten «virginischen Dynastie». Von den ersten fünf Amtsinhabern entstammten vier diesem Commonwealth und alle wurden für zwei Amtsperioden gewählt: Gründervater George Washington, der von 1789 bis 1797 amtierte, Thomas Jefferson (1801–1809), James Madison (1809–1817) und nun Monroe, der als junger Mann Offizier im Amerikanischen Unabhängigkeitskrieg unter dem Kommando von Washington gewesen war und aufgrund seiner Fähigkeiten und seines Charakters des Generals und späteren Präsidenten Aufmerksamkeit auf sich gezogen hatte. Unterbrochen worden war diese Dominanz der Staatsgründer aus Virginia nur durch die eine Amtszeit des John Adams aus Massachusetts von 1797 bis 1801.

Monroe bemühte sich von Beginn seiner Amtszeit an, den Gedanken an jedwede Parteilichkeit gar nicht erst aufkommen zu lassen. Zu seinem Ansehen trug bei, dass er typischerweise eine an den Unabhängigkeitskrieg – der inzwischen mehr als eine Generation zurücklag – erinnernde Uniform trug; dazu symbolisierte die gepuderte und seit Ende des 18. Jahrhunderts aus der Mode gekommene Perücke zusätzlich eine Verbundenheit mit einer verklärten Vergangenheit, welche nur Sympathien bei der Bevölkerung generieren konnte. Diese und die im Namen für die Epoche beschworenen «guten Gefühle» wurden überdeutlich sichtbar, als Monroe 1817 und 1819 zwei sogenannte Goodwill-Touren durch weite Teile des Landes unternahm und die Menschen den stets würdig auftretenden, gleichzeitig aber zugänglichen Präsidenten begeistert begrüßten.

Angesichts dieser nationalen Grundstimmung und der hohen Beliebtheit Monroes fand sich 1820 kein Gegenkandidat. Die zunehmend schwächer werdenden Föderalisten stellten lediglich einen – chancenlosen – Kandidaten für die Vizepräsidentschaft auf. Der Nachteil eines schon von vornherein feststehenden Wahlausgangs war der geringe Enthusiasmus, den ein solcher Urnengang auslöst und der sich in einer extrem niedrigen Wahlbeteiligung manifestierte. Die in Columbus erscheinende Zeitung *Ohio Monitor* legte den Finger auf die Wunde: «In den meisten Staaten geht die Wahl in großer Stille vor sich; zu groß vielleicht für das Wohl der Republik.»[3]

So gaben im November 1820 nur 108.000 Wähler ihre Stimme ab – wobei bedacht werden muss, dass damals nur in 15 der 24 Bundesstaaten eine Direktwahl des Präsidenten stattfand; in den übrigen neun Staaten, darunter New York und South Carolina, wurden die Wahlmänner über die Staatsparlamente bestimmt. Das Wahlmännerkollegium, das *electoral college*, bestand 1820 aus 232 Wahlmännern. Hier kam es zu dem bemerkenswerten Ergebnis, dass 231 von ihnen ihre Stimme für James Monroe abgaben und damit die zweite Amtszeit des Mannes aus Virginia aktenkundig machten. Lediglich ein Angehöriger dieses unter allen westlichen Demokratien so einzigartigen Gremiums gab Monroe nicht seine Stimme.

Dieser *faithless elector* – so nennt man einen Angehörigen des *electoral college*, der seine oder ihre Stimme nicht dem Kandidaten gibt, den im Sinne des Wahlausgangs seines Bundesstaates zu wählen er oder sie sich verpflichtet hatte – war der ehemalige Senator und Gouverneur von New Hampshire, William Plumer. Er schrieb stattdessen den Namen von Außenminister John Quincy Adams auf seinen Stimmzettel, was Adams abwehrend und mit vielleicht echter, vielleicht gut gespielter Miene von Peinlichkeit zur Kenntnis nahm. Der wahrscheinliche Beweggrund für Plumers Verhalten war seine Einschätzung, dass Adams einen besseren Präsidenten abgäbe als Monroe. Es entstand indes schnell die Legende, dass Plumer sich zu seiner elektiven Treulosigkeit entschlossen habe, damit Gründervater George Washington für alle Zeiten der einzige einstimmig gewählte Präsident der USA bleiben möge.

Was immer der Beweggrund gewesen war, James Monroe störte die eine ihm verweigerte Stimme nicht im Geringsten. Sein Selbstbewusstsein war solide – und auch das der USA. Die Vereinigten Staaten der *Era of Good Feeling* fühlten sich so stark, dass man den Nationen Europas eine für deren Ohren höchst ungewöhnliche Warnung übermitteln konnte. Am 2. Dezember 1823 ließ Präsident Monroe vor beiden Kammern des Kongresses seine *Annual Message*, seine jährliche Botschaft vortragen, den Vorläufer der heutigen *State of the Union Address*, der Rede zur Lage der Nation. Der zentrale Passus des Monroe'schen Manifestes betraf vor dem Hintergrund der Unabhängigkeitsbewegungen in Lateinamerika die europäischen Großmächte:

> «Wir sind es daher der Offenheit und den freundschaftlichen Beziehungen zwischen den Vereinigten Staaten und diesen Mächten schuldig, zu erklären, dass wir jeden Versuch ihrerseits, ihr System auf irgendeinen Teil dieser Hemisphäre auszudehnen, als gefährlich für unseren Frieden und unsere Sicherheit betrachten sollten. In die be-

> stehenden Kolonien oder Abhängigkeiten einer europäischen Macht haben wir uns nicht eingemischt und werden uns auch nicht einmischen. Aber bei den Regierungen, die ihre Unabhängigkeit erklärt und aufrechterhalten haben und deren Unabhängigkeit wir mit großer Rücksichtnahme und auf der Grundlage gerechter Grundsätze anerkannt haben, können wir ein Eingreifen durch eine europäische Macht mit dem Ziel, sie zu unterdrücken oder auf andere Weise ihr Schicksal zu kontrollieren, nur im Licht einer unfreundlichen Haltung gegenüber den Vereinigten Staaten sehen.»[4]

Von den jungen lateinamerikanischen Staaten wurde die Erklärung weithin begrüßt. Die positive Einschätzung sollte sich vielerorts in den nächsten zwei Jahrhunderten grundlegend ändern, als es die USA waren, die ihre Macht auf dem Kontinent ausdehnten, wiederholt in zahlreichen Ländern militärisch intervenierten, Teile von Mexiko 1847 an sich rissen und nach dem Krieg gegen Spanien 1898 mit der Übernahme Puerto Ricos und kurzfristig auch Kubas sowie später der dänischen Besitzungen in der Karibik selbst wie eine Kolonialmacht auftraten. Die Mitglieder der Heiligen Allianz reagierten überwiegend diplomatisch-höflich (auch wenn Österreichs Staatskanzler Metternich über sie sehr verärgert war); Großbritannien unterstützte sie – mit der Folge, dass in der jüngeren Vergangenheit der amerikanische Verbündete über sie hinwegsah, als die Regierung von Ronald Reagan, wenn auch nach anfänglichem Zögern, letztlich Großbritannien und seine Premierministerin Margaret Thatcher bei der Rückgewinnung der Falkland-Inseln gegen das argentinische Militärregime unterstützte. Seit Mitte des 19. Jahrhunderts trägt diese Doktrin den Namen ihres Schöpfers, des fünften amerikanischen Präsidenten James Monroe.

Harmonie pflegt in einer Demokratie kein Dauerzustand zu sein – was sicher auch gut ist. Vier Jahre nach dem Traumergebnis für James Monroe war die «Ära der Guten Gefühlslage» vorüber und die USA erlebten einen der bittersten Wahlkämpfe, eine ungewöhnliche, de facto eine Notfallsituation darstellende Entscheidung und eine tief sitzende Aversion gegeneinander bei den Rivalen, vor allem auf Seiten der Verlierer.

Das Wahlmännerkollegium: Wie es funktioniert. Und warum heute 270 eine magische Zahl ist

Anders als bei fast allen Wahlen in Europa gewinnt bei einer amerikanischen Präsidentschaftswahl nicht mit letzter Sicherheit der Kandidat, der mehr Wählerstimmen auf sich vereint hat als sein wichtigster Konkurrent. Fünfmal ist ein Präsident ins Amt gekommen, der weniger Stimmen als sein Rivale hatte: John Quincy Adams 1824, Rutherford Hayes 1876, Benjamin Harrison 1888, George W. Bush 2000 und Donald Trump 2016.

Dies ist in einem Wahlsystem durchaus möglich, das von den Vätern der Verfassung auf eine Art konstruiert wurde, die den Bundesstaaten ein besonderes Gewicht zukommen lässt. Bei der Wahlentscheidung am jeweils ersten Dienstag nach dem ersten Montag im November kreuzen die Wählerinnen und Wähler zwar einen Kandidaten auf einem Wahlzettel an, berühren einen Namen auf einem Touchscreen oder ziehen einen Hebel in einer Wahlmaschine. Doch eigentlich bestimmen sie ein zwischengeschaltetes Gremium, das Electoral College, das Wahlmännerkollegium.

Die Größe des Electoral College ist genau festgelegt, sie richtet sich nach der Bevölkerungsstärke der einzelnen Bundesstaaten. Zumindest ungefähr und – abermals – indirekt. Jeder Staat entsendet so viele Elektoren in das Gremium, hat also so viele Wahlmänner, die es für die Kandidaten zu gewinnen gilt, wie es seiner Vertretung im Kongress entspricht. Das heißt: die Zahl der Abgeordneten im Repräsentantenhaus (die sich in der Tat nach der demografischen Bedeutung richtet) plus zwei Elektoren für die beiden Senatoren, die jeder Staat – unabhängig von seiner Größe – nach Washington auf den Capitol Hill entsendet. Der Kandidat mit den meisten Stimmen in diesem Staat bekommt alle Elektorenstimmen zugesprochen: *The winner takes it all.* Lediglich in Maine und Nebraska ist ein Splitting der Elektorenstimmen möglich.

Nehmen wir als Bespiel den schönen, aber weder geografisch noch von der Einwohnerzahl her großen Staat Maryland, in dem der Autor dieses Buches lebt. Maryland liegt nördlich und östlich der Hauptstadt Washington, D.C. Seine gut 6 Millionen Einwohner bedeuten: Er entsendet 8 Abgeordnete ins Repräsentantenhaus. Dazu kommen zwei Senatoren – also hat Maryland 10 Wahlmänner. Kalifornien hingegen mit mehr als 39 Millionen Einwohnern hat 52 Repräsentanten. Dazu zwei Senatoren – also hat Kalifornien 54 Wahlmänner und ist folglich der mit Abstand größte Preis, den ein Kandidat im Kampf um die Elektoren gewinnen kann. Allerdings: Kalifornien, einen eher liberalen Staat zu gewinnen, bedeutet keineswegs automatisch auch die Präsidentschaftswahl für sich zu entscheiden. Sowohl Al Gore 2000 als auch John Kerry 2004 siegten in Kalifornien und zogen bekanntermaßen nicht ins Weiße Haus ein.

Die Hauptstadt Washington, D.C., die kein eigener Bundesstaat ist, wird dieses eine Mal, alle vier Jahre, wie ein solcher behandelt. Die Metropole hat drei Elektoren, als hätte sie neben ihrer einzigen, nicht voll stimmberechtigten Abgeordneten noch zwei (nicht existierende) Senatoren. Nicht an der Präsidentschaftswahl können amerikanische Bürger auf Puerto Rico, den amerikanischen Jungferninseln und den Besitzungen im Pazifik teilnehmen.

Eigentlich ist die Rechnung ganz einfach: Im Repräsentantenhaus sitzen 435 Abgeordnete. Die 50 Bundesstaaten entsenden insgesamt 100 Senatoren. Und Washington, D.C., hat drei Elektoren.

435 plus 100 plus 3 = 538

Und 538 ist exakt die Stärke des Wahlmännerkollegiums. Jetzt wird auch deutlich, warum die 270 bei einer amerikanischen Präsidentschaftswahl eine geradezu magische Zahl ist. Zum Präsidenten wird der Kandidat gewählt, der die Mehrheit im Wahlmännerkollegium erreicht. Die Mehrheit ist die Hälfte von 538 plus eine Stimme – exakt 270!

Während die in der Vergangenheit selten geübte Praxis des *electoral vote splits*, das Verteilen der Elektorenstimmen eines Staates nicht nur an den Sieger in diesem Staat, sondern auch an andere Kandidaten, praktisch ausgeschlossen (mit den beiden genannten Ausnahmen) ist, gibt es gelegentlich das Phänomen des *faithless elector*, des «treulosen Elektors». Hierunter versteht man das vom eigentlichen Mandat abweichende Verhalten eines Wahlmannes oder einer Wahlfrau. Im Jahre 2016 verlor aufgrund solcher treulosen Elektoren die demokratische Kandidatin und Wahlverliererin Hillary Clinton fünf eigentlich ihr zustehende Stimmen und der republikanische Wahlsieger

Donald Trump büßte zwei Stimmen ein – was am Ergebnis der Wahl nichts änderte.

Das Wahlmännerkollegium tritt entgegen einer durchaus weit verbreiteten Meinung heutzutage nicht als ein nationales Gremium zusammen, das dann in einer Kombination aus Festakt und Abstimmung den Präsidenten wählt und dabei jenes Ergebnis bestätigt, das in der Wahlnacht oder in den Tagen danach bereits von den Medien verbreitet, analysiert und kommentiert wurde. Vielmehr treten die Elektoren eines jeden Staates und von Washington, D. C., am – auch dieser Termin ist von der Verfassung etwas umständlich klingend vorgeschrieben – ersten Montag nach dem zweiten Mittwoch im Dezember in den jeweiligen *state capitols*, den Staatsparlamenten zusammen. Dort geben sie dann ihr Votum ab, das natürlich niemanden mehr überrascht. Die zehn Elektoren von Maryland treffen sich also im State House von Annapolis, der Hauptstadt des Staates; die 54 Elektoren Kaliforniens brauchen natürlich einen etwas größeren Tagungsraum, dieser wird sich im Capitol von Sacramento befinden. Sehr intim geht es in Dover, der Hauptstadt Delawares, zu: Es sind nur 3 Elektoren, die im dortigen Capitol abstimmen.

Einen Monat später, am sechsten Kalendertag des Jahres (so abermals die offizielle Beschreibung) und rund zwei Wochen vor der Amtseinführung des neuen oder des wiedergewählten Präsidenten, wird in einer gemeinsamen Sitzung beider Kammern des Kongresses in Washington dann das Ergebnis dieser Stimmabgaben verkündet und der Sieger offiziell ausgerufen. Es war eine solche Sitzung, die Anhänger von Donald Trump mit ihrer Erstürmung des Capitols am 6. Januar 2021 an der Zertifizierung des Wahlsieges von Joe Biden hindern wollten.

5. «Korrupter Handel»: Der Kongress muss entscheiden

1824: John Quincy Adams vs. Andrew Jackson vs. William Crawford vs. Henry Clay

Es kommt zweifellos nicht von ungefähr, dass Andrew Jackson der Lieblingspräsident von Donald Trump ist. Das Porträt dieses von 1829 bis 1837 amtierenden Amtsvorgängers hing zu Trumps eigener Amtszeit an exponierter Stelle im Oval Office, geradezu als Blickfang, wenn Fernsehkameras bei Zusammenkünften in des Präsidenten Büro anwesend waren. Andrew Jackson war jähzornig, aufbrausend, nachtragend und rachsüchtig. Von seinem familiären Umfeld geliebt und respektiert, flößte er Untergebenen Angst ein – und seinen Feinden erst recht. Von diesen hatte er reichlich.

Andrew Jackson ist in der Galerie der amerikanischen Präsidenten der einzige, der sozusagen Auge in Auge – nämlich in einem Duell fast zwanzig Jahre vor seiner ersten Präsidentschaftskandidatur – einen anderen Menschen tötete. Freilich muss man mit einem Werturteil und der Herausstellung dieser Singularität vorsichtig sein: Wesentlich größer ist nämlich die Galerie sogenannter Kriegshelden unter den *Chief Executives*, die zumindest indirekt für den Tod anderer verantwortlich waren, entweder durch eigene Handlungen oder aufgrund von Befehlen. George Washington, James Monroe, William Henry Harrison, Zachary Taylor, Franklin Pierce, Ulysses S. Grant, Rutherford Hayes, James Garfield, Benjamin Harrison, William McKinley, Theodore Roosevelt, Harry Truman, Dwight D. Eisenhower, John F. Kennedy, Richard Nixon und Ronald Reagan – sie alle (und diese Aufzählung beansprucht keine Vollständigkeit) waren Kriegsteilnehmer gewesen. Restlos sicher, dass er niemandem auf der anderen Seite persönlichen Schaden zugefügt hat, können wir nur bei dem Quäker Richard Nixon, der bei der Marine in der Logistik eingesetzt war, und bei Ronald Reagan sein, der wegen seiner Kurzsichtigkeit keinen Fronteinsatz erlebte, sondern im Public-Relations-Sektor der amerikanischen Armee im Zweiten Weltkrieg aktiv war und reichlich Informations- und Werbefilme drehte.

Jackson markiert ferner den Beginn einer in der Geschichte des Amtes traurigen Tradition: Er war der erste Präsident, auf den ein Attentat verübt wurde. Der Ablauf sagt einiges über den Mann aus. Jackson verließ am 30. Januar 1835 gerade das Capitol, wo er der Trauerfeier für einen verstorbenen Kongressabgeordneten beigewohnt hatte. Plötzlich stellte sich ihm ein gut gekleideter junger Mann in den Weg, der aus England stammende Anstreicher Richard Lawrence. Er richtete eine Pistole auf Jackson und betätigte den Abzug. Der Knall war laut, doch zu Jacksons Glück war es nur das Zündkäppchen, das auf den Schlag des Pistolenhahns explodierte, das Pulver indes nicht entzündete. Jackson reagierte schnell und begann mit seinem Gehstock auf Lawrence einzuschlagen. Dieser zog eine zweite Pistole, drückte ab – es war eine erneute Fehlzündung. Dass ein Marineoffizier den gescheiterten Attentäter niederrang und er festgenommen wurde, war ein Segen für ihn, da der in Rage geratene Jackson weiter auf ihn einzuprügeln suchte.

Donald Trump, der 44. Präsident, dürfte auch deswegen eine ganz besondere Wertschätzung für den siebten Präsidenten empfunden haben, da Jackson bei seinem ersten Versuch, ins Weiße Haus einzuziehen, in einer umstrittenen Wahl gescheitert war, diesen Ausgang nicht als legitim anerkannte und er seinem Naturell entsprechend maximal «geladen» auf eine Revanche vier Jahre später hin arbeitete.

Das Jahr 1824 erlebte eine weitere Demokratisierung der amerikanischen Präsidentschaftswahl: In immer mehr Bundesstaaten wurden jetzt die Wahlmänner direkt von den Wahlberechtigten gewählt und nur noch in einer Minderheit von den Staatsparlamenten. Die Tatsache, dass es nach dem Niedergang der Föderalisten nur noch eine Partei (bei weit gefasster Definition dieses Begriffes) gab, tat der Wahlmöglichkeit keinen Abbruch, konnten die Wahlberechtigten schließlich zwischen nicht weniger als vier veritablen Kandidaten auswählen. Auch der Nominierungsprozess wurde offener. Bislang hatten die Kongressabgeordneten der jeweiligen politischen Gruppierung die Kandidaten im einem *caucus* genannten Prozess, einer Art Mini-Parteitag einiger privilegierter Insider, ausgewählt. Doch dieses Verfahren geriet als undemokratisch – «King Caucus» – zunehmend in die Kritik und der im Caucus von 1824 vorgeschlagene Kandidat, Finanzminister William Crawford, hatte mehr mit der Last dieser «Empfehlung» zu kämpfen, als dass sie ihm bei den Wählern genützt hätte. Aufgrund der zunehmend schlechten Reputation dieser Einrichtung trafen sich nur noch 66 Kongressmitglieder, um Crawford zu nominieren. Sie hatten wahrscheinlich selbst Zweifel, dass ihre Entscheidung von Bedeutung sein würde, denn Crawford hatte wenige Monate zuvor einen Schlaganfall erlitten, der ihn gelähmt und fast blind zurückließ.

Es liegt auch an der Person eines der Kandidaten, dass der Wahltermin von 1824 als eine Art Wegmarke der Demokratisierung angesehen wird – nämlich an ebenjenem Andrew Jackson, dem Held der Schlacht von New Orleans und zahlreicher Scharmützel mit Indianern (was seiner Reputation heute zum Nachteil gereicht). Jackson wurde vor allem von Parteiversammlungen und Kongressabgeordneten aus dem Süden und dem Westen auf den Schild gehoben. Wegen seiner Herkunft aus Tennessee und des rauen Pioniergeists, den er verkörperte, galt er als eine Art Kandidat der breiten Massen – als Repräsentant jener Amerikaner, die nicht der Ostküsten-Elite entstammten und die niemals ein College oder eine Universität von innen gesehen hatten. Jackson war der Prototyp jenes in der amerikanischen Wahlgeschichte immer wieder auftauchenden Kandidaten, der «anti-Washington», also ein Außenseiter und Kritiker der in der Hauptstadt tonangebenden politischen Klasse zu sein schien und eher eine Beschränkung der Zentralregierung, nicht deren weitere Stärkung zu seinem Programm machte – typischerweise haben derartige Kandidaten im Falle eines Sieges diesen Teil ihrer Agenda meist vergessen und sich einer Machtkonzentration in Washington und damit in den eigenen Händen nicht entgegengestellt. Der Kandidat, der den Unterprivilegierten eine Stimme in der amerikanischen Politik zu geben versprach, war selbst – auch das sicherlich kein historischer Einzelfall – alles andere als der sprichwörtliche einfache Mann. Jackson war extrem wohlhabend, wovon sich heute noch jeder Besucher seines Anwesens «The Hermitage» vor den Toren Nashvilles überzeugen kann. Vom einfachen Mann auf den Feldern oder in der fernen Prärie unterschied er sich auch dadurch, dass er andere Menschen sein eigen nannte: Jackson war ein Sklavenbesitzer. Das änderte nichts daran, dass seine wichtigste Stütze die sogenannten *common people* waren, einfache Menschen wie Handwerker, Farmer, Trapper, Fallensteller und Individuen, die man gemeinhin als das Proletariat bezeichnet.

Zwei weitere Kandidaten kämpften neben dem angeschlagenen Crawford und dem jähzornigen Ex-General um den Einzug ins Weiße Haus. Henry Clay, der Sprecher des Repräsentantenhauses und einer der begabtesten politischen Redner der Epoche, bekundete ebenso sein Interesse an dem höchsten Staatsamt wie John Quincy Adams. Dieser war Außenminister im Kabinett des ausscheidenden Präsidenten James Monroe und galt nach langer Karriere als Botschafter unter anderem in St. Petersburg und Berlin als einer der besten Diplomaten der frühen amerikanischen Republik. John Quincy Adams war der Sohn des zweiten Präsidenten John Adams. Wie dieser war er kein Mann von bestechender Außenwirkung oder Charisma, sondern erschien seinen Zeitgenossen recht distanziert; seine gelegentlich überhandnehmende Gefühlskälte erstreckte sich bis in seine Ehe hinein. Erkennbar ein Intellektueller, schien Adams der größte denkbare Gegensatz zu dem Haudegen Jackson zu sein.

Vier Kandidaten, denen ungeachtet Crawfords Behinderung allesamt Chancen eingeräumt wurden, Präsident zu werden – diese Konstellation gab es niemals zuvor und auch später mit Ausnahme der schicksalsträchtigen Wahl von Abraham Lincoln 1860 nicht mehr, da ansonsten allenfalls *ein Third Party Candidate* den Zweikampf stören konnte, den amerikanische Präsidentschaftswahlen meist darstellen. Als die Stimmen ausgezählt wurden, zeigte es sich, dass Andrew Jackson sowohl bei den Wählerstimmen als auch bei den Wahlmännern weit vorn lag. Der Mann aus Tennessee brachte es auf 43,1 Prozent der abgegebenen Stimmen der Wahlbeteiligten und bekam 99 Stimmen der Elektoren. Wie zu erwarten, lag seine Basis im Westen; außerdem gewann er North und South Carolina sowie Pennsylvania. John Quincy Adams gewann in seiner Heimatregion, den Neuenglandstaaten, und konnte in verschiedenen anderen Bundesstaaten die eine oder andere Elektorenstimme gewinnen – 1824 und bei manch anderen frühen Wahlen splitteten einige Staaten ihre Elektorenstimmen, was heute nur noch in Maine und Nebraska der Fall sein kann. Insgesamt kam Adams auf 30,5 Prozent der Wählerstimmen und auf 84 Voten der Wahlmänner. Crawford bekam 41, Clay 37 Wahlmännerstimmen.

Damit hatte keiner der vier Kandidaten das erreicht, was notwendig ist, um Präsident zu werden: 50 Prozent plus eine Stimme im Wahlmännerkollegium. Der Zwölfte Verfassungszusatz regelt einen solchen Fall: Wenn kein Kandidat eine Mehrheit bekommt, muss das Repräsentantenhaus unter den drei Bestplatzierten entscheiden. Im House of Representatives war indes die Anhängerschaft Jacksons begrenzter als im Wahlvolk: Jackson hatte als kurzzeitiger Kongressabgeordneter und Senator des Staates Tennessee seine gesetzgeberischen Kollegen wenig beeindruckt. Der viertplatzierte und somit aus dem Rennen ausgeschiedene Henry Clay hatte als Speaker of the House reichlich Möglichkeiten, das Geschehen zu beeinflussen. Und Clay entschied sich relativ schnell, John Quincy Adams zu unterstützen. Wie bei der Wahl zwischen den «Parteifreunden» Jefferson und Burr 24 Jahre zuvor musste der siegreiche Kandidat eine Mehrheit der Bundesstaaten hinter sich bringen.

Diesmal waren keine 36 Wahlgänge im Capitol vonnöten, die Entscheidung fiel am 9. Februar 1825 bereits in der ersten Abstimmung. Dreizehn der 24 Bundesstaaten stimmten für John Quincy Adams, der damit zum sechsten Präsidenten der USA gewählt worden war. Sieben Staaten standen hinter Jackson, vier hinter Crawford. Zunächst sah es nach einem von allen Seiten in Fairness akzeptierten Ergebnis aus und auch Jackson gratulierte dem neuen Präsidenten höflich. Doch nur drei Tage nach der Entscheidung schlug die Stimmung um. Adams nämlich ernannte Henry Clay zu seinem Außenminister. Jackson und seine Anhänger sahen *bargain and corruption*, Absprache und Korruption, am Werk. Ihr Vorwurf: Clay habe seinen Einfluss als *Speaker of the House* eingesetzt, um Adams zum Präsidenten zu machen, und hatte im Gegenzug dafür das begehrte Amt an der Spitze des State Department bekommen. Dies galt nicht nur als das wichtigste in einem Kabinett, sondern auch als Sprungbrett für höchste Weihen: John Quincy Adams war nach Jefferson, Madison und Monroe bereits der vierte Präsident in Folge, der vorher das Amt des Außenministers bekleidet hatte. Zwar ist eine Absprache zwischen Clay und Adams von Historikern nie nachgewiesen worden, doch Jackson und sein Lager waren von einem unredlichen Deal überzeugt. In der Propaganda von *Jacksonians* und in den Leitartikeln der dem General nahestehenden Gazetten wurden schwere Vorwürfe gegen die neue Regierung erhoben, die vom ersten Tag an als korrupt gezeichnet wurde. Zwar gab es wenig direkte Kritik an der Verfassung und dem Wahlsystem – Jackson selbst allerdings forderte später die Abschaffung des Electoral College –, doch der Schock, dass dem in der Wählergunst führenden Kandidaten letztlich die Präsidentschaft verweigert wurde, saß bei vielen Amerikanern tief. Die *Era of Good Feeling* war jedenfalls offenkundig vorbei.

John Quincy Adams regierte fast in einer Art Belagerungszustand. Da das Staatsparlament von Tennessee beinahe umgehend Andrew Jackson als Kandidat für die Wahl im Jahre 1828 ausrief, konnte der Präsident gewiss sein, dass der Wahlkampf über seine Wiederwahl oder Nachfolge schon in seinem ersten Amtsjahr begonnen hatte. Ihm standen vier freudlose Jahre im Weißen Haus bevor, was durchaus zu der eher reservierten Grunddisposition des neuen Präsidenten zu passen schien. Der Wahlkampf von 1828 wurde erwartungsgemäß besonders schmutzig, mit dem heftigen Austausch persönlicher Angriffe. Adams Anhänger schlugen gegen Jacksons wieder aufgewärmte Korruptionsvorwürfe mit einer unschönen Attacke auf des Herausforderers Privatleben zurück. Dessen Ehe sei nicht rechtsgültig, so ließen Adams Anhänger verlauten, da seine Frau Rachel zum Zeitpunkt der Eheschließung noch nicht von ihrem ersten Mann geschieden war. Die Vorwürfe setzten dem General, mehr aber noch seiner Frau zu. Wenige Wochen nach Jacksons Sieg über Adams, der wie sein Vater ein *one-term president*, ein Präsident mit einer Amtszeit blieb, und noch vor dem Amtsantritt ihres Mannes starb Rachel Jackson. Jackson machte dafür die Verleumdungskampagne seiner politischen Gegner und natürlich auch seinen Vorgänger verantwortlich.

Jackson sollte nach seiner Wahl 1828 zu einem Musterbeispiel eines zupackenden, Kompetenzen an sich ziehenden Präsidenten werden. Er gab der Epoche wie dem Stil seiner Administration einen Namen: «Jacksonian Democracy». Bei der breiten Bevölkerung sehr beliebt, gewann Jackson auch die Wiederwahl deutlich. Im November 1832 bekam er 54 Pozent der Wählerstimmen und siegte in 16 Bundesstaaten, was ihm 219 der insgesamt 286 Wahlmännerstimmen einbrachte. In den rund 190 Jahren seit der Wiederwahl Jacksons hat es nur zwei demokratische Präsidenten gegeben, die in zwei Wahlgängen eine absolute Mehrheit der Wählerstimmen bekamen, Franklin D. Roosevelt und Barack Obama.

Was passiert, wenn kein Kandidat eine Mehrheit im Electoral College hat? Und welche Rolle spielen Third-Party-Candidates?

Und um noch eine Frage zu stellen: Kann es bei einer amerikanischen Präsidentschaftswahl ein Unentschieden geben? Ja, das ist möglich. Wenn nämlich zwei Kandidaten es auf jeweils 269 Stimmen im Electoral College, exakt dieHälfte der dort vergebenen Stimmen bringen – wir erinnern uns: 270 ist die magische Zahl, der es (mindestens) bedarf, um gewählt zu werden. Dass dies noch nie passiert ist, stellt keine Garantie dafür dar, dass es nicht doch einmal eintritt. Es sind verschiedene Kombinationen von Ergebnissen aus den 50 Bundesstaaten plus der Hauptstadt Washington, D. C. möglich, um zu einem 269 : 269-Remis zu kommen. Eine andere Möglichkeit, keinem Kandidaten im Wahlmännerkollegium eine Mehrheit zu verschaffen, ist ein gutes Abschneiden eines dritten Kandidaten – oder gar von vier relevanten Kandidaten, wie es 1824 geschehen ist. Ein solcher *Third-Party-Candidate* müsste also mindestens in einem, möglicherweise gar in mehreren Staaten eine Mehrheit und somit eigene Elektoren gewinnen, um aus dem Zweikampf einen Dreikampf zu machen und dem nach herkömmlichen Verständnis Wahlsieger – dem mit den meisten im Lande abgegebenen Wählerstimmen – das Erreichen der 270 Wahlmännerstimmen zu vereiteln.

Wenn kein Kandidat im Wahlmännerkollegium die magische Zahl von 270 Stimmen erhält, muss – wie das Beispiel 1824 zeigt – das Repräsentantenhaus entscheiden. Diese Abstimmung erfolgt indes nicht wie andere in der Kammer nach Mitgliedern, sondern nach Bundesstaaten. Ein aktuelles, aber theoretisches Beispiel: Würde das Repräsentantenhaus (das im November 2024 zusammen mit dem Präsidenten neu gewählt wird) entscheiden müssen, würde Pennsylvania für den Kandidaten der Demokraten stimmen, wenn auch knapp: Des Staates 17 Repräsentanten setzen sich aus neun Demokraten und acht Republikanern zusammen. In der aus 38 Mitgliedern bestehenden *congressional delegation* von Texas hingegen haben die 25 Republikaner gegenüber 13 Demokraten die Oberhand. Bei einer hypothetischen Präsidentenwahl im Repräsentantenhaus ginge Stand Prä-2024er-Wahl also die eine Stimme von Pennsylvania an den demokratischen und die eine Stimme von Texas an den republikanischen Kandidaten. Durch diese Besonderheit wird auch deutlich, welche Partei angesichts der gegenwärtigen Präferenzen der Wählerinnen und Wähler im Lande einer solchen – abermals: hypothetischen – Abstimmung im Repräsentantenhaus mit größerer (wenn auch verhaltener) Gelassenheit entgegensehen könnte. Es sind die Republikaner, die im Repräsentantenhaus des 118. Kongresses mit 26 Staaten eine Mehrheit hätten.

Natürlich kann ein Kandidat einer dritten Partei den Wahlausgang durchaus auch mitentscheiden, ohne selbst einen einzigen Bundesstaat zu gewinnen. Im Wahlkampf von 2024 debattieren einige Auguren, ob Robert Kennedy junior ein solches Zünglein an der Waage sein könnte. Der erfolgreichste Third-Party-Candidate der letzten einhundert Jahre war der Texaner Ross Perot, der es 1992 auf fast 20 Millionen Stimmen und einen Stimmanteil von 18,9 Prozent brachte. Perot gewann keinen einzigen Bundesstaat, sorgte aber dafür, dass keiner der Kandidaten der großen Parteien in einem Staat auf eine absolute Mehrheit kam – abgesehen von Bill Clinton in seinem Heimatstaat Arkansas. Da Perot nach allgemeinem Verständnis ein konservatives Publikum ansprach, wilderte er vor allem im Wählerpotenzial von Präsident George H. W. Bush, was entscheidend zu dessen Wahlniederlage beigetragen haben dürfte.

Wesentlich mehr Glück hatte sein Sohn, George W. Bush, acht Jahre später mit einem Kandidaten einer dritten Partei. Der für die Green Party antretende Ralph Nader bekam landesweit fast 2,9 Millionen Stimmen. Angesichts der Tatsache, dass es zwischen Bush junior und Vizepräsident Al Gore zu einem Kopf-an-Kopf-Rennen mit einer Differenz von rund 540.000 Stimmen (zugunsten Gores) gekommen war, verhinderten die von Progressiven an Nader gegebenen Stimmen in mehr als einem Bundesstaat mit knappem Wahlausgang den Sieg von Gore – unter anderem in Florida, das im Zentrum dieser einmaligen Wahl stehen sollte.

6. Kurzlebige Helden oder: Wie der zweite Mann auf dem Ticket plötzlich ins Rampenlicht rückte

1840: William Henry Harrison vs. Martin Van Buren
1848: Zachary Taylor vs. Lewis Cass vs. Martin Van Buren

Verschiedentlich haben die Vereinigten Staaten im Laufe ihrer Geschichte erfolgreiche Militärs in das höchste politische Amt gewählt. Führungsstärke auf dem Schlachtfeld war nicht unbedingt eine Garantie für politische Fortune, doch zumindest zwei ehemalige Generäle konnten zwei Amtszeiten als Präsidenten vollenden und nahmen danach, von der Bevölkerung hochgeschätzt, Abschied auch von der zivilen Macht: der «Vater der Nation», George Washington, und der alliierte Oberbefehlshaber im Zweiten Weltkrieg, Dwight D. Eisenhower, der von 1953 bis 1961 im Weißen Haus residierte und der in seiner Abschiedsansprache seine Landleute davor warnte, dem «militärisch-industriellen Komplex» zu viel Macht zukommen zu lassen – ein bemerkenswertes, bis heute aktuelles Vermächtnis eines Mannes, der fast sein ganzes Erwachsenenleben lang selbst Uniform getragen hatte.

Außerordentliches Pech hatten die USA indes in den 1840er-Jahren mit ihren Kriegshelden. Zweimal entschieden sich die Wähler für einen mit dem Lorbeer militärischen Sieges geschmückten General, zweimal erwiesen sich diese Heroen gesundheitlich nicht den Herausforderungen des zivilen Amtes gewachsen – zwei gestandene Männer, die den Pfeilen der Indianer, tagelangen Märschen durch die Wüste und zahlreichen Gefechten an vorderster Front getrotzt hatten, fielen im Weißen Haus so wenig ruhmvollen Feinden wie den Bakterien der Atemwege und einer Überforderung des eigenen Verdauungstraktes zum Opfer. Doch die unerwartete Abberufung zweier neu gewählter Präsidenten binnen etwas mehr als neun Jahren brachte plötzlich das zweithöchste von der Verfassung vorgesehene Amt der Vereinigten Staaten wieder ins Bewusstsein der Öffentlichkeit zurück. Denn bis zu einem verregneten Frühjahrstag im Jahre 1841, an dem ein Mann namens William Henry

Harrison zwei kausal miteinander verknüpfte Rekorde aufstellen sollte – die längste Antrittsrede, gefolgt von der kürzesten Amtszeit aller Präsidenten –, war der Vizepräsident zu einer scheinbaren Marginalie verkommen. Nun jedoch wurde plötzlich deutlich, wie wichtig es war und heute angesichts des Alters der Kandidaten des Jahres 2024 mehr denn je ist, auch den zweiten Namen auf dem Ticket einer genauen Betrachtung zu würdigen. Denn der *running mate* bei einer Wahl wird schnell zum Staatschef im Wartestand, nur einen sprichwörtlichen Herzschlag von jener Machtfülle entfernt, welche die Verfassung der Exekutive zubilligt.

Eine neue und, wie sich zeigen sollte, kurzlebige Partei war die sich nach einem englischen Vorbild «Whigs» nennende Organisation, die im Jahr 1840 mit einem weithin bekannten Nationalhelden antrat. William Henry Harrison war eine im ganzen Land geachtete Persönlichkeit hohen Ansehens. Diese resultierte aus seinen militärischen Erfolgen, die zu diesem Zeitpunkt allerdings schon einige Jahre zurücklagen. Der 1773 in Virginia als Sohn eines Unterzeichners der Unabhängigkeitserklärung geborene Harrison enttäuschte seinen Vater, als er nicht Medizin studierte, sondern sich für eine militärische Karriere entschied. Schon der junge Harrison erwarb sich einen Ruf als Indianerkämpfer, sodass Präsident John Adams ihm einen leitenden Posten in der Verwaltung und Sicherung des Northwest Territory anvertraute, ein Gebiet, das unter anderem das heutige Ohio und Indiana umfasste. In der Schlacht am Tippecanoe Creek gelang einer amerikanischen Streitmacht unter dem Oberbefehl Harrisons am 7. November 1811 ein vorentscheidender Sieg über eine Koalition indigener Stämme unter ihrem charismatischen Anführer Tecumseh. Harrisons Beiname, der im Wahlkampf von 1840 Teil der Whig-Propaganda war, lautete seither «Old Tippecanoe». Zwei Jahre nach Tippecanoe, am 5. Oktober 1813, gelang Harrison ein entscheidender Sieg über die Indigenen und die mit ihnen nun offen verbündeten Briten in der «Battle of the Thames», einem Fluss in Kanada, dessen Name bei manch einem englischen Soldaten Heimweh ausgelöst haben mag. Tecumseh kam bei der Schlacht ums Leben, Harrison hingegen wurde endgültig zum nationalen Idol. Seine nachfolgende und für einen siegreichen amerikanischen General der Epoche fast unvermeidliche politische Karriere als Abgeordneter im Repräsentantenhaus, Senator und als amerikanischer Botschafter in Kolumbien verlief ohne Glanz.

Als Vizepräsidentschaftskandidaten einigten sich die Whigs auf John Tyler aus Virginia, der nicht nur ein Repräsentant eines sklavenhaltenden

Staates, sondern auch ein ehemaliger Demokrat war. Mit dieser Personalentscheidung hofften Harrison und seine Wahlstrategen jene demokratischen Wähler anzuziehen, denen der Regierungsstil Jacksons und seines Nachfolgers Martin Van Buren wenig zusagte. William Henry Harrison tat etwas in jener Zeit höchst Ungewöhnliches: Der Kandidat der Whigs trat öffentlich auf, hielt Reden und warb um Wählerstimmen. Dies hatte bislang kein Kandidat der führenden Parteien getan und es sollte noch mehr als ein halbes Jahrhundert vergehen, bis Präsidentschaftskandidaten einen derart persönlich engagierten Wahlkampf für angemessen und keineswegs mehr für unter ihrer Würde hielten. Die Whigs zogen mit der Parole «Old Tippecanoe and Tyler, too!» in den Wahlkampf, in dem es wie niemals zuvor feste Organisationsstrukturen der beiden großen Parteien gab. Der Politologe Richard P. McCormick bemerkte:

> «Der Wahlkampf von 1840 brachte das amerikanischen Parteiensystem endgültig zur Blüte. In jeder Region des Landes und in wirklich jedem Staat spielte sich Politik im Rahmen eines Zwei-Parteien-Systems ab und fast überall, mit Ausnahme weniger Staaten, war dieses System derart in einer Balance, dass ein wirklicher Wettstreit entstand. Ganz allgemein gesprochen: Es war der Kampf um die Präsidentschaft, der dieses Parteiensystem nicht nur prägte, sondern geradezu seine Daseinsberechtigung definierte.»[1]

Die Volkstümlichkeit des ideologisch sehr zurückhaltenden Harrison zeigte sich bei einer Wahlveranstaltung auf dem alten Schlachtfeld am Tippecanoe River, zu der im Juni 1840 nicht weniger als 60.000 Menschen zusammenkamen – es dürfte die bis zu diesem Zeitpunkt größte politische Veranstaltung der amerikanischen Geschichte gewesen sein. Dass Harrison bei solchen Anlässen die Kriegsrufe jener indigenen Krieger imitierte, an deren Vernichtung und Vertreibung, der größten Tragödie in der Geschichte des amerikanischen Kontinents, er einen beinahe so großen Anteil hatte wie Ex-Präsident Andrew Jackson, amüsierte die Massen bei derartigen Veranstaltungen ganz besonders.

Ungewollt hatte der politische Gegner noch seinen Teil zur Popularität Harrisons beigetragen. Eine den Demokraten nahestehende Zeitung aus Baltimore hatte versucht, Harrison als schlichtes Gemüt abzutun, den man mit einem Fass Apfelschnaps (*hard cider*) zufriedenstellen könne, welchen er gern abseits der Zeitläufte und fern jedweder politischen Erschütterung in seiner Blockhütte (*log cabin*) genießen würde. Die Whigs griffen beide Stichwörter dankbar auf. Hard Cider wurde eine Art inoffizielles Wahlkampfgetränk und zu einem Ausdruck wahrhaft republikanischer Bodenständigkeit stilisiert. Natürlich steckte darin auch ein Seitenhieb auf den politischen Gegner: Von Van Buren wurde behauptet, er trinke teuren ausländischen Wein, womit dem Präsidenten ein dekadenter, irgendwie unamerikanischer Lebensstil unterstellt wurde. In einer Log Cabin geboren zu sein, war für die nächsten Jahrzehnte ein beinahe essenzieller Bestandteil einer rechtschaffenen Politikerbiografie, signalisierte das bescheidene Bauwerk doch die Abkunft aus dem einfachen Volk, die ab der Mitte des 19. Jahrhunderts als absolut erstrebenswert galt. Während Abraham Lincoln, der zwanzig Jahre später für die Präsidentschaft kandidierte, tatsächlich in einer solchen Hütte das Licht der Welt erblickt hatte, war die Symbolkraft des Bauwerks dem Kandidaten Harrison und seiner Biografie hochgradig unangemessen. Denn Harrison war auf der (von Sklaven bewirtschafteten) Plantage Berkeley zwischen Williamsburg und Richmond zur Welt gekommen. Noch heute können sich Besucher dieses grandiosen und gut erhaltenen Herrensitzes davon überzeugen, dass dieses Anwesen denkbar wenig Ähnlichkeit mit einer Log Cabin aufweist.

Die Taktik jedoch, den Abkömmling einer der reichsten und ältesten Familien Virginias als Selfmademan aus der Blockhütte zu verkaufen, ging auf – und bei der Hervorkehrung seiner angeblichen Volkstümlichkeit ließ sich auf den Veranstaltungen das drängendste Problem des Landes, die Sklaverei, leicht in den Hintergrund drängen. 1840 war nicht nur wegen des höchst lebendigen Wahlkampfes eine Sternstunde der amerikanischen Demokratie. Die Wahlbeteiligung war mit 80,2 Prozent aus heutiger Sicht unglaublich hoch. Nur zwei andere Wahlgänge, denen die Zeitgenossen eine dramatische Bedeutung zusprachen, weisen eine vergleichbare Beteiligung auf: die Wahl von 1860, am Vorabend des Bürgerkrieges, und jene von 1876. Harrison gelang ein Sieg, der – wie wiederholt in der US-Geschichte – im Wahlmännerkollegium eindrucksvoller war als bei den prozentualen Wählerzahlen. Der ehemalige General gewann 234 Elektorenstimmen, auf Amtsinhaber Van Buren entfielen nur 60. In Wählerstimmen allerdings betrug Harrisons Vorsprung nur rund 150.000 bei 2,4 Millionen abgegebenen Stimmen.

William Henry Harrison war mit 68 Jahren bis dahin der älteste in das Präsidentenamt gewählte Politiker – er war somit zehn Jahre jünger als Donald Trump und dreizehn Jahre jünger als Joe Biden im Jahr 2024. Doch es waren zwei andere Rekorde Harrisons innerhalb der Galerie amerikanischer Präsidenten, die in alle Zukunft Bestand haben dürften. Harrison sprach am Tage seiner Amtseinführung länger als jeder andere neue Präsident, seine *Inaugural Address* dauerte eine Stunde und vierzig Minuten. Die Rede wurde in kühler Witterung gehalten, auf das Tragen eines Mantels verzichtete der alte General. Schon bald waren die Spuren dieser Exposition gegenüber einer ungesunden Witterung zu erkennen. Harrison entwickelte eine fiebrige Erkältung. Zu des Präsidenten Pech standen ihm die besten Ärzte der Epoche zur Verfügung, die ihn nach dem fortschrittlichsten Stand der Heilkunde behandelten. Die Brechkuren, das Schröpfen und andere Brachialtherapien schwächten den Patienten zusehend. Am 4. April 1841 starb William Henry Harrison an einer Lungenentzündung. Er war exakt einen Monat lang der neunte Präsident der Vereinigten Staaten gewesen.

Mit dem Tod Harrisons übernahm zum ersten Mal der Vizepräsident die von der Verfassung vorgesehene Funktion. Doch welcher Art war diese? War der «aufgerückte» bisherige Zweite Mann im Staat ein *acting president*, der über einige, aber nicht alle Machtbefugnisse und vor allem nicht die Autorität des direkt von den Wählern ins Amt berufenen Regierungschefs verfügte? Es ist das historische Verdienst von John Tyler, energisch einen Präzedenzfall geschaffen zu haben, der in ähnlichen zukünftigen Fällen keine Zweifel an der Legitimität der neuen, unvorhergesehenen Administration aufkommen ließ. Tyler zerstreute sofort entschlossen und selbstbewusst jedwede Zweifel, dass er als zehnter amerikanischer Präsident die gleiche Position einnahm wie seine Vorgänger von George Washington bis William Henry Harrison. Eilends nach Eintreffen der Nachricht von Harrisons Tod von seiner Plantage in Virginia – er war praktisch ein Nachbar Harrisons, sein Anwesen Sherwood Forest ist heute wie Berkeley zur Besichtigung des Lebensstils der virginischen Aristokratie für Besucher offen – in die Hauptstadt Washington geeilt, ließ Tyler sich vereidigen, wie es einem «richtigen» Präsidenten gebührt. Spöttische Bemerkungen über *His Accidency*, Seine Zufälligkeit, blieben nicht aus. Doch die Aussage des John Adams aus dem Jahr 1793, wonach sein Land mit der Vizepräsidentschaft das unwichtigste Amt geschaffen hatte, das je im Bereich menschlicher Vorstellungskraft liegen konnte, war nun ad absurdum geführt. Die zweite Stimme auf dem *ballott*, dem Wahlzettel – auch sie kann Geschichte schreiben.

Acht Jahre später, in jenem Jahr der Revolutionen, da in Europa die Throne wankten, stellten die Whigs abermals einen Ex-General auf, siegten erneut und bescherten dem Land auch diesmal das Schauspiel eines plötzlich in das höchste Staatsamt aufrückenden Vizepräsidenten, den bis dahin kaum jemand kannte. Die USA von 1848 hatten sich gegenüber dem Land, das sie 1840 noch waren, nachhaltig verändert. Sie waren beträchtlich größer geworden. Nach der Annexion von Texas, das nach seiner Loslösung von Mexiko acht Jahre als eigenständige Republik existiert hatte, war nach dem Krieg gegen Mexiko, der am 2. Februar 1848 mit dem Abkommen von Guadeloupe Hidalgo endete, jenes riesige Territorium hinzugekommen, das neben Kalifornien die Bundesstaaten Arizona, New Mexico und Teile von Nevada, Colorado und Utah umfasst. Im Krieg gegen den Nachbarn im Süden sammelten zahlreiche Offiziere erste Erfahrungen, die später im Bürgerkrieg an der Spitze konföderierter Truppen oder von Unionsstreitkräften stehen würden. Einer von ihnen, Ullyses S. Grant aus Ohio, ein junger Leutnant anno 1847/48, wurde später sogar Präsident. Nationalen Ruhm erwarb in der Frühphase des Konfliktes General Zachary Taylor, als er in der Schlacht von Buena Vista die zahlenmäßig überlegenen Mexikaner – den 6.000 Mann Taylors standen etwa 20.000 Soldaten des Diktators Santa Anna gegenüber – in die Flucht schlagen konnte. Mit diesem Ruhm bedeckt, war der General fast automatisch als Präsidentschaftskandidat für die nächste Wahl im Gespräch.

Zachary Taylor, zum Zeitpunkt der Wahl von 1848 fast 64 Jahre alt, war ein wohlhabender Plantagenbesitzer und Sklavenhalter aus Louisiana, der ursprünglich aus Kentucky stammte. Und ein hochgradig unpolitischer Mensch: Er war noch nie zu einer Wahl gegangen, seine erste und, wie sich zeigen sollte, auch letzte Stimmabgabe seines Lebens war die eines Stimmzettels mit seinem eigenen Namen. Schon bald nach seinem Sieg bei Buena Vista hatten sich Fanclubs gebildet, die sich für seine Nominierung einsetzten. Die Taktik der Whigs war eine Wiederholung der Kampagne von 1840: Ein populärer Spitzenkandidat schien von der Notwendigkeit zu entbinden, mit inhaltlichen Aussagen in den Wahlkampf zu ziehen. Als Vizepräsidentschaftskandidaten nominierten die Whigs Millard Fillmore, einen ehemaligen Kongressabgeordneten aus dem ländlichen Teil («Upstate») des Staates New York, der zu jener Zeit den Posten des «Comptrollers», einer Art Finanzminister des Bundesstaates, innehatte. Mit der Wahl eines Mannes aus dem Norden wollte man, wie so oft in der amerikanischen Wahlgeschichte, ein *balanced ticket* aufstellen, Kandidaten aus unterschiedlichen Regionen ins Rennen schicken. In jener Epoche ging das Streben nach einer Balance über die rein geografische Anforderung hinaus: Dem Sklavenhalter Taylor wurde ein Mann zur Seite gestellt, der nicht nur aus einem *free state* kam, sondern darüber hinaus mit seiner bescheidenen Biografie denkbar weit entfernt schien von der Welt der Plantagenbesitzer und Southern Gentlemen. Fillmore nämlich war tatsächlich in einer Log Cabin geboren und hatte sich aus bitterster Armut emporgearbeitet. Seinen Vizepräsidentschaftskandidaten lernte Taylor vor der Wahl gar nicht persönlich kennen – es schien nicht wichtig genug.

Die Demokraten stellten Senator Lewis Cass aus Michigan auf. Eine dritte Partei, die Free Soil Party, machte als einzige ihre strikte Ablehnung einer Ausdehnung der Sklaverei deutlich. Ihr Spitzenkandidat war Ex-Präsident Martin Van Buren. Das Diktum des Historikers Daniel Walker Howe, wonach die Wahl von 1848 «die erste moderne Wahl»[2] der amerikanischen Geschichte markiert, ist unter organisationstechnischen Aspekten zutreffend. Zum ersten Mal wurden alle Elektoren in allen Bundesstaaten am gleichen Tag gewählt, einem Datum, das von nun an für alle amerikanischen Präsidentschaftswahlen verbindlich sein sollte. In allen Staaten mit Ausnahme von South Carolina wurden die Wahlmänner direkt von den Wahlberechtigten gewählt. Und zum ersten Mal gab es ein Kommunikationsmittel, mit dem Ergebnisse beinahe in Echtzeit aus der Provinz in eine Großstadt und dort in eine Parteizentrale oder in die Redaktion einer Zeitung übermittelt werden konnten: den erst wenige Jahre zuvor eingeführten Telegrafen des Samuel Morse. Mit dieser neuen Technologie wurde umgehend auch die Sorge laut, dass Ergebnisse aus dem wegen der Zeitverschiebung früher wählenden Osten in die westlicheren Staaten übertragen werden und dort das Abstimmungsverhalten beeinflussen könnten.

Die wahlpolitische Landkarte der USA nach der Entscheidung der Wähler am 7. November 1848 war inhomogen wie selten. Taylor gewann sowohl im Nordosten, wo er sich vier Neuenglandstaaten sowie die bevölkerungsreichen New York und Pennsylvania sichern konnte, in der Mitte des Landes mit Tennessee, Kentucky und North Carolina sowie im tiefen Süden Georgia, Florida und Louisiana. Van Buren gewann zwar das Votum von knapp 300.000 Wählern, aber keinen Staat und damit keine einzige Wahlmännerstimme. Im Wahlmännerkollegium hatte Taylor mit 163 Stimmen gegenüber Cass mit 127 Stimmen die Mehrheit.

Taylor gelang es, eine *Inaugural Address* zu halten, ohne die Sklaverei zu erwähnen. Immerhin: Seine Politik erregte den Unwillen der Pro-Sklaverei-

Fraktion der eigenen Partei, unterstützte Taylor doch erkennbar das Bemühen Kaliforniens und New Mexikos, sich um *statehood*, um die Aufnahme als Bundesstaat in die Union, zu bewerben (beide Gebiete waren wie andere, oft noch zu dünn für eine staatliche Konstituierung besiedelte Zonen zu diesem Zeitpunkt *territories*). Es war abzusehen, dass beide Neulinge frei von dieser menschenverachtenden Institution sein würden; damit war auch ein Ende des bislang durch Kompromisse sorgsam austarierten Gleichgewichts von 15 *free states* und 15 *slave states* in Sicht. Doch Taylor kam nicht mehr dazu, den Ereignissen sein Siegel aufzudrücken. Wie Harrison wurde auch diesem alten General ein Feiertag zu Verhängnis. Hatte sich Ersterer am Amtseinführungstag das letztlich tödliche Leiden der Atemwege geholt, so nahte für Taylor am Nationalfeiertag *Fourth of July* des Jahres 1850 das Verhängnis. Wie meist in Washington, war auch dieser Unabhängigkeitstag heiß, drückend und schwül. Taylor erfrischte sich an reichlich Kirschen, die er wahrscheinlich mit eisgekühlter Buttermilch, nach anderen Berichten mit möglicherweise nicht ganz sauberem Eiswasser hinunterspülte. Bald kam es zu ersten, aber heftigen Symptomen eines hochgradig irritierten menschlichen Darmes. Die Zeitgenossen sprachen von «Cholera morbus», was wohl weniger die klassische Cholera meint (die grassierte damals nicht in der amerikanischen Hauptstadt), sondern auch eine andere Infektion wie Typhus oder Salmonellose zulässt. Am Morgen des 9. Juli 1850 starb der zwölfte amerikanische Präsident. Millard Fillmore folgte ihm nach und sicherte sich in den folgenden drei Jahren die Einschätzung der Historiker als ein eher unbedeutender *Chief executive*.

7. Sternstunde der Demokratie: Wahlen mitten im Krieg

1864: Abraham Lincoln vs. George McClellan

Der Amerikanische Bürgerkrieg gilt als der erste moderne Krieg, mit Massenmobilisation und – dank des exzellenten Eisenbahnnetzes vor allem im Norden – auch Massentransport von ganzen Armeen, mit der Premiere für Panzerschiffe und U-Boote. Vor allem aber von der Monstrosität der Opferzahlen begann ein neues Zeitalter in der langen Geschichte menschlicher Konflikte: Mehr als 620.000 Amerikaner in Grau und Blau starben in dem Konflikt, weitere Hunderttausende blieben an Körper und Seele verstümmelt zurück.

Dennoch: Im Herbst 1864 erlebten die Amerikaner im Norden eine Glanzstunde der Demokratie, etwas noch nie Dagewesenes. Zum ersten Mal fand mitten in einem großen Krieg eine weitgehend freie und faire Wahl statt, in ihrem historischen Verdienst geschmälert allenfalls durch die Tatsache, dass das Wahlvolk nicht aus der gesamten erwachsenen Bevölkerung, sondern nur aus weißen Männern bestand. Noch nie hatte eine kriegführende Regierung die Wähler zur Abstimmung über die bisherige Politik, aber auch über die Weiterführung des Konfliktes geladen. Mehr noch: Gerade jene Männer, die in einem Krieg die größten Opfer bringen, denen das Kämpfen und das Sterben zufällt, konnten an der Wahlurne über ihren Oberkommandierenden, Präsident Abraham Lincoln, abstimmen. Es war auch ein Referendum darüber, ob die Männer in Uniform die bislang erbrachten, immensen Opfer für gerechtfertigt hielten und weitere zu erbringen bereit waren.

Der Weg zu diesem Krieg war lang gewesen, die seit der Gründung der USA angelegte Spaltung zwischen Staaten, in denen die Sklaverei existierte, und jenen, die diese menschenverachtende Institution ablehnten, war stetig tiefer geworden. Das Thema Sklaverei wurde um die Jahrhundertmitte schließlich zum alles überschattenden Menetekel der expandierenden Nation. Vor allem die Frage, ob die künftigen neuen Staaten im Westen sklavenhaltend oder «frei» sein würden, führte zu einer tiefen Kluft; immer offener wurde im Süden von Sezession gesprochen. 1854 wurde eine neue, die Republikanische Partei gegründet, die sich deutlich gegen die Ausbreitung der Sklaverei aussprach und sich offen für Fortschritt zeigte – so unterstützten die Republikaner frühzeitig den Bau einer transkontinentalen Eisenbahn, die schließlich 1869 Realität werden sollte. 1856 trat die neue Partei erstmals bei einer Präsidentschaftswahl an. Ihr Kandidat war der Entdecker, Offizier und ehemalige Gouverneur wie auch Senator von Kalifornien, John C. Fremont. Am Wahltag erhielt er 33 Prozent der Stimmen. Die Republikaner galten als die Progressiven, die Demokraten als die Beharrenden – der neu gewählte Präsident James Buchanan versuchte den labilen Status quo zu verwalten. Wegen seiner weitgehenden Untätigkeit angesichts des Auseinanderdriftens der Nation gilt er heute in den *Presidential Rankings* als einer der schlechtesten Präsidenten.

Das Chisma der Nation zog sich indes auch durch die Demokratische Partei, die Frage der Sklaverei entzweite sie in ein nördliches und ein Südstaaten-Segment. Es gab 1860 zwei demokratische Parteitage und zwei Kandidaten: Stephen Douglas aus Illinois für die Northern Democrats, Vizepräsident John C. Breckinridge aus Kentucky für die Southern Democrats. Dass dann noch eine neue Partei, die Constitutional Union Party mit starker Verankerung in den Grenzstaaten zwischen Nord und Süd wie Tennessee, Kentucky und Virginia, auf den Plan trat, ließ bereits vor dem eigentlichen Wahltag eine Zersplitterung der Stimmen unter Pro-Sklaverei- und Kompromiss-Parteien wahrscheinlich werden – und damit einen Wahlsieg der fortschrittlichsten Partei, der Republikaner. Deren Kandidat war der Anwalt Abraham Lincoln aus Springfield, der Hauptstadt von Illinois. Für die Eliten der Ostküste war er ein Hinterwäldler, doch einige seiner Reden erregten landesweit große Verbreitung (*«A house divided can not stand …»*) und begeisterten breite Leserschichten – im Norden, während ihm im Süden Ablehnung entgegenschlug und Karikaturen ihn als Affen oder Schlimmeres darstellten.

Lincoln führte einen extrem – und heute undenkbaren – passiven Wahlkampf. Er empfing in seinem Haus in Springfield Delegationen, zeigte sich Besuchern auf seiner Veranda – das war alles. Was er verlauten ließ, sollte vor allem den Süden beruhigen. Obwohl er die Sklaverei für moralisch verwerflich hielt, würde er als Präsident nichts gegen sie dort unternehmen, wo sie schon seit Langem existierte. Lincoln wollte damit deutlich machen, dass er kein «radikaler», sondern ein «gemäßigter» Republikaner war.

Der Süden glaubte es dem mit knapp 40 Prozent der Wählerstimmen, aber mit einer deutlichen Mehrheit von 180 von insgesamt 303 im alles entscheidenden Wahlmännergremium gewählten neuen 16. Präsidenten nicht. South Carolina machte noch im Dezember 1860 den Anfang und trat aus der Union aus; weitere Staaten folgten und gründeten die Confederate States of America (CSA). Mit der Beschießung des von Bundestruppen gehaltenen Fort Sumter in der Hafeneinfahrt von Charleston (South Carolina) begann am 12. April 1861 der Bruderkampf.

Die Wiederwahl eines amtierenden Präsidenten – viele Amerikaner konnten sich 1864 an ein solches Ereignis überhaupt nicht mehr erinnern. Der letzte Amtsinhaber, den die Wähler für eine zweite Amtszeit bestätigt hatten, war Andrew Jackson im Jahre 1832 gewesen. Auf den grimmigen Ex-General aus Tennessee waren ausschließlich *one term presidents* gefolgt, Präsidenten mit nur einer Amtszeit – was einiges über ihre historische Bedeutung sagt. Sie alle, von Martin Van Buren über Millard Fillmore und Franklin Pierce bis zu Lincolns Vorgänger James Buchanan, werden nicht gerade zu den größten amerikanischen Staatsmännern gerechnet. Die Aussichten, dass Lincoln diese Serie beenden könnte, standen im Frühjahr 1864, als die Parteien mit den Vorbereitungen begannen, nicht günstig. Die Kriegsmüdigkeit war weit verbreitet, die Nachrichten von immer neuen Opfern in Gefechten, vor allem in Virginia, bei denen nichts entschieden wurde, wirkten deprimierend. Lincoln stand die Belastung eines Kriegspräsidenten ins Gesicht geschrieben, doch er strebte danach, den unter so vielen Opfern beschrittenen Weg weiterzugehen: die Einheit der Nation wiederherzustellen und seine Emanzipationsproklamation vom 1. Januar 1863 zu ihrer logischen Konsequenz zu führen: der Abschaffung der Sklaverei im ganzen Land.

Essenziell für eine Wiederwahl Lincolns würde ein militärischer Erfolg sein, möglichst von einer Größenordnung, die ein baldiges Ende der Rebellion des Südens und damit des Krieges in Aussicht stellen würde. In Washington, das zu Teilen einem einzigen riesigen Militärhospital glich, kamen immer mehr Dampfer mit Verwundeten an. Die Bevölkerung und die Presse sahen die lebenden und leidenden Beweise, dass eine neue Runde im epochalen Ringen zwischen Nord und Süd eingeläutet war, ganz offensichtlich mit noch mehr Opfern als die eintägige Schlacht von Antietam im September 1862 oder die drei glorreichen Tage von Gettysburg im Juli 1863. Das Warten am Ticker zehrte in kaum da gewesenem Maße an Lincolns Nerven. Er sah schlecht aus, mit dunklen Ringen unter den ohnehin tiefen Augenhöhlen. Lincoln fand Stärke durch die zunächst oft kritische Zuneigung, die nach persönlichem Kontakt fast in Verehrung überging, von jenen, die ihn nicht wählen konnten und um deren Zukunft es doch in diesem gigantischen Konflikt ging. Afrikanischstämmige Amerikaner waren mehr denn je davon überzeugt, dass, wie es einer ihrer eloquentesten Sprecher nannte, die Unterdrückten den Namen ihres Befreiers ausrufen und Generationen aufstehen und ihn segnen würden. Kaum jemand kämpfte so hautnah, unter Lebensgefahr und doch völlig gewaltfrei für die Befreiung der Sklaven wie jene, die die Underground Railroad, die geheime Fluchthilfeorganisation für von ihren weißen Herren weglaufende Sklaven, am Leben erhielten. Zusammen mit Harriett Tubman war eine kleine, ältere schwarze Frau namens Sojourner Truth die bekannteste dieser Aktivisten. Selbst in ihrer Jugend drei Mal als Sklavin vom Auktionator versteigert, war ihr 1827 die Flucht nach Kanada gelungen. Fast vierzig Jahre lang hatte sie danach ihre Stimme gegen die menschenverachtende *peculiar institution* erhoben und ihren Teil dazu beigetragen, das Tor zur Freiheit offen zu halten. «Niemals wurde ich von irgendjemandem mit größerer Freundlichkeit und Herzlichkeit behandelt», schrieb die alte Dame nach ihrem Besuch in Washington und fügte hinzu: «Ich fühlte mich in der Gegenwart eines Freundes und nun danke ich Gott vom Grunde meines Herzens, dass ich stets seine Sache vertreten habe.»[1]

Die Delegierten zum Wahlparteitag der Republikaner, der Convention, der am 7. Juni in Baltimore zusammentrat, ließen ungeachtet der tragischen Nachrichten von den Fronten an ihrer Unterstützung für den Präsidenten keinen Zweifel. Sie nominierten Lincoln bereits im ersten Wahlgang zum Spitzenkandidaten, und das einstimmig. Anders als in modernen Zeiten, wo der Kandidat seinen *running mate*, seinen Kandidaten für die Vizepräsidentschaft nach meist wahltaktischen Erwägungen aussucht, oblag diese Aufgabe 1864 den Delegierten. Lincoln hatte erkennen lassen, dass er auf die Auswahl des – einen Wahlerfolg im November vorausgesetzt – zweiten Mannes im Staate keinen Einfluss nehmen würde. Die Delegierten entschieden sich nicht erneut für den amtierenden Vizepräsidenten, Hannibal Hamlin aus Maine, sondern setzten an seine Stelle den Gouverneur von Tennessee, Andrew Johnson. Johnson, wie Lincoln in äußerst einfachen Verhältnissen aufgewachsen und Autodidakt, war eigentlich Demokrat und kam dazu noch aus dem Süden. Mit seiner Platzierung auf dem «ticket» glaubte man, ein die traditionellen Parteigrenzen und regionalen Sektionen überschreitendes Team zu haben.

Das politische Sammelbecken all jener, die nach einem sofortigen Friedensschluss drängten, war die Demokratische Partei. Ende August kamen sie zu ihrer Convention in Chicago zusammen und einigten sich schnell auf einen Kandidaten, der alle Aussichten zu haben schien, Lincoln schlagen zu können. Es war George B. McClellan, der ehemalige Oberbefehlshaber der wichtigsten Streitmacht der Union, der Army of the Potomac, und Sieger in der Schlacht von Antietam. Die Partei erwartete von einem siegreichen McClellan einen baldigen Friedensschluss, doch McClellan erklärte schließlich – nachdem seine Position über Wochen eine schwankende zu sein schien –, dass er seinen Soldaten nicht würde in die Augen schauen können, wenn er weniger als eine wiederhergestellte Union bieten würde. Von der Beendigung der Sklaverei sprach er nicht.

So sehr sich McClellan auch bemühte, die Unionssoldaten und ihre Familien sowie all jene anzusprechen, die einen Sieg des Nordens, keinen halbherzigen Verständigungsfrieden suchten, so eindeutig war doch vor allem das Urteil jener, die bei einem Kompromiss mit der Konföderation die großen Verlierer gewesen wären. Der schwarze Anwalt John S. Rock nannte die Alternative bei einem Treffen der National Convention of Colored Men in Syracuse beim Namen: «Es gibt in diesem Land heute zwei Parteien. Die eine wird von Lincoln geführt und steht für Freiheit und die Republik. Die andere wird von McClellan angeführt und bedeutet Despotismus und Sklaverei.»[2]

Lincoln, den seine Neigung zur Melancholie nie verließ, rechnete realistisch mit einer Niederlage im November. Am 24. August verfasste er ein Memorandum, das da lautete:

> «An diesem Morgen, wie schon seit einigen Tagen, erscheint es immer wahrscheinlicher, dass diese Administration nicht wiedergewählt wird. Es wird meine Pflicht sein, so mit dem gewählten Präsidenten zusammenzuarbeiten, sodass die Union zwischen der Wahl und der Amtseinführung gesichert ist – denn er wird seine Wahl mit einem derartigen Programm gewonnen haben, dass er sie anschließend nicht mehr wird retten können.»[3]

Und dann, von einem Tag auf den anderen, änderte sich alles. Am 2. September eroberte General William Tecumseh Sherman mit seiner Armee Atlanta. Der wichtigste Eisenbahnknotenpunkt des Südens war in Unionshand, die Konföderation war logistisch entzweigeschnitten, die beiden Carolinas und Virginia waren von Staaten wie Alabama und Mississippi faktisch abgetrennt. Fast gleichzeitig hatte die Unionsmarine unter Admiral David Glasgow Farragut die Reste der konföderierten Marine in der Mobile Bay besiegt, die Festungen am Eingang der Bucht erobert und den letzten Hafen am Golf von Mexiko, von dem aus konföderierte Blockadebrecher operierten, ausgeschaltet. Das Kriegsglück hatte sich auf kaum glaubliche Weise geändert.

Der Ausgang der Wahl schien vielen Beobachtern trotz der jüngsten Erfolge der Union ungewiss. Der eigentliche Sieger stand indes schon vor dem Urnengang fest. Es war das amerikanische Volk und seine Verfassung. Die Regierenden hatten inmitten eines Konfliktes von ungeahnter Größe und Tragik niemals daran gedacht, den Krieg als Grund für eine Wahlverschiebung zu benutzen oder die Wahl gar ausfallen zu lassen. Die Verfassung, die den Amerikanern ihre demokratischen Rechte garantierte, galt auch im Krieg. Die Tatsache, dass die meisten Zeitgenossen der Wahl vom November 1864 mit der größten Selbstverständlichkeit entgegensahen und kaum jemand einen Gedanken daran verschwendete, dass es nicht zu diesem demokratischen Willensbildungsprozess kommen könnte, zeigt auf, wie fest der Gedanke an die Unverzichtbarkeit auf diese Teilhabe des Bürgers am politischen Geschehen im Bewusstsein der Nation verankert war.

Ein historisches Novum an der Wahl von 1864 war vor allem die Stimmabgabe durch die Soldaten, die im Feld standen. Der Historiker James McPherson spricht von einem kühnen Experiment in der Genese der Demokratie: Den kämpfenden Soldaten wurde Gelegenheit gegeben, über die Regierung, die sie in den Krieg geschickt hatte, abzustimmen – es war quasi ein Referendum über den Fortgang des Kampfes. Der Oberbefehlshaben der Unionsarmee, Ulysses S. Grant, der wesentlich aggressiver und letztlich – wenn auch unter schweren Verlusten – erfolgreicher agierte als der zögerliche McClellan zwei Jahre zuvor, unterstützte die Haltung der Regierung, die Soldaten wählen zu lassen: «Sie sind amerikanische Bürger und sie haben genauso viel Recht zu wählen wie jene Bürger, die zu Hause bleiben. Nein, sie haben mehr Recht dazu, denn sie haben für ihr Land Opfer gebracht.»[4] Die Soldaten drückten mit ihrem Wahlzettel auf überzeugende Art ihre Zustimmung zum Kurs seiner Regierung aus, sie wollten – nach all den Opfern, die sie und ihre auf zahlreichen Friedhöfen begrabenen Kameraden erbracht hatten – den Sieg des Nordens. Diese Opfer sollten nicht vergebens gewesen sein. Rund 78 Prozent der eine Stimme abgebenden Soldaten der Union entschieden sich für Lincoln, nur jeder Fünfte stimmte für den Mann, dem viele von ihnen einst unterstellt waren, George B. McClellan.

Noch wenige Tage vor der Wahl war Lincoln nur verhalten optimistisch gewesen und stellte seine persönliche Hochrechnung an, nach der er Staaten mit insgesamt 120 Wahlmännerstimmen gegenüber jenen Staaten mit 114 Wahlmännerstimmen gewinnen würde, die er McClellan zusprach. Der 8. November war ein regnerischer, nebliger Herbsttag in Washington. Lincoln verbrachte den Abend wieder einmal im Telegrafenbüro. Schon die ersten Meldungen stimmten die Anwesenden optimistisch. In Pennsylvania lief es besser als erwartet; auch New York, im vergangenen Sommer Schauplatz von Unruhen, schien fest im republikanischen Lager verankert. Gegen Mitternacht gab es Austern und wohl auch Champagner, dann ging Lincoln heim – ins Weiße Haus, in das ihn die Amerikaner in den Staaten der Union wiedergewählt hatten. Er hatte alle an der Wahl teilnehmenden Staaten bis auf Kentucky, Delaware und McClellans Heimatstaat New Jersey gewonnen. Lincoln konnte rund 55 Prozent der abgegebenen Stimmen auf sich vereinigen. Doch im Wahlmännerkollegium stand es sogar 212 zu 21 für Lincoln. Der Auftrag der Bürger war klar und eindeutig.

«Wir können keine freie Regierung ohne freie Wahlen haben», hatte Lincoln erklärt. «Wenn die Rebellion uns dazu zwingen könnte, eine Wahl zu verschieben oder ausfallen zu lassen, dann könnten sie mit Recht sagen, dass sie uns bereits erobert und ruiniert haben.»[5] Für die Konföderation – deren Staatsspitze um Jefferson Davis sich zu keinem Zeitpunkt während der kurzen Existenz der *Confederate States of America* dem direkten Votum der Wähler stellte – war der Wahltag eine Niederlage, die so schwer wog wie jene von Gettysburg oder Antietam, nur dass diese jetzt ohne Blutvergießen erfolgt war. Für Lincolns Vision eines repräsentativen Regierungssystems, eines (wie er es in seiner berühmtesten Rede, der Gettysburg Address genannt hatte), *government of the people, by the people, for the people*, war es eine Sternstunde.

Nie wieder – zum Glück für die Amerikaner – donnerten wie im Bürgerkrieg Kanonen im eigenen Land, doch das 1864 aufgezeigte Beispiel sollte Bestand haben. Weder 1944 in der Endphase des Zweiten Weltkrieges noch während einer der anderen Konflikte der amerikanischen Geschichte kam je der Gedanke ernsthaft auf, den ersten Dienstag nach dem ersten Montag in einem durch vier teilbaren Jahr nicht zum Election Day zu machen. An der Wahl von 1864 festgehalten zu haben, unabhängig davon, wie ungünstig seine eigenen Erfolgsaussichten in ihrem Vorfeld lange waren, ist ein historisches Verdienst Abraham Lincolns und ein Monument der Stärke der amerikanischen Demokratie.

Wer kann für die Präsidentschaft kandidieren?

Die amerikanische Verfassung sagt unzweideutig, dass der erste Mann oder die erste Frau im Staate *born American*, also bereits als Amerikaner geboren sein muss. Ein naturalisierter Amerikaner kann nicht kandidieren, also ein Politiker, der in einem anderen Land geboren wurde und dann später die US-Staatsbürgerschaft angenommen hat. Daher konnten sich auf dem Höhepunkt ihrer jeweiligen politischen Karrieren beispielsweise Außenminister Henry Kissinger oder der kalifornische Gouverneur Arnold Schwarzenegger keine Hoffnungen auf das höchste Staatsamt machen – zumindest nicht ohne eine vorherige Verfassungsänderung.

Bemerkenswert ist, dass eine Reihe von Präsidenten, darunter zwei der sogenannten «Großen», diese Bedingung eigentlich auch nicht erfüllten. Denn George Washington und Thomas Jefferson wurden ebenso wie der streitbare John Adams, der Vater der Verfassung James Madison und Englandhasser Andrew Jackson als britische Untertanen geboren. Der erste Präsident, der tatsächlich die (erst später in die Verfassung aufgenommene) Bedingung erfüllte, *born American* zu sein, war Martin Van Buren, der 1782 zur Welt kam, sechs Jahre nach der Gründung der USA. Er war übrigens der einzige Präsident, der nicht mit Englisch als Muttersprache heranwuchs, das er erst in der Grundschule richtig erlernte: daheim bei Vater Abraham Van Buren und Mutter Maria Hoes van Alen wurde Niederländisch gesprochen.

Ferner gilt ein Mindestalter: Es liegt bei 35 Jahren und gilt auch für den Vizepräsidenten (ein Senator muss mindestens 30 Jahre, ein Abgeordneter im Repräsentantenhaus mindestens 25 Jahre alt sein). Theodore Roosevelt war mit 42 Jahren bei seinem Amtsantritt nach dem Tod des im September 1901 ermordeten William McKinley als dessen Vizepräsident der jüngste Präsident aller Zeiten. John F. Kennedy war bei seiner Wahl gegen Richard Nixon nur unwesentlich älter und gilt als der jüngste direkt (in Unterscheidung zu «Teddy» Roosevelt als ursprünglicher Nummer zwei auf dem Ticket) gewählte Präsident.

Nach oben gibt es keine Grenze. Als Ronald Reagan 1981 kurz vor seinem 70. Geburtstag vereidigt wurde, gab es Zweifel (natürlich vor allem bei seinen politischen Gegnern), ob er nicht zu alt für so viel Verantwortung sei. Kaum vorstellbar schien es, dass mehr als vier Jahrzehnte später der Wahlkampf sich auf einen fast 82-jährigen Präsidenten und seinen 78-jährigen Herausforderer konzentrieren würde.

Eine weitere Bedingung, wonach der Präsident die letzten 14 Jahre in den USA gelebt haben muss, ist wenig beachtet, da sie noch nie relevant war.

8. Die gestohlene Wahl

1876: Rutherford Hayes vs. Samuel Tilden

1876 – für die Zeitgenossen hatte diese Zahlenfolge magischen Glanz. Denn Eighteenhundred and seventy-six war kein Jahr wie jedes andere. Es sollte ein Jahr des Jubels, der nationalen Beglückung sein, ein Jahr, in dem Amerika Rückblick halten wollte auf eine stürmische Geschichte, die nichts anderes war als eine *success story*, wie sie die Welt kaum jemals gesehen hatte. Hundert Jahre zuvor, am 4. Juli 1776, hatten sich in Philadelphia 13 Kolonien für unabhängig vom Mutterland England erklärt und sahen einer ungewissen Zukunft entgegen. Wäre es nach machtpolitischer Logik gegangen, die Unterzeichner des Dokumentes hätten alle wegen Hochverrats gegen König Georg III. von England am Galgen enden müssen. Doch die 13 oft sehr uneinigen Kolonien setzten sich gegen alle Erwartungen und mit tatkräftiger französischer Unterstützung gegen die stärkste Militärmacht der Welt durch und begannen mit ihrer Verfassung von 1787 ein einzigartiges Experiment: das einer großen Republik, keines Stadtstaates wie die wenigen Republiken in Europa, das auf Volkssouveränität und der Wahrung von individuellen Freiheitsrechten basierte, auch wenn Letztere nur eingeschränkt für Frauen und gar nicht für Schwarze und Indianer galten. Diese Republik, *conceived in liberty*, wie es Lincoln in seiner Gettysburg Address formuliert hatte, war sogar gestärkt aus dem grausamen Bruderkrieg der Jahre 1861–1865 hervorgegangen. Die Symbole des Fortschrittes, der Telegrafendraht und die transkontinentale Eisenbahn, 1869 mit dem Einschlagen eines goldenen letzten Nagels vollendet, zogen sich quer durch den Kontinent und versprachen eine noch grandiosere Zukunft. Die Bevölkerung stieg, unterstützt durch Wellen von Einwanderern, kräftig an, die *frontier*, die letzte Grenze zur Wildnis, schien erreicht oder gar überwunden.

Hauptschauplatz der Einhundertjahrfeier der Vereinigten Staaten war jene Stadt, in der die Unabhängigkeitserklärung und später die Verfassung, die Constitution, unterschrieben worden waren: Philadelphia. Eine Centennial

Exhibition, eine Ausstellung zur Vollendung des ersten Jahrhunderts, wurde die große, sich über sechs Monate erstreckende Geburtstagsparty. Sie war ein Publikumsmagnet ohne historische Parallele und wurde zum Motor der ersten Welle von Massentourismus in der amerikanischen Geschichte. Bis sich ihre Tore im November 1876 schlossen, dem Monat einer unvergessenen Präsidentschaftswahl, war die Ausstellung von 8.804.631 Menschen besucht worden – etwa ein Fünftel der amerikanischen Bevölkerung hatte sich auf den Weg nach Philadelphia gemacht. Zu bestaunen waren dort historische Artefakte wie die künstlichen, ihm indes nie Erleichterung verschaffenden Zähne George Washingtons und jene Presse, mit der Benjamin Franklin seine Karriere als Drucker und Publizist begonnen hatte. Vor allem aber gab es Exponate, die den Weg in die Zukunft aufzeigten: Lokomotiven von ungeahnter Kraft, künstliche Beleuchtung (mit Gas) in seltener Pracht und Maschinen von imposantem Ausmaß, von denen die beeindruckendste die gigantische Corliss Engine war, die eine ganze Fabrikhalle einnahm. Um das Ausstellungsgelände herum war ein ganzer Stadtteil voller Annehmlichkeiten für die aus allen Teilen des Landes anreisenden Besucher entstanden, mit Gasthäusern und Popcorn-Ständen, mit *Ice Cream Parlors* und Biergärten, in denen Zigarrenmädchen mit einem Bauchladen ihre Produkte aus Kuba und Virginia dem vom endlosen Wandeln über das Gelände erschöpften Gentleman anboten.

Eröffnet wurde das Jahrhundertereignis am 10. Mai 1876, einem ungewöhnlich heißen Tag, vor einer Rekord-Besuchermenge von fast 187.000 vom Präsidenten der Vereinigten Staaten, Ulysses S. Grant. Der 1868 erstmals gewählte Bürgerkriegsgeneral hatte sich 1875, als ihn die republikanische Parteiversammlung des Staates Pennsylvania für eine historisch bis dahin einmalige dritte Amtszeit vorschlug, noch eine Hintertür offen gelassen. An eine Wiederwahl 1876 dachte, als sich in Philadelphia die Tore öffneten, zwar U. S. Grant noch zaghaft, seine republikanischen Parteifreunde indes aufgrund einer Vielzahl von Skandalen in der Grant-Administration schon lange nicht mehr. Der Präsident war persönlich integer, hatte aber bei der Auswahl enger Mitarbeiter wenig Geschick und war zu lange jenen gegenüber loyal, die sich in ihren Ämtern zu bereichern suchten.

Sowohl die Demokraten als auch die Republikaner nominierten Männer, die in ihrem Mangel an Charisma und Begeisterungsfähigkeit wenig zur Euphorie des Jubiläumsjahres passen wollten. Im Frühjahr 1876, als sich Präsident Grant nach Philadelphia aufmachte, um die Centennial Exhibition zu eröffnen, gab es auf Seiten der Republikaner einen klaren Favoriten für seine Nachfolge. Der Kongressabgeordnete James G. Blaine war in einer Epoche grauer, scheinbar austauschbarer Politikerfiguren eine leuchtende Erscheinung, als Liebhaber der Oper erkennbar kultiviert, von hohem persönlichem Charme, beeindruckendem rhetorischem Geschick und einem geradezu phänomenalen Gedächtnis. Die Presse nannte ihn *the magnetic man* und ein Zeuge einer der typisch einschmeichelnden Blaine'schen Reden schrieb beeindruckt: «Wenn er eine Frau wäre, würden ihm die Leute massenweise die teuersten Blumen schicken.»[1] Doch, oh weh, auch ein solch begnadeter Politiker schien in jenen Jahren nicht von blütenweißem Charakter sein zu können. Die Presse berichtete, er sei in eigenartige Spekulationen mit Eisenbahnaktien verwickelt gewesen und hätte von Tom Scott, dem Präsidenten der Union Pacific Railroad, ein «Darlehen» von 64.000 Dollar angenommen. Blaine setzten diese Anschuldigungen erkennbar zu und nur drei Tage vor Beginn der republikanischen Convention, die nach allen Erwartungen eine Stätte seines Triumphes sein würde, brach Blaine bei einem Spaziergang durch Washington zusammen und konnte vom Rekonvaleszentenbett gegenüber Besuchern nur etwas von einem «politischen Mordanschlag» murmeln. Ein Parteifreund, der sich über Blaines gesundheitlichen Rückschlag besonders besorgt zeigte, war der Gouverneur von Ohio, Rutherford Birchard Hayes. In Parteikreisen hielt sich hartnäckig das Gerücht, dass Blaine für den *number two spot on the ticket*, für seinen Vizepräsidentschaftskandidaten, eben jenen Rutherford Hayes im Blickfeld habe. «Mit dem tiefsten Gefühl der Trauer», so schrieb Hayes dem darniederliegenden Blaine,

> «habe ich die Berichte von Ihrer Krankheit gelesen. Meine Augen sind fast blind vor Tränen, während ich schreibe. Alle anständigen Männer unter ihren Landsleuten werden für Ihre schnellstmögliche und vollständige Heilung beten. Dies bedrückt mich, wie mich der Tod Lincolns bedrückt hat. Gott schütze Sie und stelle Sie wieder vollständig her.»[2]

Es wird Hayes ungemein beruhigt haben, dass Blaine nicht die Absicht hatte, dem Beispiel Lincolns zu folgen und nicht gen Himmel, wohl aber nach Ohio zu fahren gedachte. Denn in Cincinnati würde die Convention der Republikaner stattfinden, auf der Blaine hoffte, sich schnell und deutlich gegen die drei anderen Bewerber, Benjamin Bristow, Roscoe Conkling und Oliver Morton durchzusetzen. Cincinnati liegt in Ohio, und damit kam dem Gouverneur als Gastgeber eine besondere Rolle und auch ein besonderer Einfluss zu. Und vielleicht würde auch das schon sprichwörtliche *Hayes luck* im Nominierungsprozess eine Rolle spielen – denn Rutherford Hayes hatte eine ungewöhnliche, auf ein Übermaß von Glück zurückgeführte Angewohnheit: Er gewann Wahlen fast immer denkbar knapp. Damit sollte er 1876 der geradezu ideale Kandidat sein.

In Cincinnati hatte der 1822 auf einer Farm in Ohio geborene Hayes sein erstes politisches Amt angetreten und war auch dabei schon vom Glück begünstigt gewesen. Er wurde 1858 zum *City solicitor*, einer Art oberstem Steuerbeamten, gewählt – seinen Vorgänger hatte eine Lokomotive überfahren, wodurch der Posten vakant geworden war. Die Entscheidung des Stadtrates fiel mit einer Stimme Mehrheit und im dreizehnten Wahlgang, eine erste Manifestation des *Hayes luck*. Hayes war ein erfolgreicher Anwalt und zu seinen Klienten zählten jene Unternehmen, die in dieser Epoche geradezu traumhafte Raten wirtschaftlichen Wachstums verzeichneten und die zu einem Symbol der Moderne wurden: Eisenbahngesellschaften. Politisch stand er auf Seiten der neu gegründeten Republikanischen Partei.

Mit Ausbruch des Bürgerkrieges meldete sich Hayes zu einem Freiwilligenregiment aus Ohio und bekam den Rang eines Majors. Drei Tage vor der Schlacht von Antietam in Maryland im September 1862 zerschmetterte eine Konföderierten-Kugel seinen linken Oberarm. Jetzt hatte er besonders viel Glück: Die sonst weithin übliche Komplikation des Wundbrandes und damit die Amputation, das Allheilmittel der Feldchirurgen, blieben ihm erspart. Er zog bald wieder ins Feld und erlebte eine kaum glaubliche Steigerung von *Hayes luck*: Bei Cedar Creek 1864 traf ihn eine Kugel am Kopf, das Geschoss hatte indes seine Gefährlichkeit verloren und «seine Kraft (vermute ich) gelassen, als es durch jemanden anders hindurchzog».[3]

Hayes verließ die Unionsarmee als hochgeehrter Kriegsheld im Rang eines Brigadegenerals, den Krieg bezeichnete er gegenüber seiner Frau Lucy ungeachtet der vielen Gräuel, die er miterlebt hatte, als die besten Jahre seines Lebens. Noch während seiner Zeit in Uniform war er zum ersten Mal ins Repräsentantenhaus gewählt worden. 1867 wurde er zum ersten Mal zum Gouverneur von Ohio gewählt, sein Vorsprung betrug nur 2.983 Stimmen bei fast einer halben Million abgegebener Voten. Zwei Jahre später wurde er wiedergewählt – diesmal betrug sein Vorsprung 7.501 Stimmen, was angesichts der Größe Ohios abermals recht knapp war. Nach zwei Amtsperioden zog er sich vorübergehend ins Privatleben zurück, dann überredeten ihn Freunde, 1875 abermals für das Amt des Gouverneurs zu kandidieren. Zum dritten Mal gewann Hayes mit hauchdünnem Vorsprung, der Abstand zu seinem demokratischen Kontrahenten betrug 5.544 Stimmen oder rund ein Prozent. Seine Parteifreunde in Ohio sprachen nun ganz offen davon, dass Hayes für die Präsidentschaft kandidieren solle. Und der Gouverneur widersprach – ungeachtet des tränenerfüllten Briefes an *frontrunner* Blaine – kaum noch.

Die republikanische Convention, die am 14. Juni 1876 in Cincinnati zusammentrat, war ein Geschäft für die Buchmacher – sie war spannend, wie der langjährige Oberste Bundesrichter William H. Rehnquist in seiner Geschichte der Wahl von 1876 schreibt:

> «Grants Ablehnung einer dritten Amtszeit hatte eine Ausstiegsklausel für den Notfall, doch jedwede Zweifel wurden vom Repräsentantenhaus, das von den Demokraten beherrscht wurde, beseitigt, als dieses eine Resolution verabschiedete, wonach ein Bruch der von George Washington begründeten *no third term*-Regel ‹mit Gefahr für unsere freiheitlichen Traditionen› beladen sei. Der republikanische Parteitag würde der erste seit 1860 mit völlig offenem Ausgang sein, ohne einen eindeutigen Favoriten. Als erfahrener Gouverneur eines potenziell wahlentscheidenden Staates würde Hayes ein Faktor in der Entscheidung sein.»[4]

Ungewöhnlich war, dass auf dem Parteitag in eindrucksvollen Worten daran erinnert wurde, dass Rund die Hälfte der erwachsenen amerikanischen Bevölkerung im Jubiläumsjahr keine Stimme würde abgeben können. Die Frauenrechtlerin Sarah J. Spencer war die Rednerin. Sie richtete ihre Worte an eine Versammlung von Delegierten, unter denen sich nicht eine einzige Frau befand:

> «1872 hat die Republikanische Partei erklärt, dass sie vier Millionen Menschen emanzipiert [= Farbige] habe und das universelle Wahlrecht eingeführt sei. Wo sind die zehnfachen Millionen weiblicher Bürger dieser Republik? Wann werden die diese so nobel klingende Deklaration wirklich wahr werden lassen? Wir fordern eine Initiative, die das mächtige Symbol, den Wahlzettel, in die Hand von Millionen von Bürgern gibt – den Frauen und Töchtern dieser schönen Republik.»[5]

Die Entscheidungen trafen auf dem Parteitag wie immer die Männer. Als zur ersten Abstimmung geschritten wurde, lag Blaine mit 285 Stimmen zwar weit vorn, aber auch substanziell von jenen 379 Stimmen entfernt, die für eine Nominierung benötigt wurden. Hayes lag mit 61 Stimmen auf dem fünften Platz.

In den nächsten fünf Wahlgängen konnte Blaine auf 308 Stimmen zulegen – näher sollte er der Präsidentschaft nicht kommen. Hayes hatte sich derweil auf 104 Stimmen steigern können. Im siebten Wahlgang schwenkten zunächst Indiana und Kentucky um, dann schließlich liefen 61 der 70 Delegierten aus New York (dessen eigener Kandidat, Roscoe Conkling, Blaine in tiefstem Hass verbunden war und der nun seine eigene Kandidatur zurückzog) zu Hayes über. Wieder einmal war das Glück mit ihm: Er bekam 5 Stimmen mehr als nötig. Im fernen Boston kam der Journalist Henry Adams, Enkel eines Präsidenten und Urenkel eines anderen Präsidenten, über den Kandidaten zu einem vernichtenden Urteil: «Eine drittklassige Null, der nur die eine Empfehlung hat, dass er niemandem völlig unerträglich ist. Ich hoffe es genießen zu können, wenn ich ihn nicht wähle.»[6]

Zu Begeisterungsstürmen riss indes auch der demokratische Kandidat die treuesten Anhänger dieser Partei kaum hin. Auch Samuel Jones Tilden kam aus dem ländlichen Amerika, aus der Gemeinde New Lebanon im Staat New York. Der 1814 geborene Sohn eines wohlhabenden Farmers und Besitzers des örtlichen General Store, war ein kränkliches Kind, das kaum mit Gleichaltrigen spielte – in der nicht stattgefundenen Kindheit mit Spontaneität, Abenteuer und dem Schließen von Freundschaften sehen Biografen eine Ursache für des späteren Kandidaten Distanz und seine gelegentliche Energielosigkeit, die ihn nicht mit äußerster Entschlossenheit um seinen Wahlsieg kämpfen ließ. Tilden ließ sich 1840 in New York als Anwalt nieder, wo er es im Laufe der nächsten drei Jahrzehnte zu einer beträchtlichen Prosperität bringen sollte. Zu seinen wichtigsten Kunden gehörten wie für Hayes die Eisenbahngesellschaften. In der Demokratischen Partei New Yorks blieb der leicht verschrobene Mann stets aktiv. Hayes hat nie geheiratet, was Ambitionen auf die Präsidentschaft nicht unbedingt förderlich war und ist, aber auch keinen entscheidenden Makel darstellte. Die amerikanische Öffentlichkeit ist es gewohnt, mit einem Präsidenten auch eine First Lady und möglichst auch eine First Family zu bekommen, die oft hohes mediales Interesse auslöst. Doch politisch nachteiliger war ein anderes Detail in Tildens Biografie: Er hatte nicht im Bürgerkrieg gedient. Tilden war sowohl zu alt gewesen als auch von schwächlicher Gesundheit, doch konnte Hayes mit seinen Verwundungen und seiner erwiesenen Tapferkeit vor dem Feind auf deutlich mehr Sympathien bei den Unionsveteranen bauen. Erst 1874, im Alter von bereits 60 Jahren, kandidierte Tilden zum ersten Mal für ein wichtiges Amt und wurde zum Gouverneur von New York gewählt. Als sich die Demokraten in St. Louis gegen Ende Juni 1876 zu ihrer Convention trafen, kam Tilden schon im ersten Wahlgang der bei dieser Partei erforderlichen Zwei-Drittel-Mehrheit nahe. Im zweiten Wahlgang konnte er sie überspringen und war somit zum Kandidaten für die Präsidentschaft nominiert.

Keiner der beiden Spitzenkandidaten begab sich persönlich auf eine Reise durch das Land, um Wahlkampf zu führen. Diese moderne Sitte, die im Wesentlichen durch den demokratischen Kandidaten William Jennings Bryan 1896 eingeführt wurde, galt damals als wenig *gentleman-like* und damit verpönt. Wahlkampf führten die Parteiorganisation, die Spitzenkandidaten steuerten allenfalls Briefe dazu bei, in denen sie ihre politische Philosophie darlegten und die von Zeitungen veröffentlicht wurden. Nicht uncharakteristisch für den wenig mitteilsamen Tilden ließ sich der demokratische Spitzenkandidat mit dem ersten dieser Schreiben, das formell der Annahme der Nominierung diente, mehrere Wochen Zeit. Beide Kandidaten versuchten tunlichst, kontroverse Themen zu umgehen und sich nicht eindeutig festzulegen. So wurde beispielsweise das Dauerthema Reconstruction, die Wiedereingliederung der besiegten Konföderation, nur in unverbindlichen Allgemeinplätzen angesprochen, präzise Angaben zum Ende der Besatzung in den wenigen noch unter militärischer Besatzung stehenden Südstaaten fehlten ebenso wie zu der Frage, wie das Recht der farbigen Bevölkerung auf Beteiligung am demokratischen Prozess gewährleistet sein könnte, wenn vielerorts im Süden die ehemaligen Herren/Sklavenbesitzer erneut den Zugang zur Wahlurne kontrollierten. Etwas Stimmung kam im September auf, als Vorwürfe gegen Tilden in der *New York Times* laut wurden, er habe es 1863 bei der Abgabe der Steuererklärung nicht so genau genommen und als sein zu versteuerndes Einkommen die Summe von 7.118 Dollar angegeben, wo er sich doch tatsächlich an Einnahmen in Höhe von 108.000 Dollar hatte erfreuen können. Tilden verwahrte sich gegen die Anwürfe, die nicht nur aus der Tatsache der vermeintlichen Steuerhinterziehung Sprengkraft bezogen, sondern auch aus dem unausgesprochenen Hinweis darauf, dass Tilden auf dem Höhepunkt des Bürgerkrieges ein nach damaligem Verständnis beträchtliches Vermögen verdiente, während Hunderttausende für einen Sold von wenigen Dollar ihr Leben auf den Schlachtfelder ließen. Allein, Rutherford Hayes mochte diese Vorwürfe nicht aufgreifen. Kleinlaut schrieb der Republikaner in Columbus, Ohio in sein Tagebuch: «Als ein Ausgleich gegen das, was man über Gouverneur Tildens

Einkommenssteuererklärung gesagt hat, sind meine nun untersucht worden. Es sieht so aus, dass ich 1868 & 1869 gar keine abgegeben habe.»[7]

Der Besuch der Jahrhundertausstellung in Philadelphia war für beide Kandidaten die seltene Gelegenheit eines öffentlichen Auftritts. Tilden kam am 21. September, Hayes fünf Wochen später. Bei einem Empfang zu seinen Ehren wurde dem Republikaner, der nach Einschätzung eines Zeugen wie ein altmodischer Landarzt aussah, der Eintritt in den Pavillon verweigert – Hayes war so unbekannt, dass die Sicherheitskräfte in ihm nicht den Ehrengast des Abends erkannten. Wie bei dem grundsätzlich freundlichen Mann beinahe zu erwarten, nahm er es mit Gelassenheit.

Eine erste Entscheidung fiel in Colorado, das am 1. August als neuer Staat der Union beitrat und seither mit Bezug auf das Hundert-Jahr-Jubiläum den Beinamen *Centennial State* führt. Um nach der Wahl zum Staatsparlament kurz darauf nicht abermals eine kostenträchtige Wahl führen zu müssen, hatte der Kongress dem neuen Mitglied die Genehmigung gegeben, über die dortigen Gesetzgeber die drei Wahlmänner Colorados zu wählen. Die *State legislature* entschied sich für den Republikaner. Es waren die ersten drei Elektorenstimmen für Rutherford Hayes. Niemand konnte sich im Spätsommer vorstellen, dass «nur» drei Stimmen irgendeine Bedeutung haben könnten.

Am 7. November 1876, einem herbstlich-kühlen, in Hayes Heimatstaat Ohio stürmischen Tag, gingen achteinhalb Millionen Amerikaner zu einer Wahl, die in der Tat eine Jahrhundertwahl werden würde. Hayes, der es für ein Gebot der Fairness hielt, sich nicht selbst zu wählen – angesichts seiner persönlichen Erfahrung mit knappen Wahlausgängen eine besonders noble Haltung –, blieb bei seiner Familie daheim in Columbus. Tilden ging schon frühmorgens in New York zur Wahl und verbrachte dann einige Stunden im Demokratischen Hauptquartier. Am Abend gab er einen Empfang in seinem luxuriösen Haus am Gramercy Park, die meisten Besucher gratulierten ihm bereits, denn nach den günstigen Prognosen der letzten Wochen waren die ersten Resultate, die der Telegraf aus allen Teilen des Landes nach New York trug, sehr ermutigend. In Columbus hingegen machten pessimistische Vorhersagen die Runde, die das bestätigten, was Hayes wenige Tage zuvor seinem Tagebuch anvertraut hatte: «Der Ausgang wird eng und ist im Zweifel mit den Chancen, wie ich es sehe, gegen uns.» Dem aus Deutschland stammenden Parteifreund Carl Schurz hatte er vorsorglich anvertraut: «Es gibt zahlreiche Dinge, die mich nach der Niederlage trösten werden.»[8] Kurz nach Mitternacht zog sich Hayes mit seiner Frau Lucy zurück, «bald fielen wir in einen erfrischenden Schlaf und die ganze Angelegenheit schien vorüber».[9]

Noch im Jahr zuvor, 1875, hatte es wieder einmal einen (gescheiterten) Versuch gegeben, die Verfassung zu ändern und den Präsidenten *by popular vote*, durch die absolute Zahl der abgegebenen Stimmen, zu wählen. Dies hätte zu einer klaren Entscheidung geführt. Tilden kam auf 4.300.590 Stimmen, Hayes auf 4.036.298 – in Prozentzahlen: 51 Prozent für Tilden versus 47,9 Prozent für Hayes. TILDEN IS ELECTED lautete am anderen Morgen die Schlagzeile der *New York Sun*. Das sah auch die den Republikanern nahestehende *Chicago Tribune* so, wenngleich mit anderer Betonung: «Verloren. Das Land wird demokratischer Habsucht und Plünderei anheimfallen.» Der *New York Herald* war vorsichtiger und traf damit die Lage besser: «Das Ergebnis – was ist es? Etwas, das kein Mensch verstehen kann. Unmöglich, unseren nächsten Präsidenten zu benennen. Die Ergebnisse zu mager.»[10]

Bei den Wahlmännern lag Tilden ebenfalls vorn. Er konnte sicher auf 184 Elektoren vertrauen, Hayes auf 166. Allerdings: Um Präsident zu werden, waren 185 Wahlmännerstimmen nötig. Unsicher waren wegen des knappen Wahlausgangs die Staaten South Carolina, Florida und Louisiana. Zufall oder nicht: In diesen drei Staaten regierten die letzten republikanischen Gouverneure des Südens. Und welch schicksalhafte Arithmetik. Louisiana verfügte über acht Wahlmännerstimmen, South Carolina über sieben, Florida über vier. Acht plus sieben plus vier ist gleich neunzehn. Und neunzehn addiert zu den 166 Hayes-Wahlmänner-Stimmen ergibt: 185 – exakt die Stimmenzahl, die notwendig war, um Präsident zu werden.

Einer der Ersten, dem diese mathematisch-politische Herausforderung auffiel, war eine der schillerndsten Gestalten der amerikanischen Politszene, der ehemalige Unionsgeneral Daniel E. Sickles. Einst der Demokratischen Partei angehörig und von Präsident Buchanan protegiert, hatte Sickles als 39-jähriger Kongressabgeordneter Schlagzeilen gemacht, als er 1859 Philip Barton Key, Anwalt in Washington, Sohn des Dichters der Nationalhymne, Francis Scott Key, und Liebhaber von Sickles junger Frau, wenige Schritte vom Weißen Haus entfernt erschoss. Zum ersten Mal konnte ein Millionenpublikum Äonen vor der Erfindung von Direktübertragungen aus Gerichtssälen dank der sich ausführlich dem Mordprozess gegen Sickles widmenden Gazetten sich davon überzeugen, welchen Nutzen es im amerikanischen Rechtswesen hat, wenn man reich ist und sich exzellente Anwälte kaufen kann. Sein Verteidiger war kein Geringerer als Edwin M. Stanton, der bald darauf Kriegsminister im Kabinett Abraham Lincolns sein würde. Der Sensationsprozess sprach Sickles im Augenblick der Tat einen Zustand vorübergehenden Wahnsinns zu und setzte ihn auf freien Fuß. Bald darauf war er ein richtiger Held. Sickles, im Bürgerkrieg zum Republikaner und zum General geworden, führte eine Attacke bei Gettysburg, die ihn ein Bein kostete und die Dankbarkeit seines Vorgesetzten U.S. Grant einbrachte. Als dieser ins Weiße Haus eingezogen war, ernannte er den einbeinigen Ex-General zum amerikanischen Botschafter in Spanien. Auch dort ging Sickles zur ungestümen Attacke vor und wurde Liebhaber der abgesetzten König Isabella II.

In die USA zurückgekehrt, trieben Sickles am Wahlabend die ersten und ungünstigen Resultate um. Er ging zur späten Stunde ins Hauptquartier der Republikaner, das nur wenige Schritte von seinem Domizil an der Fifth Avenue entfernt lag. Dort war die Stimmung auf dem Tiefpunkt, Parteichef Zachariah Chandler hatte sich bereits mit einer Flasche Whiskey als Trostspenderin zurückgezogen. Sickles begann zu rechnen und sandte sofort Telegramme an die republikanischen Parteifreunde in den drei Staaten, auf keinen Fall die Wahl verloren zu geben, sondern vielmehr dafür zu sorgen, dass die Stimmen «korrekt» gezählt werden würden.

Hayes war zunächst nicht zu überzeugen, dass in den drei Südstaaten eine Änderung der Verhältnisse möglich war. Am Tag nach der Wahl erklärte er vor Journalisten: «Ich denke, dass wir verloren haben. Ich bin der Meinung, dass die Demokraten das Land gewonnen haben und Tilden gewählt ist, denn nun scheint es notwendig, dass die Republikaner alle zweifelhaften Staaten gewinnen müssen, um selbst eine Mehrheit von einer Stimme zu bekommen.»[11] Seine Parteifreunde brachten ihn in den nächsten Tagen dazu, zurückhaltender zu sein und vor allem eine *concession speech*, ein öffentliches Zugeständnis der Niederlage, zu vermeiden.

Die drei umstrittenen Staaten sahen in den nächsten Wochen und Monaten einen ständigen Strom von Besuchern aus beiden Parteilagern, die vor Ort Druck auszuüben, das Ergebnis in die eine oder andere Richtung zu beeinflussen versuchten. Wiederholt kam es zu Wechseln in der Zusammensetzung der einzelnen Electoral Boards, mit ausgelöst durch lokale Wahlen, die oft nicht weniger umstritten waren. In Florida, einem Staat mit rund 180.000 Einwohnern, die meist in seinem Norden wohnten (Miami existierte 1876 noch gar nicht als eigenständige Stadt), sprach eine von Demokraten beherrschte Wahlkommission Tilden zunächst eine Mehrheit von 45 Stimmen, dann eine Mehrheit von 90 Stimmen zu. Die Republikaner ließen in einigen Counties, wo es zu Unregelmäßigkeiten gekommen sein sollte, nachzählen. Unter Bewachung von Unionssoldaten ließ der Gouverneur in Floridas Hauptstadt Tallahassee ein neues Ergebnis verkünden: Hayes habe im Staat eine Mehrheit von 924 Stimmen. Ähnliche Diskrepanzen in Abhängigkeit von dem mit der Zählung beauftragten lokalen Gremium gab es auch in den anderen beiden Staaten.

Am 6. Dezember, als das Wahlmännerkollegium in Washington zusammentreten sollte, gab es aus vier Staaten jeweils zwei unterschiedliche zertifizierte Wahlergebnisse (in Oregon war es zu Differenzen über die Wählbarkeit eines demokratischen Elektors gekommen, auch dieser hätte das Zünglein an der Waage zugunsten Tildens sein können). Inzwischen war es auch bei Hayes zu einem Meinungswandel gekommen: «Ich habe keine Zweifel, dass wir moralisch und legal die Präsidentschaft gewonnen haben.» Tilden hingegen sah das Land zu einer «degenerierten Kopie der schlechtesten Regierungsformen der schlechtesten Zeitalter» verkommen.[12] Die Demokraten forderten, dass das zu geschehen habe, was nach der Wahl von 1824 erfolgt war: Wenn kein Kandidat eine (erkennbare) Mehrheit hat, muss das Repräsentantenhaus entscheiden. In diesem hatten die Demokraten die Mehrheit, sodass Tilden gewählt worden wäre. Dem Senat obliegt in einer solchen Situation die Wahl des Vizepräsidenten. Da im Senat die Republikaner in der Mehrheit waren, wäre es dort sicher zur Wahl von Hayes' *running mate* William A. Wheeler gekommen und damit zu der Kombination eines Präsidenten und eines Vizepräsidenten aus unterschiedlichen politischen Lagern.

Doch man einigte sich schließlich auf eine andere Lösung. Eine Kommission wurde geschaffen, bestehend aus sieben Demokraten, sieben Republikanern und einem Unabhängigen. Je fünf der Teilnehmer gehörten dem Repräsentantenhaus bzw. dem Senat an. Vier kamen aus dem Supreme Court, zwei der Richter standen den Republikanern, die beiden anderen den Demokraten nahe. Den undankbaren Part des 15. Mannes sollte der Oberste Bundesrichter David Davis spielen, der einzige Richter des Supreme Court, der als wirklich Neutraler galt. Doch ob Zufall – und an Zufälle glaubten Anfang 1877 nur noch die wenigsten Amerikaner – oder nicht: Gerade in dieser Phase wählte ihn das Staatsparlament von Illinois zum Senator. Die jetzt noch zur Verfügung stehenden Obersten Bundesrichter waren allesamt von Republikanischen Präsidenten ernannt.

Den Platz von Davis nahm nun der aus New Jersey stammende Richter Joseph B. Bradley ein, dem Gerüchte vorausgingen, er sei kein strammer Parteisoldat der Republikaner, er habe Sympathien für Tilden und dergleichen mehr. Es war Wunschdenken auf Seiten der Demokraten. Es ist viel gemutmaßt worden, mit welcher Geisteshaltung dieser entscheidende 15. Mann in die Tagung der Electoral Commission ging, welchen Einflüssen er unterlag. Den Demokraten nahestehende Besucher in Bradleys Haus wollen am Vorabend der entscheidenden Sitzung eine für Tilden günstige Meinung des Richters aus der Konversation herausgehört haben; danach, in tiefer Nacht bis in die Morgenstunden, sollen Kutschen vor Bradleys Haus geparkt haben, die hochrangigen Industriekapitänen und Eisenbahnbaronen gehörten. Möglicherweise sind «Anreize» gemacht worden, in sechsstelliger oder noch größerer Dollarhöhe. Selbstverständlich stritt Bradley jedwede Einflussnahme von außen ab, die fragliche Nacht habe er friedlich geschlafen.

Die Entscheidung fiel mehr als zwei Monate nach der Wahl. Am 7. Februar trat die Wahlkommission zur Entscheidung zusammen. Um 14.13 Uhr erhob sich Bradley von seinem Stuhl und sprach in die atemlose Stille in der Old Senate Chamber. Er referierte die unterschiedlichen juristischen Sichtweisen und für etwa zehn Minuten konnten sich die sieben Demokraten in diesem Gremium der Illusion hingeben, dass eine Entscheidung in ihrem Sinne fallen würde. Dann jedoch machte Bradley in der pointierten Sprache des sich selbst jeder Verantwortung entziehenden, Präzedenzen und Nebenklauseln zitierenden Rechtsexperten deutlich, wohin sein Argument ging. Es kam zur Abstimmung: Acht Stimmen für Hayes, sieben Stimmen für Tilden.

In den Zeitungen, die den Demokraten zuneigten, schlug die Empörung hohe Wellen. Es wurde gar von einer Neuauflage des Bürgerkrieges gesprochen. Doch daran war vor allem den Demokraten im Süden, die sich mühsam die Macht in den Gouverneurspalästen und Staatsparlamenten in Old Dixie zurückerkämpft hatten, nicht gelegen. Hinter den Kulissen wurde mit Repräsentanten der künftigen Hayes-Administration verhandelt. Das Ende der Reconstruction wurde beschlossen, der Abzug der letzten Truppen und – nie zugegeben, aber dies war der Effekt der Absprachen – das Wahlrecht der schwarzen Bevölkerung wurde dem inneren Frieden geopfert.

Beide Häuser des Kongresses hätten das Ergebnis der Wahlkommission noch verwerfen können, doch dazu kam es nicht. Am 2. März verkündete der Präsident pro tempore des Senats, der Republikaner Thomas W. Ferry, das Ergebnis: 185 Stimmen für Hayes, 184 Stimmen für Tilden. Und fügte ohne eine Miene zu verziehen hinzu, die Wahl sei des Respektes der ganzen Welt wert gewesen. Der Kongressabgeordnete Joseph C. Blackburn aus Kentucky fand ein anderes Fazit: «Heute ist Freitag. An einem solchen Tag ist unser Heiland zwischen zwei Dieben gekreuzigt worden. Am heutigen Freitag wurden die konstitutionelle Regierungsform, Ehrlichkeit, Recht, Fairness, Mannhaftigkeit und Würde zwischen einer ganzen Anzahl von Dieben gekreuzigt.»[13]

Rutherford B. Hayes, der 19. Präsident der USA, dem von nun an Beinamen wie «Rutherfraud», «His Fraudulency» und «Old 8 to 7» anhingen, bemühte sich, die Wunden zu schließen, die die erbitterten Auseinandersetzungen nach der Wahl geschlagen hatten. Er erklärte, sich nicht um eine zweite Amtszeit bewerben zu wollen, und stellte ein recht kompetentes Kabinett zusammen, in dem der deutschstämmige Liberale Carl Schurz Innenminister wurde. Als er nach vier relativ ruhigen Jahren aus dem Amt schied, erfreute er sich durchaus einer Beliebtheit, die vereinzelt auch über Parteigrenzen hinwegging.

Das letzte Wort zu der Jahrhundertwahl sei dem Sieger und Verlierer in einer Person vorbehalten: Samuel Tilden: «Wenn meine Stimme über das Land reichen und im hintersten Dorf gehört wird, dann würde ich sagen: Die Republik wird leben. Die Institutionen unserer Väter werden nicht in Schande aufhören zu existieren. Die Souveränität des Volkes wird aus dieser Gefahr gerettet und wiederhergestellt werden.»[14]

Election Day, Inauguration Day: Der Wahltag und der Tag der Amtseinführung

In den frühen Jahren der Vereinigten Staaten konnten sich die Wahlen über mehrere Wochen hinziehen – zu Pferd oder gar zu Fuß sich zu einem Wahllokal zu begeben konnte vor allem in ländlichen Regionen ebenso sehr viel Zeit in Anspruch nehmen wie die Kommunikation der Ergebnisse in die Hauptstadt. Es waren offenbar Wahlbetrügereien bei der Wahl von 1844 – einige Wähler gaben ihre Stimme zunächst im eigenen Bezirk ab und ließen sich dann noch in einem anderen Wahlkreis registrieren –, die den Ausschlag dafür gaben, die Stimmabgabe landesweit zu vereinheitlichen. So beschloss der Kongress 1845 einen landesweit verbindlichen Wahltag einzuführen. Festgelegt wurde er als der erste Dienstag nach dem ersten Montag im November. Man könnte es auch so definieren: Gewählt wird am ersten Dienstag im November – es sei denn, der 1. November fällt auf einen Dienstag; in diesem Fall wird eine Woche später, an einem 8. November, gewählt. Mit der leicht umständlichen Formulierung wollte man zugunsten der katholischen Wähler (und ab 1920 der katholischen Wählerinnen) ausschließen, dass diese sich am *All Saints' Day* (Allerheiligen) auf eine möglicherweise weite Reise zur *polling station* begeben müssen.

Auch der Tag der Amtseinführung eines neuen oder eines wiedergewählten Präsidenten hat eine Veränderung durchgemacht. Fast eineinhalb Jahrhunderte lang war der 4. März der *Inauguration Day*. In der Epoche, da sowohl Personen wie auch Nachrichten, Zeitungen, Briefe und Wahlzettel sowie vor allem die Wahlzertifizierungen aus den Wahlmännergremien der einzelnen Bundesstaaten mit der Geschwindigkeit einer Kutsche oder später jener der Eisenbahn durch das stetig größer werdende Land reisten, mochte eine lange *transition period* Sinn machen. Im 20. Jahrhundert indes, das in seinen ersten zwei Jahrzehnten in schneller Abfolge das Aufkommen des Autos, des Flugzeugs und des Radios erlebte (das erste Telefon wurde schon 1877 im Weißen Haus installiert), waren vier Monate des Übergangs zwischen Wahl und Amtsantritt deutlich zu lang. Seit 1937 findet die Vereidigung an dem der Wahl folgenden 20. Januar statt – oder, sollte dieser auf einen Sonntag fallen, am 21. Januar.

9. Endlich: Auch Amerikanerinnen dürfen ihren Präsidenten wählen

1920: Warren Harding vs. James Cox

Der landschaftlich wunderschöne Staat Wyoming ist mit etwas mehr als 580.000 Einwohnern der am geringsten bevölkerte unter allen 50 Bundesstaaten. Angesichts der Tatsache dass er mit rund 253.000 Quadratkilometern gut sechsmal so groß wie die auf zehn Millionen Einwohner zustrebende Schweiz ist (Deutschland bringt es auf ca. 357.000 Quadratkilometer), wird vorstellbar, dass man sich in weiten Teilen Wyomings sehr einsam fühlen kann. Die geringe Einwohnerzahl bringt es mit sich, dass Wyoming im Repräsentantenhaus in Washington nur durch eine einzige Abgeordnete vertreten ist (aber wie jeder andere Staat durch zwei Senatoren, was deutlich macht, dass kleine Staaten oft einen überproportional großen Einfluss haben). Politisch ist der Staat eine Hochburg der Republikaner. Den einen Sitz im Repräsentantenhaus hatte einst der spätere Vizepräsident Dick Cheney inne. Von 2017 bis 2023 vertrat dessen Tochter Liz Cheney Wyoming in dieser Kammer – sie war eine der wenigen Republikanerinnen, die Donald Trump heftig kritisierten; sie stimmte sogar für seine Amtsenthebung wegen seiner Rolle beim Sturm des Capitols durch einen Mob von Trump-Fans am 6. Januar 2021. Fast erwartungsgemäß stellte ihre Partei sie nicht erneut zur Wahl auf. Von den registrierten Wählern identifizieren sich 82 Prozent als Republikaner.

Aus heutiger Perspektive mag es ein wenig überraschen, dass Wyoming einmal politische Avantgarde war: Im Jahr 1869 wurde – noch als Territorium, Bundesstaat wurde Wyoming erst 1890 – das Frauenwahlrecht eingeführt. Neben aller Fortschrittlichkeit spielte bei den Initiatoren auch ein handfester Beweggrund eine Rolle: Es war damals noch weitaus dünner besiedelt als heute und vor allem herrschte ein Frauenmangel. Die Maßnahme sollte die Region in den Rocky Mountains und in den High Plains für Frauen attraktiv machen. Ein Menschenalter später, im Jahr 1924, war man erneut Wegbereiter: Wyoming wählte als erster Staat mit Nellie Tayloe Ross eine Frau ins Gouverneursamt. Völlig zu Recht lautet das Staatsmotto heute: *The Equality State*.

Zögerlich folgten mehrere Staaten mit einem Wahlrecht für Frauen bei regionalen und Kongresswahlen; für einen Zugang zu Präsidentschaftswahlen und für eine wirkliche und dauerhafte Etablierung dieses Grundrechtes auch für Frauen war ein Verfassungszusatz notwendig. 1912 kannten 12 Staaten das Frauenwahlrecht und der Staat Montana wählte 1916 mit der 37-jährigen Jeannette Rankin die erste Frau in den Kongress. Ihr stand eine bemerkenswerte parlamentarische Rolle während zweier schicksalhafter Entscheidungen bevor. Die lebenslange Pazifistin erlebte zwei zeitlich weit voneinander getrennte Amtszeiten im Repräsentantenhaus (1917 bis 1919 und 1941 bis 1943) und bemerkenswerterweise fiel in beide der Eintritt der USA in einen Weltkrieg. Unter großem persönlichem Mut – denn in der Presse wurde sie sofort als unpatriotisch verteufelt – versagte sie beiden Kriegserklärungen ihre Zustimmung, als eine von 50 Opponenten im Jahr 1917 und als einzige (mit ihrer Enthaltung) im Dezember 1941, kurz nach dem japanischen Angriff auf Pearl Harbor. Noch im Alter von 88 Jahren führte sie 1968 einen Protestmarsch gegen den Vietnamkrieg an. Der Staat Montana übrigens hat nach ihr nie wieder eine Frau in den Kongress gewählt.

Mit dem Eintritt der USA in den Ersten Weltkrieg übernahmen Frauen in vielen Bereichen der amerikanischen Gesellschaft und des Wirtschaftslebens Aufgaben, die bisher Männern vorbehalten waren (ein Vorgang, der im Zweiten Weltkrieg in noch dramatischerer Form stattfinden und die Forderung nach ökonomischer Gleichberechtigung anfeuern sollte), in Fabriken, als Straßenbahnfahrerinnen und nicht zuletzt an den Fronten, wo Frauen vor allem als Krankenschwestern dienten und den Horror des Krieges aus nächster Nähe erlebten. Präsident Woodrow Wilson erklärte in einer Rede im September 1918, Frauen seien in diesem Krieg zum Partner geworden. Abgesehen davon, dass des Präsidenten Entdeckung der Partnerschaft erst in diesem Krieg, also sehr spät, etwas merkwürdig anmutet – waren Amerikas Frauen nicht an der Erschließung des großen Landes beteiligt gewesen, zum Beispiel als Farmerinnen oder Lehrerinnen? Dieser Argumentation war kaum zu widersprechen und der seit der zweiten Hälfte des 19. Jahrhunderts von Frauenrechtlerinnen geführte Kampf steuerte endlich auf einen Erfolg zu. Im Sommer 1919 wurde der Neunzehnte Verfassungszusatz (Nineteenth Amendment) vom Repräsentantenhaus (mit 304 zu 90 Stimmen) und vom Senat (mit 56 zu 25 Stimmen) beschlossen. Am 26. August 1920 trat der Zusatz in Kraft, sodass Frauen überall im Land (mit Ausnahme der Hauptstadt Washington, D.C., wo auch die Männer erst ab 1964 an Präsidentschaftswahlen teilnehmen konnten, und der noch nicht zu Bundesstaaten aufgestiegenen Alaska und Hawaii) im Oktober den neuen Präsidenten wählen konnten.

Zusammen mit den männlichen Wählern schickten die Amerikanerinnen einen Mann ins Weiße Haus, der in seiner Durchschnittlichkeit die Sehnsucht nach ruhigeren Zeiten verkörperte. Das Land hatte nicht nur vom Aderlass auf den Schlachtfeldern in Frankreich und Belgien, dessen Sinnhaftigkeit für die USA immer lauter hinterfragt wurde, genug, sondern auch von Streiks und innerstädtischen Unruhen, von Terroranschlägen (eine Bombe hatte am 16. September 1920 auf der Wall Street, der symbolträchtigen Hochburg des Kapitalismus, 38 Menschen getötet und 300 verletzt) und anarchistischer Agitation. Der Hoffnungsträger war der republikanische Kandidat Warren Gamaliel Harding, ein bis dahin wenig bekannter Senator aus Ohio. Sein vom Parteitag bestimmter Vizepräsidentschaftskandidat war Calvin Coolidge (Harding hatte einen Senatskollegen aus Wisconsin bevorzugt), der Gouverneur von Massachusetts, der sich durch seine entschlossene Beendigung eines Streiks der Bostoner Polizei einen guten Namen verschafft hatte, als er des Bürgers Willen in seiner zu knappen Formulierungen neigenden Eloquenz ausdrückte: «*There is no right to strike against the public safety by anybody, anywhere, anytime.*» Aus Ohio kam auch der Kandidat der Demokraten, Gouverneur James M. Cox, der mit dem jungen stellvertretenden Marineminister Franklin D. Roosevelt als *running mate* in den Wahlkampf zog.

Hardings Wahlprogramm bestand im Wesentlichen aus drei Worten: *Back to normalcy*. Zurück zur Normalität – nichts entsprach mehr dem Wunsch der Amerikanerinnen und Amerikaner. Der Amtsinhaber Woodrow Wilson, der sich selbst in seinem krankhaften Sendungsbewusstsein für die höchste moralische Instanz des Landes, wenn nicht gar der Welt hielt, hatte die USA in den Krieg geführt. 117.000 Amerikaner waren im fernen Frankreich dahingemetzelt worden, angeblich um – so eine von Wilsons Lieblingsphrasen – die «Welt für die Demokratie sicher zu machen». Nichts deutete darauf hin, dass dieses hehre Ziel erreicht worden war. Stattdessen sahen viele US-Bürger in Wilsons Plänen einer führenden Rolle der USA im neu gegründeten Völkerbund die Gefahr neuer Verwicklungen in den Konflikten der Alten Welt. Des Weiteren hinterließ Wilson dem politischen System des Landes ein anderes verhängnisvolles Erbe: Nie vorher war die amerikanische Öffentlichkeit so lange und ausdauernd belogen worden wie in den letzten eineinhalb Jahren seiner Präsidentschaft. Wilson war nach einem Schlaganfall amtsunfähig geworden, ein Zustand, der den Bürgern von einer in seinem Namen das Land regierenden – oder vielmehr: eine effektive Regierung verhindernden – Troika aus First Lady Edith, dem Sekretär und dem Leibarzt verschwiegen wurde. Ein grundsätzliches, in einer Demokratie zweifellos gesundes Misstrauen gegenüber der Exekutive ist seit diesen Tagen obrigkeitlicher Lüge und Vertuschung ein oft im Unbewussten schlummernder Bestandteil der Einstellung der Amerikaner zum Weißen Haus, durch die Machenschaften eines Richard Nixon noch um ein Vielfaches verstärkt.

So nimmt der alle Vorstellungen sprengende Wahlerfolg des Warren Gamaliel Harding, der mehr als 60 Prozent der Stimmen auf sich vereinigte, nicht wunder. Harding gewann den ganzen Norden, den Mittleren Westen und den Westen, außerdem konnte er als erster republikanischer Kandidat seit der Reconstruction mit Tennessee einen der Staaten der ehemaligen Konföderation gewinnen. Im Wahlmännerkollegium hieß es 404 zu 127 für Warren G. Harding. Die Wähler ersetzten einen Moralprediger durch einen liebenswürdigen Zeitgenossen mit ebenso liebenswerten Schwächen. Harding hatte kein Elite-College besucht, war kein Anwalt wie viele Politiker, sondern ein bodenständiger Zeitungsmann, der in seiner Heimatstadt Marion im Bundesstaat Ohio *The Marion Star* herausgegeben hatte. Er verkörperte die sprichwörtliche politische Mitte; kontroversen Themen ging er am liebsten aus dem Weg und widerstreitende Meinungen pflegte er mit seinem unnachahmlichen Charme zu überbrücken.

Vieles an Hardings politischen Ansätzen erscheint durchaus fortschrittlich. Aus einfachen Verhältnissen kommend, hatte er ein Herz für die amerikanische Arbeiterklasse und setzte sich für die Abschaffung des Zwölfstundentages ein. Gegen immense Widerstände unterzeichnete er ein Gesetz, das eine bessere staatliche Gesundheitsvorsorge für Frauen und Kinder vorsah. In einer Ära voller Vorurteile erschien er wie eine Stimme der Vernunft. In Birmingham, Alabama, im Herzen eines zutiefst rassistischen Südens, rief er zu einem «Ende der Vorurteile» auf und verurteilte den Ku-Klux-Klan. Der Privatmann Harding blieb auch in Washington das gleiche schlichte Gemüt, das er daheim in Ohio gewesen war. Er rauchte kräftig und zog sich nur allzu gern mit alten Freunden aus der Heimat – der berüchtigten «Ohio Gang» – zu einer Runde

Poker und reichlich Bourbon in nikotingeschwängerte Hinterzimmer zurück. Draußen im Lande hingegen herrschte Prohibition, ein unseliges Relikt des vorherigen Kongresses, das zum Erblühen einer kriminellen Nebenwirtschaft führte. Eine weitere Schwäche Hardings, seine zahlreichen außerehelichen Affären, wurden von den in privaten Dingen damals noch höchst feinfühligen Medien der Öffentlichkeit vorenthalten. Warren Harding war der Prototyp eines einfachen Menschen, der vom Schicksal vor eine Aufgabe gestellt wurde, die einige Nummern zu groß für ihn war. Nach nur einem Jahr im Amt stöhnte er überlastet, er wäre nichts lieber als wieder Bürger von Marion, seiner kleinen Heimatstadt in Ohio.

Es war ein von Skandalen zutiefst erschütterter Präsident, der sich im Sommer 1923 auf eine große, mehr als 25.000 Kilometer umfassende «Goodwill-Tour» durch das Land begab, die ihn bis nach Alaska führen sollte. Gesundheitlich schwer angeschlagen traf er am 29. Juli 1923 in San Francisco ein. Im dortigen Palace Hotel starb Warren Gamaliel Harding am Abend des 2. August. Der Tod des freundlichen und beliebten Mannes wurde im ganzen Land zutiefst betrauert – ein Jahr später, nach vollständigem Bekanntwerden der Misswirtschaft und Korruption unter seinen Günstlingen, war seine Reputation für immer vernichtet.

Die Frau an seiner Seite – zur Rolle der First Ladies. Und zu weiblichen Kandidaten. Und zu einem doppelten Präsidenten

Über die amerikanische Präsidentschaft kann man schreiben, ohne dem mancherorts etablierten Zwang des Genderns gehorchen zu müssen. Die Beschäftigung mit den 46 Präsidenten kommt gänzlich ohne Doppelpunkte mitten im Wort, ohne «-Innen» und ähnliche Konstrukte aus: Es waren bislang ausschließlich Männer. Kandidatinnen gab es verschiedentlich, überwiegend auf Seiten kleiner Parteien oder ohne nennenswerte Chance im Vorwahlprozess.

Die erste offiziell für die Präsidentschaft kandidierende Frau war Victoria Claflin Woodhull, die 1872 für die Equal Rights Party antrat. Woodhull verbrachte den Wahltag, an dem sie eine nicht dokumentierte und wohl äußerst marginale Stimmenzahl bekam, im Gefängnis. Die Anklage lautete auf Publizierung obszönen Materials – die Aktivistin, die als erste Frau eine Brokerfirma auf der Wall Street besaß, hatte neben dem Frauenwahlrecht auch die freie Liebe propagiert. Ihre Kandidatur war weitgehend symbolisch: Da sie am Wahltag noch nicht 35 Jahre alt war, erfüllte sie eine Grundvoraussetzung der Wählbarkeit ins höchste Amt nicht.

Exakt einhundert Jahre später bemühte sich Shirley Anita Chisholm als erste afroamerikanische Frau um die Nominierung als Präsidentschaftskandidatin einer der beiden großen Parteien. Sie war auch die erste schwarze Frau mit einem Sitz im Kongress; von 1969 bis 1983 vertrat sie ihren New Yorker Wahlkreis im Repräsentantenhaus. Bei zwölf Vorwahlen der Demokratischen Partei stand sie auf dem Stimmzettel und konnte auf dem Wahlparteitag 151 Stimmen vorweisen, was ihr auf der teilweise chaotisch ablaufenden *convention* den vierten Platz einbrachte, deutlich hinter dem nominierten Senator George McGovern mit 1.864 Stimmen. Die Demokraten taten (nicht zum ersten Mal) ihr Möglichstes, um mit der Regie ihres Wahlparteitages ihre geringen Chancen noch weiter zu minimieren – dass ein Spitzenkandidat seine stets live übertragene *acceptance speech* um drei Uhr morgens Ortszeit Miami hält, wenn kaum jemand im Land vor dem TV sitzt, war an Amateurhaftigkeit kaum zu überbieten.

Die Demokraten waren es auch, die bislang als einzige der beiden großen Parteien eine Frau als Spitzenkandidatin kürten. Sie erfreuten sich des lang anhaltenden Beifalls der sogenannten Eliten, vor allem in Academia und den Mainstreammedien, als sie Hillary Clinton 2016 zur Präsidentschaftskandidatin machten. Die umstrittene frühere First Lady und durchaus fähige ehemalige Außenministerin war die Traumkandidatin von ebenfalls im siebten oder höheren Lebensjahrzehnten stehenden Feministinnen. Auf Mainstream America wirkte sie überwiegend und vor allem wegen ihres deutlich vorgetragenen *sense of entitlement*, ihres Anspruchsdenkens hinsichtlich der Präsidentschaft, unsympathisch, was dazu führte, dass am Wahltag vielerorts auch überzeugte Anhänger der Demokraten zu Hause blieben. Die Eliten indes und hier vor allem die Kommentatoren bei *CNN*, *New York Times*, *Washington Post* und vergleichbaren Meinungsmachern gingen bis tief in die Wahlnacht von einem überzeugenden Sieg ihres Idols aus. Auch beträchtlicher Stimmenvorsprung in den eigenen liberalen Hochburgen bzw. Staaten reicht im amerikanischen Wahlsystem indes nicht unbedingt, um ein schlechtes Abschneiden im Heartland auszugleichen. Clinton bekam eine Mehrheit der Wählerstimmen, lag aber im Electoral College mit 227 zu 304 deutlich hinten. Die Antwort der Wählerschaft auf die Vision einer Präsidentin Clinton hieß Donald Trump. Er wurde der 45. Präsident.

Stichwort 45 oder 46 Präsidenten: Die offizielle Zählung (Stand Sommer 2024) ist nicht so ganz eindeutig. Joe Biden, der sein Amt im Januar 2021 antrat, gilt als der 46. Chief Executive. Indes weist die Galerie der amerikanischen Staatschefs (zum Beispiel auf der Website des Weißen Hauses https://www.whitehouse.gov/about-the-white-house/presidents/) nur 45 Individuen auf. Die Zählung wird durch den Demokraten Grover Cleveland durcheinandergebracht: Er regierte als 22. Präsident von 1885 bis 1889, verlor dann die Wahl gegen Benjamin Harrison (den 23. Präsidenten) und konnte sich vier Jahre später einer Revanche erfreuen. Cleveland schlug Harrison und zog mit seiner jungen und fotogenen Frau Frances (der erste Medienliebling unter den First Ladies) erneut in die 1600 Pennsylvania Avenue ein, nun als 24. Präsident, und zwar von 1893 bis 1897.

Um bei den First Ladies zu bleiben: Der Präsident wohnt nicht allein im Weißen Haus – seine Frau (so er nicht verwitwet ist wie Thomas Jefferson oder Junggeselle wie James Buchanan) und manchmal eine mehr oder weniger große Kinderschar sind für die nächsten vier Jahre ebenfalls Bewohner von 1600 Pennsylvania Avenue. Im 19. Jahrhundert konnte die Frau an seiner Seite oft ein Leben abseits des Medieninteresses – Ausnahme: Frances Cleveland – genießen. Doch mit Zunahme der medialen Beobachtung, mit Rund-um-die-Uhr-Berichterstattung im Fernsehen richtete sich das Interesse der Öffentlichkeit auch auf die Frau, die im Falle eines Wahlerfolges die *First Lady of the Land* sein würde.

Spätestens in der zweiten Hälfte des 20. Jahrhunderts konzentrierten sich die Medien schon in einer frühen Phase der Kandidatur auf die mögliche Rollenverteilung beim Einzug des siegreichen Kandidaten im Weißen Haus auf die Frage, welche Aufgabe sich die künftige First Lady stellen würde und ob sie einen politischen Einfluss auf den Gemahl ausüben könnte. Für die Frau eines Präsidentschaftskandidaten ist es oft eine Gratwanderung: Sie muss einerseits Interesse an öffentlichen Anliegen bekunden und erkennen lassen, dass sie sich einem *cause*, einer guten Sache verschreiben wird, wenn der Gatte gewählt würde. Lady Bird Johnson beispielsweise setzte sich für den Umweltschutz ein, lange bevor dies ein der Mehrheit der Bevölkerung auf der Seele liegendes Problem wurde. Betty Ford propagierte die Brustkrebsfrüherkennung, Nancy Reagan wurde Amerikas Gesicht im Kampf gegen Drogen. Und beide Bush-Damen, Barbara ebenso wie ihre Schwiegertochter Laura, verschrieben sich der Förderung des Lesens als alternative Freizeitbeschäftigung zu endlosem Fernsehkonsum. Andererseits muss das politische Engagement der Kandidatenfrau seine Grenzen haben, ein zu aktives Vorpreschen und ein allzu erkennbarer Ehrgeiz können den Umfragewerten des Gatten schaden. Als Hillary Clinton im Wahlkampf 1992 verlauten ließ, sie werde im Weißen Haus keine Plätzchen backen und auch keine kleine Tammy Wynette sein, die der Countrysängerin berühmtestes Lied allzu wörtlich nimmt – *Stand by your man* –, hatten sie bei Teilen der Öffentlichkeit einen Ruf als machtgierig weg, der bis in ihre eigenen Wahlkämpfe 2008 und 2016 nachwirkte.

Die Art und Weise, in der eine Kandidaten- oder Präsidentenfrau mit ihrer Rolle oder, in letzterem Fall, mit dem sogenannten «berühmtesten unbezahlten Amt der Welt» umgeht, kann ein politisches Pfund sein, mit dem der Gatte wuchern kann – oder eine Belastung. So waren beispielsweise Nancy Reagans Umfragewerte im ersten Jahr von Ronald Reagans Präsidentschaft so tief im Keller, dass die Berater des Präsidenten den dringenden Rat erteilten, sie solle sich einem Anliegen widmen, mit dem man Sympathien gewinnen könne. Mit ihrem Engagement für die Kampagne *Say no to drugs!* erreichte die First Lady genau dies und ritt, wie auch ihr Mann über weite Strecken seiner Amtszeiten, auf einer Welle der Zustimmung. Jacqueline Kennedy war die ideale Ergänzung ihres Mannes, wurde zum Sinnbild für Stil und Geschmack eines ganzen, wenngleich kurzen Zeitalters.

10. Happy days are here again: Wahl in der schwersten Wirtschaftskrise

1932: Franklin D. Roosevelt vs. Herbert Hoover

Würde Kompetenz allein – zum Beispiel in wirtschaftspolitischen Fragen, als Organisator, als Stratege – eine erfolgreiche Karriere als Politiker und Staatsmann garantieren, dann würde man sich an Herbert Hoover als einen der ganz großen amerikanischen Präsidenten erinnern. Mit neun Jahren Vollwaise geworden, schien der 1874 in West Branch in Iowa geborene Herbert Clark Hoover (der erste Präsident der USA, der westlich des Mississippi das Licht der Welt erblickte) die Verkörperung des amerikanischen Traumes zu sein, wonach jeder ganz nach oben aufsteigen kann – wenn man nur hart arbeitet und an sich und die amerikanischen Ideale glaubt. Er hatte Förderer und konnte an der hoch angesehenen Stanford University im kalifornischen Palo Alto Geologie und Ingenieurswissenschaften studieren. Mit 32 Jahren war Herbert Hoover Multimillionär und konnte sich vom operativen Geschäft der Minen, Gruben und Bergwerke zurückziehen. Als in Europa 1914 der Weltkrieg ausbrach, zeigte Hoover sein außergewöhnliches Organisationstalent. Er übernahm die humanitäre Versorgung der hungernden Menschen in Belgien, jenem Land, das zwischen die Fronten der deutschen und französischen Armeen geraten war. Hoover erwarb sich in kurzer Zeit den Ruf eines unermüdlichen und genialen Wohltäters. Nach Eintritt der USA in den Krieg im April 1917 ernannte Präsident Woodrow Wilson den hoch angesehenen Hoover zum Leiter der für die Lebensmittelversorgung der amerikanischen Bevölkerung verantwortlichen Food Administration.

Für viele Amerikaner, die des Streits der Parteien und der Rolle von Berufspolitikern in ihren Regierungen überdrüssig waren, wurde Hoover zum Prototyp des parteiunabhängigen, nicht ideologisierten Experten, dem man vertrauen konnte. In seinem Büro in der Hauptstadt gingen Briefe ein, die an den «Wundermann, Washington, D.C.» adressiert waren, für den liberalen Obersten Bundesrichter Louis Brandeis war Hoover «die größte Figur, die in das Leben in Washington während des Krieges injiziert wurde».[1] Fast unvermeidlich kam der Ruf ins Kabinett. Hoover war acht Jahre lang Secretary of Commerce, was einem Wirtschaftsminister entspricht, in den Administrationen von Warren Harding und Calvin Coolidge. Und dann kam die ultimative Erfüllung des amerikanischen Traums: Im November 1928 wählten die Amerikanerinnen und Amerikaner Herbert Hoover zu ihrem 31. Präsidenten.

Doch für dieses Amt wie wohl für das eines jeden Regierungs- und Staatschefs reicht Kompetenz allein meist nicht aus. Gefordert sind auch – unter anderem – Empathie und Fortune. An Ersterem mangelte es Hoover. Und von dem Zweiten konnte er nicht ansatzweise sprechen: In Hoovers erstem Amtsjahr kam es zum großen Crash, wurde eine Wirtschaftskrise ausgelöst, wie sie die USA noch nie erlebt hatten und welche die ganze Welt in das stürzte, was den nächsten Jahren ihren Namen gab: The Great Depression, die Große Depression.

Es schien immer nur aufwärtszugehen in den Roaring Twenties, den stürmischen Zwanzigerjahren. Hochhäuser wuchsen gen Himmel, die Industrieproduktion erreichte Rekordmarken und auf Amerikas Straßen begann es eng zu werden: Große Unternehmen wie Ford produzierten Autos in einer Stückzahl von einer Million jährlich, das ganze Land schien permanent unterwegs zu sein. Vor allem Amerikas Frauen schienen Nutznießerinnen einer ungestümen Moderne zu sein. Nachdem Frauen erstmals 1920 landesweit an einer Präsidentschaftswahl hatten teilnehmen dürfen, begann das Zeitalter weiblicher Stars, von Hollywoodgrößen wie Mary Pickford über Tennisspielerinnen wie Helen Wills Moody bis zu Flugpionierinnen wie Amelia Earhart, die das Motto *The Sky is the limit!* vorlebten. Es war das Jazz Age, die Epoche teils lebensfroher, teils schwül-lasziver Musik, mit Frauen, deren Bubikopf ebenso eine neue emanzipatorische Qualität symbolisierte wie das ungehemmte Rauchen und Trinken in «Speakeasies», in geheimen Spelunken, hatte doch der Achtzehnte Verfassungszusatz die Prohibition zum Gesetz werden lassen, das Verbot des Verkaufs von Bier, Wein und natürlich noch stärkeren Getränken. Die Welt, die im Halbdunkel der Gesetzlosigkeit erblühte, strahlte einen morbiden Charme aus und wurde Gegenstand einer intensiven medialen Berichterstattung. Verbrecher wie Al Capone erreichten ebenso einen hohen Berühmtheitsgrad wie die Größen aus der Traumfabrik Hollywood, welche oft von der Aura des Halbseidenen, Dämonischen umgeben waren wie der früh verstorbene Rudolpho Valentino, der sich zu Männern und zu Frauen hingezogen fühlte, oder Fatty Arbuckle, dessen Filmkarriere in einem Skandal endete, als bei einer der branchenüblichen Koks-und-Sex-Orgien plötzlich eine junge «Schauspielerin» tot war. Dem Publikum lief ein Schauer den Rücken herunter, wenn man von den Frivolitäten der Schönen und Reichen las. Die Hoffnung, selbst reich zu werden, und das schnell und natürlich risikolos, hatte überall Anhänger und das Forum, auf dem man zu Reichtum kommen wollte, war die Börse. Es wurde spekuliert, oft mit geliehenem Geld, denn die Zukunft sah rosig aus und das Diktum von Präsident Coolidge *America's business is business* würde getrost auch für den Durchschnittsamerikaner gelten – schließlich hatten die allseits verehrten Superreichen wie Henry Ford und John D. Rockefeller allesamt auch einmal klein angefangen, mit einer bescheidenen Investition und mit etwas Glück.

Ebenjener Präsident Coolidge, ein wortkarger, verschrobener Vermonter, der als Vizepräsident nach dem frühen Tod von Warren G. Harding ins Amt gekommen und 1924 mit einem überzeugenden Votum wiedergewählt wurde, war die Verkörperung einer politischen Philosophie, die der Wirtschaft ihren freien Lauf ließ und staatliche Intervention auf das absolut Notwendige begrenzte. Wenn es Bestandteil staatsmännischer Größe ist, zu wissen, wann man aufhören muss, dann war Coolidge einer der weisesten Politiker Amerikas. Coolidge verkündete im Sommerurlaub 1927 in South Dakota plötzlich, dass er für die Wahl im nächsten Jahr nicht zur Verfügung stünde. Die Nation war geschockt, denn Coolidge war beliebt und dem Land ging es gut. So konnte Herbert Hoover ein scheinbar glänzendes Erbe antreten, das sich indes als die Ruhe vor dem Sturm, als der Tanz auf dem Vulkan entpuppen sollte.

Hoover war gerade etwas mehr als ein halbes Jahr im Amt, als die Party plötzlich vorüber war. Im Oktober 1929 hatte der Wohlstand, der Glaube an eine stetig bessere Zukunft ein abruptes Ende. Der Börsenkrach mündete in die Weltwirtschaftskrise, im Mittelwesten trugen Dürre und Unwetter zusätzlich zu einer ungeahnten Farmkrise bei. Die Farmer konnten ihre Hypotheken nicht mehr bezahlen, die Banken mussten ihren Betrieb einstellen. Die Industrieproduktion sank, Entlassungen waren an der Tagesordnung. Die Arbeitslosenquote, vor dem Börsenkrach bei bescheidenen 3,2 Prozent, stieg auf fast 24 Prozent. Die Zeichen der Verelendung waren allgegenwärtig – und sie bekamen einen Namen. Unweigerlich machten die Menschen im Lande den Präsidenten für die ökonomische Katastrophe verantwortlich. Sein Name war überall: Die erbärmlichen Ansiedlungen der Obdachlosen mit Hütten aus

Wellblech oder Pappe, die sich in amerikanischen Städten ausbreiteten, galten als *Hoovervilles*, die leeren und nach außen gekrempelten Hosentaschen als *Hoover flags*, die von Hungernden verspeisten Kaninchen als «Hoover'scher Schweinebraten» und die alten Zeitungen, mit denen sich auf der Straße lebende Menschen zudeckten, als *Hoover blankets*. Die Große Depression selbst wurde zur «Hoover-Panik». Die Wirkung, die dies alles auf Hoover hatte, beschrieb sein Pressesprecher: «Es behinderte die Arbeit des Präsidenten, es verbitterte ihn.»[2]

Der Präsident hatte die Folgen des Börsenkrachs völlig falsch eingeschätzt; als sie sich abzeichneten oder bereits eingetreten waren, reagierte er nicht, zu spät oder tat zu wenig. Seine Grundphilosophie, dass sich irgendwie schon alles richten werden und dass Hilfe von privaten Philanthropen und nicht von der Regierung zu kommen habe, war dem Ausmaß der wirtschaftlichen und sozialen Katastrophe völlig unangemessen. Am schlimmsten jedoch war vielleicht die Tatsache, dass Hoover kein Mitfühlen, kein Mitleiden erkennen ließ. Der Mann im Weißen Haus schien isoliert, abgehoben von der existenziellen Not von Millionen amerikanischer Familien. Und er tat nichts gegen den wohl schlimmsten Aspekt der Großen Depression: die weit verbreitete Hoffnungslosigkeit. Viele Amerikaner sahen kein Licht am Horizont, verloren den Glauben an die Zukunft ihres Landes. Diktaturen, die auf anderen Kontinenten etabliert waren, wie Stalins Sowjetunion, Mussolinis Italien und bald auch – ab Januar 1933 – das Deutschland Adolf Hitlers, erschienen vielen angesichts des offenkundigen Scheiterns der Demokratie im eigenen Land als keineswegs mehr so abstoßend.

Die amerikanische Demokratie indes erwies sich selbst in dieser epochalen Krise als stark. Sie bot bei der Präsidentschaftswahl 1932, nach drei Jahren der Großen Depression, den Wählerinnen und Wählern eine markante Alternative. Sie sah den Aufstieg eines Politikers, der nach überkommenem Verständnis ein Handicap hatte: Er war schwer körperbehindert. Der 1882 in eine begüterte Familie hineingeborene Franklin Delano Roosevelt war ein entfernter Cousin von Präsident Theodore Roosevelt und begann während dessen Amtszeit im Weißen Haus (1901–1909) seine politische Karriere, die ihn 1913 als stellvertretenden Marineminister ins Kabinett von Woodrow Wilson führte – im Gegensatz zu «Teddy» Roosevelt, einem Republikaner, war FDR (wie er im amerikanischen Schrifttum schon zu Lebzeiten abgekürzt wurde) Demokrat.

Im Jahre 1920 nominierte die Demokratische Partei den erst 38 Jahre alten Franklin D. Roosevelt zum Vizepräsidentschaftskandidaten an der Seite des Gouverneurs von Ohio, James Cox. Die Niederlage dieses Tickets kam einem Erdrutsch gleich. Doch Franklin zeigte an verschiedenen Abschnitten seiner Karriere eine Eigenschaft, die man später bei Präsident Reagan die Teflon-Qualität nennen würde: An ihm blieb nichts hängen, er galt als der kommende Star der Partei. Er konnte sich vorübergehend aus der Politik zurückziehen, ging zu einer New Yorker Investmentgesellschaft und stand für den Wahlkampf 1924 quasi in den Startlöchern. Ein herber Schlag schien indes plötzlich jedwede Hoffnungen zunichtezumachen. Bei einem Aufenthalt auf dem Feriensitz Campobello in Kanada erkrankte Franklin im August 1921 mit hohem Fieber und Abgeschlagenheit. Wenige Tage später stand die Diagnose fest: Poliomyelitis, Kinderlähmung.

Für die verbleibenden knapp 24 Jahre seines Lebens blieb er auf fremde Hilfe und einen Rollstuhl angewiesen. Mit enormer Willenskraft arrangierte sich Roosevelt mit der Behinderung. Er war entschlossen, sich nicht von seinem Weg abbringen zu lassen. Das Bewusstsein der eigenen Schwäche machte ihn empfänglicher für die Nöte jener Menschen, denen es nicht so gut ging wie ihm in seinen ersten 39 Lebensjahren: die Schwachen, die Alten, die Kranken, die Arbeitslosen. In den Heilquellen von Warm Springs im Bundesstaat Georgia, die er zu einem kleinen Kurort ausbauen ließ, kam er mit Poliokranken aus allen Schichten der Bevölkerung zusammen. Die Unterhaltungen, die der Aristokrat Roosevelt mit diesen Menschen im Thermalwasser führte, trugen entscheidend zu Ausbildung jenes sozialen Bewusstseins bei, das ein Jahrzehnt später seine Reformgesetzgebung während des New Deal prägte.

Sein Heimatstaat New York wählte FDR 1928 zum Gouverneur. Vier Jahre darauf war er einer der Favoriten für die Präsidentschaftskandidatur der Demokratischen Partei. Die Republikaner traten im neu eröffneten Chicago Stadium Mitte Juni 1932 zu ihrem Wahlparteitag zusammen und nominierten lustlos und fatalistisch Herbert Hoover als ihren Kandidaten für eine zweite Amtszeit. Zwei Wochen später war diese für große Sportveranstaltungen errichtete Arena auch für die Demokraten der Schauplatz ihrer Convention. Die Anti-Roosevelt-Kräfte in der Partei waren sich nicht einig, wer die Alternative zu dem Gouverneur von New York sein könnte. Entschlossener zeigten sich die Delegierten bei dem nach der Depression wichtigsten politischen Thema der Epoche: *repeal*, die Widerrufung des Prohibitionsgesetzes. Mehr als drei Viertel der Delegierten sprachen sich für die Aufhebung dieses Verfassungszusatzes aus, den gottesfürchtige Moralisten durchgesetzt hatten und für den die amerikanische Unterwelt so unendlich dankbar war.

Als am Mittwoch, dem 29. Juni, in einer zehnstündigen Sitzung die Kandidaten nominiert wurden, bekam der Parteitag einen Vorgeschmack von der psychologischen Grundhaltung, auf die der Favorit baute. Als Roosevelts Name verkündet wurde und seine Anhänger eine Parade durch das Stadion starteten, spielte der Organist auf Weisung von Roosevelts Berater und Wahlstrategen Louis Howe ein Stück aus einem Musical: *Happy days are here again.* Mit Ausnahme der entschiedensten Roosevelt-Gegner swingte bald die ganze Halle zu dem aufheiternden Liedlein, das in den nächsten Wochen zu einer Art Erkennungsmelodie des Kandidaten und seiner Partei wurde. Die Botschaft war eindeutig: Roosevelts Strategie ein Feldzug des Optimismus, des Glaubens an sich selbst und an Amerika. Es würde noch viele Jahre dauern, bis tatsächlich für die meisten amerikanischen Familien wieder *happy days* angesagt waren, doch der psychologische Effekt der symbolträchtigen Intonierung war schon im Sommer 1932 beträchtlich.

Das spannende Geschehen auf dem Wahlparteitag wurde von Amerikanern in allen Teilen des Landes live mitverfolgt: Nicht weniger als 158 Radiostationen berichteten fast ununterbrochen aus dem Chicago Stadium. Im vierten Wahlgang erhielt Roosevelt 945 Stimmen und war damit der Kandidat der Demokratischen Partei gegen Amtsinhaber Herbert Hoover. Sein Vizepräsidentschaftskandidat wurde der Texaner John Nance Garner. Roosevelt brach mit der Tradition und machte sich auf den Weg nach Chicago, um die Nominierung persönlich entgegenzunehmen – was bis dahin nicht üblich war. Auch die Wahl des Fortbewegungsmittels war ein Novum: Als erster Kandidat vertraute er sich einem Flugzeug an, das ihn in neun Stunden und mit zwei Zwischenlandungen zum Auftanken nach Chicago brachte. Den Delegierten zu zeigen, dass seine Behinderung ihn in seiner Mobilität und vor allem in seiner Entschlossenheit nicht im Mindesten einschränkte, war zweifellos ein wichtiges Motiv Roosevelts für diesen ungewöhnlichen Schritt. Sein Auftritt auf der Convention fand zur besten (Radio-)Sendezeit statt. Mit kräftiger Stimme verkündete er seine Grundüberzeugung, dass Programme der Regierung notwendig seien, um den Menschen wieder Arbeit zu verschaffen. Ein neues Zeitalter würde beginnen und Roosevelt wählte für diese im Falle seiner Wahl heraufdämmernde Ära einen Begriff aus der Pokersprache: «Ich verspreche einen New Deal für das amerikanische Volk.»[3]

Hoover und die Republikaner führten zunächst einen uninspirierten Wahlkampf, was auch an der weit verbreiteten Unterschätzung des Gegners lag. Hoover hatte darauf gehofft, dass die Demokraten Roosevelt nominieren würden; er hielt den Gouverneur für den leichtesten der möglichen Gegner. Als Hoover sich schließlich doch auf eine Wahlkampfreise begab, erklärte er seiner Frau niedergeschlagen: «Lou, ich weiß nicht, ob ich diesen Trip überstehend werde. Ich habe Grund zum Zweifel, dass ich das überlebe.»[4] Hoover, der ungeachtet solch düsterer Prognosen einer der langlebigsten Ex-Präsidenten werden sollte (er starb 1964 im Alter von 90 Jahren), wirkte verbraucht, sein Herausforderer hingegen strahlte eine geradezu ansteckende Vitalität aus. Dass Roosevelt dies gelang, lag auch an einer aus heutiger Sicht kaum glaublichen Rücksichtnahme der Presse. Kein Fotojournalist drückte auf den Auslöser, wenn Helfer den gelähmten Mann aus dem Auto hoben, wenn er sich mühsam auf einen seiner Söhne gestützt vorwärtsbewegte und auch nicht, als er einmal hilflos von einem Podium stürzte. Aus der ganzen politischen Laufbahn Roosevelts inklusive seiner zwölf Jahre im Weißen Haus sind weniger als ein halbes Dutzend Fotos erhalten, die ihn im Rollstuhl zeigen. Mit seinem Sonderzug, dem «Roosevelt Special», fuhr der Kandidat durch den weiten Westen des Landes. Meist stand er bereits beim Einlaufen des Zuges auf der Plattform des letzten Wagens, wo er sich mit seinen kräftigen Armen an einer Stange festhielt, während ihm seine unter dem Anzug getragene Stützkonstruktion einen recht labilen Halt gab. Die Menschen, die sich auf dem Bahnhof versammelten, sahen keinen Hinweis auf eine Behinderung des Kandidaten. Da er seine Hände nicht frei bewegen konnte, unterstrich er seine Reden mit anderen Gesten. Typisch für ihn wurde das Zurückwerfen des überdimensional großen Kopfes, das Entschlossenheit ausdrückende Vorrecken des Kinns, das in seiner Wirkung unterstrichen wurde durch den Zigarettenhalter, ein Markenzeichen Roosevelts. Selbst in Regionen, die traditionell republikanisch waren und in denen die Menge an den Bahngleisen erkennbar unter Armut und Entbehrung litt, schlug dem Sohn einer reichen Hudson-Valley-Familie keine Feindseligkeit entgegen.

Im ganzen Land saßen die Menschen am 8. November 1932 vor den Radiogeräten und nahmen zum ersten Mal in sehr direkter Weise an den Auszählungen teil. Sie wurden Ohrenzeugen eines Erdrutschsieges Roosevelts, der einer persönlichen Demütigung Hoovers gleichkam. Roosevelt erhielt 22,8 Millionen Stimmen, der Amtsinhaber lag mit 15,7 Millionen Stimmen deutlich zurück. Hoover konnte nur die Staaten Vermont, New Hampshire, Connecticut, Delaware und Pennsylvania (der einzige größere in diesem Quintett) gewinnen, sodass es im Wahlmännerkollegium 472 zu 59 hieß. Das System funktionierte: Ein vom Volk als unfähig eingeschätzter Präsident wurde in aller Deutlichkeit aus dem Weißen Haus gejagt. Hoover brachte es erst um 2 Uhr morgens über sich, ein Glückwunschtelegramm an Roosevelt abzuschicken. Seine Niederlage verwand Hoover nie. Die gemeinsame Fahrt zu Roosevelts Vereidigung am 4. März 1933 in einer offenen Kutsche wurde in ihrer Sprachlosigkeit zwischen dem scheidenden und dem neuen Präsidenten eine der menschlich kühlsten der Geschichte.

Beinahe hätte die Roosevelt-Ära, eine mit der Überwindung der Depression und der Teilnahme am Zweiten Weltkrieg wichtigsten Epochen der amerikanischen Geschichte, nicht stattgefunden. Als Franklin D. Roosevelt am Abend des 15. Februar 1932, drei Wochen vor seiner Amtseinführung, von einem Erholungsurlaub auf der Jacht eines befreundeten Industriellen zurückkommend, in Miami an Land ging, wartete eine Menge von etwa 20.000 Menschen im Bayfront Park auf ihn. Roosevelt hielt eine kurze Rede aus einem offenen Wagen heraus. Der Bürgermeister von Chicago, der tschechischstämmige Anton Cermak, der auf der Convention in seiner Stadt zu den Roosevelt-Gegnern gehört hatte, war um eine Klimaverbesserung zum künftigen Präsidenten bemüht und ging auf das Cabriolet zu, um noch ein paar Worte mit Roosevelt zu wechseln. In diesem Moment zog ein junger italienischer Immigrant, Giuseppe Zangara, einen Revolver und begann zu schießen. Eine neben ihm stehende Frau griff Zangaras Arm, so dass seine Kugeln Roosevelt verfehlten. Cermak allerdings wurde in die Lunge getroffen. Kaltblütig lehnte Roosevelt das Ansinnen des Secret Service ab, ihn aus der Gefahrenzone zu bringen. Vielmehr ließ er die Motorkolonne ins nächste Krankenhaus fahren, während er den verletzten Cermak in seinen Armen hielt. Der Bürgermeister starb am 6. März, sein Mörder wurde in jenem Zeitalter schnell arbeitender Gerichte bereits 33 Tage nach dem Anschlag hingerichtet.

Roosevelt trat sein Amt am 4. März 1933 an. In seiner denkwürdigen Ansprache anlässlich seiner Vereidigung beschwor der neue Präsident seine Landsleute: *The only thing we have to fear is fear itself.* Das Zeitalter des New Deal, des aktiven Eingreifens des Staates in das soziale und wirtschaftliche Leben Amerikas, begann.

Attentate – eine Kugel gegen das Wählervotum

Der Anschlag auf *president-elect* (die Bezeichnung für einen gewählten, aber noch nicht vereidigten Präsidenten) Franklin D. Roosevelt in Miami hätte eine der entscheidendsten Präsidentschaften der USA verhindert, bevor sie überhaupt angefangen hatte: die Jahre des New Deal, die Führungsrolle der USA unter Roosevelt im Zweiten Weltkrieg von Pearl Harbor bis Jalta. Es war weder der erste noch der letzte Anschlag auf einen Präsidenten, wiederholt hat in der amerikanischen Geschichte eine Mordtat das Wählervotum zunichtegemacht. Verschiedentlich ist auch der Präsident, wie Roosevelt 1932, nur knapp einem Attentat entkommen.

Abraham Lincoln war der erste Präsident, der einem Mordanschlag zum Opfer fiel. Er hatte erst einen Monat seiner zweiten Amtszeit hinter sich gebracht und es bleibt Spekulation, ob unter diesem großen Staatsmann die Aussöhnung zwischen Nord und Süd schneller und weniger schmerzhaft vonstattengegangen wäre. Und ob die neuen Rechte der farbigen Amerikaner im Süden so schnell wieder zunichtegemacht worden wären. Auch James Garfield und James McKinley hatten nur wenige Monate ihrer Amtszeit – der ersten im Falle Garfields (1881), der zweiten bei McKinley (1901) – hinter sich, als sie von den tödlichen Kugeln getroffen wurden. Präsident Kennedy starb bei einem bis heute geheimnisumwitterten Attentat nach ziemlich genau eintausend Tagen im Amt. Die Kugel, die Ronald Reagans Herz um wenige Zentimeter verfehlte, wurde abgefeuert, als er erst gut zwei Monate das Land regierte. Viel Glück hatte Gerald Ford: Im Abstand von nur 17 Tagen versuchten zwei weibliche Attentäter (unabhängig voneinander) im September 1975 den 35. US-Präsidenten zu erschießen, beide Male in Kalifornien. Lynette Fromme aus dem Umfeld des Sektenführers und Mörders Charles Manson hatte ihre halbautomatische Waffe nicht richtig geladen, sodass sich bei Fords Besuch in Sacramento kein Schuss löste. Sara Jane Moore feuerte bei Fords Aufenthalt in San Francisco und traf dabei einen Unbeteiligten. Ungeachtet solcher dramatischen Vorkommnisse: Gerald Ford wurde einer der langlebigsten aller Präsidenten, er starb im Alter von 93 Jahren am zweiten Weihnachtstag 2006. Übertroffen wurde er in dieser Hinsicht von dem Politiker, der ihn durch seinen Wahlsieg 1976 aus dem Amt vertrieb: Jimmy Carter, der noch sein hundertstes Lebensjahr (wenngleich in stark eingeschränkter Verfassung) erleben sollte.

11. Die Ausnahme: Ein Präsident wird zum dritten und zum vierten Mal gewählt

1940: Franklin D. Roosevelt vs. Wendell Willkie
1944: Franklin D. Roosevelt vs. Thomas Dewey

Es war ein ungeschriebenes Gesetz: Seitdem der hochverehrte George Washington 1796 nach acht Jahren im praktisch auf seine Person maßgeschneiderten Amt des Präsidenten eine neuerliche Kandidatur abgelehnt hatte, war kein amtierender Präsident ein drittes Mal angetreten. Dies gilt bei genauer Betrachtung auch für Theodore Roosevelt, der sich 1912 noch einmal zur Wahl stellte – für die von ihm gegründete Progressive Party –, obwohl er fast acht Jahre lang Präsident gewesen war. Die Betonung muss auf «fast» liegen: Als Roosevelt 1901 ins Weiße Haus einzog, war das zunächst nicht in *his own right*. Er musste vielmehr die nur wenige Monate währende Amtszeit des ermordeten William McKinley vollenden. Erst 1904 war «Teddy» Roosevelt selbst die Nummer eins auf dem Ticket. 1912 schließlich schaffte er es nicht, wenngleich sein Abschneiden das beste eines Kandidaten einer *third party*, einer anderen Partei neben den Republikanern und den Demokraten, wurde, seit es diese Dominanz der beiden großen Parteien gibt. Es blieb seinem entfernten Verwandten Franklin D. Roosevelt vorbehalten, mit mehr als zwei Amtszeiten ein Novum in der amerikanischen Präsidentschaftsgeschichte zu sein – und ein Unikum.

«FDR» war 1936 mit überzeugender Mehrheit für eine zweite Amtszeit gewählt worden. Der New Deal, die massiven staatlichen Maßnahmen zur Überwindung der Großem Depression, zeigten Wirkung, auch wenn die Prosperität der 1920er-Jahre bei Weitem nicht erreicht werden konnte und die Arbeitslosenzahlen nur langsam sanken (oder durch mehr oder weniger sinnvolle Beschäftigungsprogramme der Regierung kaschiert wurden). Der New Deal als Aufbruch in die wirtschaftliche Gesundung und die soziale Sicherung wurde in der zweiten Amtszeit Roosevelts allmählich in den Hintergrund gedrängt. Ab spätestens 1938 diktierten mehr und mehr außenpolitische Entwicklungen wie der japanische Expansionsdrang und das Erstarken des Nationalsozialismus die Agenda der Roosevelt-Administration. Es war eine Welt in Flammen, von deren Erschütterungen das tägliche Leben in Amerika weitgehend frei schien, als 1940 begann.

Dieses Wahljahr war von heftigen Auseinandersetzungen über den außenpolitischen Kurs der USA geprägt. Die Regierung Roosevelt unterstützte Großbritannien, das nach der Niederlage Frankreichs im Juni 1940 allein gegen die scheinbar unaufhaltsame Kriegsmaschine der Nazis stand. Es kam zu Hilfeleistungen, die gerade noch mit dem Status eines Neutralen vereinbar waren, wie die Abgabe von 50 Zerstörern (älteren Baujahrs) im Tausch gegen die Rechte der Nutzung britischer Militärbasen auf Neufundland und in der Karibik. Ein breites Segment der öffentlichen Meinung indes vertrat den Standpunkt, dass die USA sich aus dem europäischen Konflikt heraushalten sollten. Diese «Isolationisten», die den «Internationalisten» vorwarfen, das Land gezielt in den Krieg zu steuern, hatten ihren bekanntesten Sprecher in dem Flugpionier Charles Lindbergh. Lindbergh wandte sich bei öffentlichen Auftritten, die teilweise Zehntausende von Zuhörern anlockten, in immer schärferer Tonlage gegen die Politik Roosevelts. Die Kampagne der von Lindbergh angeführten Organisation «America First» wurde im darauffolgenden Jahr, nach des Präsidenten Wiederwahl, noch intensiver. Der japanische Angriff auf Pearl Harbor am 7. Dezember 1941 machte «America First» obsolet. Von Roosevelt und seinen Parteigängern wurde Lindbergh als «Nazi» beschimpft – ein Umgang mit Andersdenkenden, der heute in gewissen westlichen Demokratien nicht gerade ungewöhnlich ist.

Bis weit in den Sommer 1940 hinein hielt Roosevelt in der Kandidatenfrage sich zurück, was Vergleiche mit der Sphinx geradezu herausforderte. Sein Vizepräsident Garner allerdings warf, nach einer Abmagerungskur und dem Verzicht auf alkoholische Getränke, im Dezember 1939 seinen Hut in den Ring. Die Hoffnungen des 71-Jährigen auf die Präsidentschaft wurden allerdings schon im April 1940 zerstört, als Roosevelt, der kein offizieller Kandidat war, die Vorwahl in Illinois haushoch gewann. Als am 15. Juli 1940 die demokratische Convention, abermals im Chicago Stadium, begann, ließ Roosevelt sibyllinische Botschaften aus dem Weißen Haus verlauten. Er habe keinen Wunsch, ein Kandidat zu sein, und die Delegierten sollten sich frei fühlen, einen Kandidaten nach ihrem Geschmack zu ernennen. Gegenüber seiner Sekretärin Missy LeHand verwies er auf höhere Instanzen, als er weissagte, Gott werde einen Kandidaten finden.

Das Schauspiel, um nicht zu sagen: der Zirkus, der sich dann im Chicago Stadium abspielte, war zweifellos eine der am geschmacklosesten vorinszenierten Willensbekundungen in der Geschichte amerikanischer Parteitage. In Chicago kam es zu einem «spontanen» Ausdruck des vermeintlichen Volkswillens, zumindest aber der von vornherein feststehenden Präferenz des Parteivolks. Aus einer nicht einsehbaren Kabine im Keller des Stadions initiierte ein Mann mit einem höchst passenden Amt, der Superintendent der Abwasser-Behörde von Chicago, per Lautsprecher eine Art gut orchestrierter Massenhysterie. Er intonierte: *We want Roosevelt! The party wants Roosevelt! The world needs Roosevelt!* Für die nächsten 45 Minuten, nach einer anderen Zählung für die nächsten 53 Minuten tobte sich das Parteivolk mit *Roosevelt! Roosevelt! Roosevelt!*-Sprechchören, Paraden und ekstatischem Getrampel auf dem Hallenboden aus. Natürlich spielte der Stadionorganist dazu *Happy days are here again* auf seinem Instrument.

Am nächsten Morgen kamen die Delegierten erneut zusammen und wählten mit überzeugender Mehrheit Franklin D. Roosevelt zum Kandidaten für eine dritte Amtszeit. Es war ein in der Geschichte der amerikanischen Demokratie unerhörter Vorgang. Auch von einigen der den Demokraten zuneigenden Medien waren Zweifel an der Weisheit der erneuten Kandidatur zu hören, *No man is good enough three times* wurde der leicht doppeldeutige Slogan der Kritiker. Für Dissonanzen auf dem Jubel-Parteitag sorgte die Wahl des zweiten Mannes auf dem Ticket. Garner war nach seiner kurzzeitigen eigenen Kandidatur als neuerlicher Kandidat für die Vizepräsidentschaft aus dem Rennen. Das geschah durchaus zu des Texaners Zufriedenheit, der das Amt mit seiner geringen politischen Gestaltungsmöglichkeit wenig attraktiv fand. Die Vizepräsidentschaft, so ließ Garner verlauten, sei nicht einen Eimer warmer Spucke wert. So stand es zumindest in den Zeitungen zu lesen, doch kann davon ausgegangen werden, dass Garner statt *spit* ein ähnlich klingendes Wort benutzt hatte. Roosevelts Wunschkandidat war Landwirtschaftsminister Henry Wallace, der als Linksaußen der Partei den gemäßigteren unter den Delegierten wenig angenehm war; außerdem war Wallace als miserabler Wahlkämpfer bekannt. Die Nennung seines Namens löste ein Buh- und Pfeifkonzert aus, doch Roosevelt ließ durchdringen, dass er bei einer Ablehnung von Wallace nicht erneut kandidieren würde. Diesem «Argument» mochten sich die Delegierten nicht verschließen. Wallace, ein Verehrer der Sowjetunion, wurde der wenig geliebte Vizepräsidentschaftskandidat der Partei.

Wie dünn die Personaldecke der in der Opposition machtlos gewordenen Republikaner war, zeigte sich auf dem Parteitag. Nachdem eine Zeitlang von einem Hoover-Lindbergh-Ticket gemunkelt wurde, entschied sich die Partei für Wendell Willkie aus Indiana. Willkie saß im Vorstand eines Elektrizitätsunternehmens und war zu Beginn von Roosevelts Präsidentschaft noch Demokrat gewesen. Ein intelligenter, persönlich angenehmer Mann, der zunächst von Roosevelt und seiner Partei unterschätzt wurde, erwies Willkie, der Politneuling, sich als effektiver Wahlkämpfer. Im Laufe des Wahlkampfes legte er fast 50.000 Kilometer zurück und hielt 540 Reden in 34 Bundesstaaten. Dass er bei seinen Auftritten auf große öffentliche Resonanz – vor allem mit seiner Warnung vor der «Kriegstreiberei» der Roosevelt-Administration – stieß und sich sogar der Unterstützung einiger Gewerkschaftsbosse, normalerweise die Treuesten der Treuen in der «New-Deal-Koalition», versichern konnte, ließ im Weißen Haus die Alarmglocken schrillen. Wie kaum anders zu erwarten, setzte es Schläge unter Willkies Gürtellinie und jene niederträchtige Insinuation, auf die jeder Kritiker der probritischen Außenpolitik Roosevelts sich gefasst machen konnte. «Millionen von Amerikanern», so behauptete Vizepräsidentschaftskandidat Wallace, «kennen aus eigener Erfahrung das Ausmaß der Nazi-Propaganda und der Nazi-Methoden zugunsten der Wahl des republikanischen Kandidaten. Regimenter von Nazi-Organisationen marschieren in der republikanischen Parade mit.»[1] Der Slogan *A vote for Willkie is a vote for Hitler* war angesichts der durchaus den Alliierten zugeneigten Haltung und des nie für Diktaturen Sympathien äußernden republikanischen Kandidaten eine Unverschämtheit, geboren aus der Sorge vor einem Abschied von der Macht, der Gegenslogan der Republikaner *A vote for Roosevelt is a vote for war* wird zumindest nicht unbedingt durch die Tatsache entkräftet, dass am Ende jenes Jahres, das die dritte Vereidigung Roosevelts sah, sich die USA im Kriegszustand befanden. Wendell Willkies Vorhersage «Wenn Sie ihn wiederwählen, können Sie Krieg im April 1941 erwarten»[2] lag nur acht Monate daneben.

Roosevelt sah sich in den letzten Tagen des Wahlkampfes gezwungen, den Gedanken an einen Kriegseintritt weit von sich zu weisen. Ein Schelm, wer bei seiner sich stetig wiederholenden Formulierung *foreign war* Böses dachte. Würden die USA angegriffen oder durch einen Zwischenfall ins Kriegsgeschehen hineingezogen, wäre der Konflikt kein «fremder Krieg» mehr, sondern ein amerikanisches Anliegen geworden. Der Präsident spürte indes, dass bei allen Sympathien, die die Mehrheit der Amerikaner den Briten entgegenbrachten, und bei all ihrer Ablehnung des Hitler-Regimes der Gedanke, eigene Familienmitglieder – *loved ones* in der Sprache eines späteren Kriegspräsidenten, George W. Bushs – nach Übersee zu schicken, etwas Furchteinflößendes hatte. In einer Großkundgebung in Boston am 30. Oktober ließ er wieder die Hintertür offen, als er beteuerte: «Wir werden nicht an fremden Kriegen teilnehmen, wir werden unsere Armee, unsere See- und Luftstreitkräfte nicht in Länder außerhalb des amerikanischen Kontinents senden; es sei denn, wir werden angegriffen.» Überall im Lande konnten die Menschen an den Radiogeräten des Präsidenten Versprechen hören: «Ich habe es zuvor gesagt und ich sage es wieder und wieder und wieder: Ihre Jungs werden nicht in irgendwelche fremden Kriege geschickt!»[3]

Roosevelts Sieg war deutlich, im Vergleich zu 1936 indes hatte er eingebüßt. Sein Stimmenanteil war von 60,8 Prozent auf 54,8 Prozent zurückgegangen. Im Wahlmännerkollegium war Roosevelts Vorsprung dennoch beeindruckend: 449 zu 82. Am 20. Januar 1941 wurde zum ersten Mal ein Präsident für eine dritte Amtszeit vereidigt. Es war eine Inauguration, die sich auch sonst stark von allen vorhergegangenen unterschied. Uniformen dominierten das Geschehen; Roosevelt stützte sich auf einen Offizier des Marine Corps, sein Sohn James, der diese Aufgabe meist bei öffentlichen Auftritten übernommen hatte, war wie Hunderttausende anderer junger Männer in die Armee einberufen wurde. Die Parade vom Capitol zum Weißen Haus, sonst ein wenig an eine Folklore-Show erinnernd, stand gleichfalls im Zeichen des Militärs: Panzer rollten die Pennsylvania Avenue hinab, während über 300 Militärflugzeuge in enger Formation über Washington hinwegzogen.

Vier Jahre später neigte sich der große Weltenbrand seiner Entscheidung entgegen. Im Sommer 1944 setzten die amerikanischen See- und Luftstreitkräfte zu der entscheidenden Offensive gegen das stetig zurückgedrängte japanische Kaiserreich an; General MacArthur machte sich mit der Landung auf den Philippinen daran, sein fast drei Jahre zuvor gegebenes Versprechen *I shall return!* wahr werden zu lassen. Auf dem anderen Kriegsschauplatz, in Europa, hatten die Alliierten unter dem Kommando von General Dwight D. Eisenhower (den die Amerikaner acht Jahre später zum 34. Präsidenten wählen würden) das größte amphibische Unternehmen der Geschichte durchgeführt und mit der Landung in der Normandie die Befreiung Europas von der Nazityrannei begonnen. Es konnte kein Zweifel daran bestehen, dass der Präsident sich für eine vierte Amtszeit zur Verfügung stellen würde.

Die Republikaner nominierten auf der Höhe dieses epochalen Konfliktes merkwürdigerweise einen der jüngsten Kandidaten für das hohe Amt und einen außenpolitisch praktisch unerfahrenen Mann. Es war der Gouverneur des Staates New York (in diesem Amt einer der Nachfolger von Franklin D. Roosevelt), Thomas Dewey – er war erst 42 Jahre alt. Im Wahlkampf von 1944 konnte nur eine Strategie Erfolg verheißen: Dewey musste sich als neue Kraft darstellen, als ein Staatsmann mit Zukunft. Genau diesen Weg schlug der Gouverneur ein, als er davon sprach, die «müden alten Männer» der Roosevelt-Administration aufs politische Altenteil zu schicken.

Dewey hatte keine Ahnung, wie müde Roosevelt wirklich war. Der körperliche und teilweise auch geistige Verfall des Präsidenten war für seine engere Umgebung erschreckend. Vor der Öffentlichkeit suchte man den Zustand geheim zu halten. Die Ansprache zur Lage der Nation am 11. Januar 1944 war die erste, die er nicht vor dem Kongress verlas, sondern die im Rundfunk aus dem Weißen Haus übertragen wurde. Als Erklärung dafür, dass sich der Präsident nicht auf den Capitol-Hügel begeben hatte, wurde eine Grippe angeführt. Die offiziellen Schönredereien standen ganz in der Tradition der Irreführung der amerikanischen Öffentlichkeit, die nach Präsident Wilsons Schlaganfall 1919 stattgefunden hatte. Der junge Marinearzt Dr. Howard Bruenn, der 1944 zu Roosevelts ärztlichem Stab stieß, wusste die Wahrheit: Roosevelt litt an massivem Bluthochdruck und an zunehmender Herzinsuffizienz. Dem Neuankömmling wurde klargemacht, was von ihm erwartet wurde: «Ich wurde gewarnt, dass ich meinen Mund halten sollte, weil unnötiges Wissen nicht verbreitet werden sollte.»[4]

Roosevelt ließ seine Partei am 10. Juli 1944 wissen, dass er sich nicht verschließen würden, wenn man ihn noch einmal aufstellen wollte. Die Demokraten zögerten nicht, nahmen jedoch eine Veränderung am Ticket vor. Statt des weithin unbeliebten Vizepräsidenten Wallace setzten sie den relativ unbekannten Senator aus Missouri, Harry Truman, als *running mate* ein. Der Präsident hatte in dieser Frage keine Präferenz erkennen lassen. Mit seinem künftigen Vizepräsidenten führte Roosevelt nur wenige belanglose Gespräche; ihn in Staatsgeheimnisse einzuweihen wie den Bau der Atombombe, deren Einsatz Truman im August 1945 befehlen würde, hielt Roosevelt offenbar nicht für nötig.

Die Gesundheit des Präsidenten wurde trotz aller gegenteiligen Bemühungen des Weißen Hauses ein Wahlkampfthema, in der Presse wurde immer wieder das erschreckend schlechte Aussehen des Präsidenten diskutiert. Die *Daily Tribune* wies darauf hin, dass vielleicht der *running mate* wie niemals zuvor bei der Wahlentscheidung bedacht werden sollte:

> «Mr. Roosevelts Gesundheit ist für viele ein Thema, die ihn jüngst gesehen oder seine Stimme gehört haben. Mr. Truman sieht sich als geeignet für die Präsidentschaft an. Wichtig ist: Tun dies auch seine Landsleute? Denn eine Stimme für eine vierte Amtszeit kann genauso gut eine Stimme für Trumans erste Amtszeit sein.»[5]

Roosevelt mobilisierte noch einmal alle Kräfte und trat als engagierter Wahlkämpfer auf, auch wenn gelegentlich seine Reden inkohärent wirkten. Um Gerüchte über seinen Gesundheitszustand zu zerstreuen, fuhr er im Oktober fünf Stunden lang in strömendem Regen durch New York, um die Hände durchnässter und durchgefrorener Bürger am Straßenrand zu schütteln. Die Taktik ging auf. Roosevelt gewann auch seine vierte Präsidentschaftswahl. Bei seiner Amtseinführung konnte sich kaum einer der Zuschauer des Eindrucks erwehren, einen Todgeweihten zu sehen. Nur knapp vier Monate später, am 12. April 1945, erlag der Präsident auf seinem Landsitz Warm Springs in Georgia einer Hirnblutung. Der neue Präsident Harry Truman erklärte, er habe das Gefühl, der Himmel stürze über ihm ein. Der Mann aus Missouri würde Amerika aus dem Zweiten Weltkrieg in die Kalten Krieg führen müssen.

Der 22. Verfassungszusatz setzt ein Limit, der 25. macht einen neuen VP möglich

Beim für viele Menschen in den USA überraschenden Tod Franklin Delano Roosevelts am 12. April 1945 (das engere Umfeld des Präsidenten hatte seinen gesundheitlichen Verfall freilich schon seit Längerem bemerkt) war die Bestürzung groß; auch auf Seiten seiner politischen Gegner. FDR gilt auch heute weithin als ein «großer» Präsident. Und dennoch: Die Erinnerung an den im Amt verstorbenen Präsidenten war noch frisch, als der Kongress einen Verfassungszusatz beschloss, der genau jene politische Vita, die Roosevelt zu einer Ausnahmeerscheinung unter Amerikas Präsidenten macht, künftig verhindern sollte: einen Präsidenten mit einer dritten oder gar vierten Amtszeit. Selbst Demokraten waren bereit, eine Wiederholung grundsätzlich auszuschließen.

Der von den Republikanern dominierte Kongress des Jahres 1947 formulierte einen Verfassungszusatz, das 22. *amendment*, in dem eindeutig festgelegt ist, dass kein Präsident, der zwei Amtszeiten hinter sich hat, erneut wählbar ist. Die Regelung betrifft auch den Vizepräsidenten. Folgt er dem Amtsinhaber nach, wenn dieser noch keine zwei Jahre im Amt vollendet hat, wäre er nur noch einmal wählbar. In Originial heißt es: «No person shall be elected to the office of the President more than twice, and no person who has held the office of President, or acted as President, for more than two years of a term to which some other person was elected President shall be elected to the office of the President more than once.» Mit der Ratifizierung durch zwei Drittel der Bundesstaaten trat der Verfassungszusatz im Februar 1951 in Kraft.

Eine weitere relevante Neuerung stellt der 25. Verfassunungszusatz dar. Er entscheidet über das Vorgehen, wenn das Amt des Vizepräsidenten oder der Vizepräsidentin unbesetzt ist, wenn dort eine *vacancy* vorliegt. Dies kann der Fall sein, wenn

- der Vizepräsident im Amt stirbt,
- wenn der Vizepräsident zurücktreten muss und vor allem
- wenn der Vizepräsident aufgrund des Todes, des Rücktritts oder der Amtsunfähigkeit des Präsidenten selbst in dieses Amt aufsteigt.

Aus heutiger Sicht erstaunlich: Über fast zwei Jahrhunderte blieb das zweithöchste Staatsamt in einem solchen Fall bis zur nächsten Wahl unbesetzt. Zuletzt geschah dies nach der Ermordung John F. Kennedys. Der neue, der 36. Präsident Lyndon B. Johnson blieb von jenem tragischen 22. November 1963 bis zu seiner erneuten Vereidigung nach seinem Wahlsieg im November 1964 ohne einen Vizepräsidenten. Erst dann, im Januar 1965, wurde das Amt durch den mit Johnson auf dem Ticket der Demokratischen Partei stehenden Hubert Humphrey wieder besetzt. Es war bereits das 17. Mal in der amerikanischen Geschichte, dass das Vizepräsidentenamt für eine gewisse Zeit (bis zur nächsten Wahl) unbesetzt gewesen war – zählt man diese Perioden zusammen, kommt man auf 37 vizepräsidentenfreien Jahre seit 1789. Mit dem im Februar 1967 in Kraft getretenen 25. Verfassungszusatz wird geregelt, dass in einem solchen Fall der Präsident einen Vizepräsidenten ernennt und dieser von beiden Häusern des Kongresses jeweils mit Mehrheit bestätigt werden muss. Dies ist danach einmal notwendig geworden: beim Rücktritt von Vizepräsident Spiro Agnew 1973. Präsident Richard Nixon ernannte den über die Parteigrenzen hoch angesehenen Führer der Republikaner im Repräsentantenhaus, Gerald Ford aus Michigan, zu seinem neuen Vizepräsidenten. Im Jahr darauf folgte dieser Nixon im Weißen Haus nach, als der Kalifornier wegen der Watergate-Affäre zurücktreten musste.

12. Erdrutschsieg und Watergate

1968: Richard Nixon vs. Hubert Humphrey
1972: Richard Nixon vs. George McGovern

In Europa wie in den USA weckt die Zahl «1968» Assoziationen und – bei jenen, die es miterlebt haben – Erinnerungen an ein Jahr des Aufruhrs und des Aufbruchs, der Rebellion und der Befreiung. Wie man diese ereignisreichen, teilweise erschütternden zwölf Monate historisch einordnet, hängt vom individuellen politischen Standpunkt ab: als das Hinwegfegen von verkrusteten Strukturen oder als konzertierten Angriff auf traditionelle Werte in Staat und Gesellschaft, als Beginn eines «Marsches durch die Institutionen», dessen Folgen heute vielleicht mehr denn je spürbar sind.

In den USA wurde das Jahr von vielen als eine Abfolge von Katastrophen empfunden, die in ihrer Gesamtheit streckenweise gar den Fortbestand der politischen Ordnung infrage zu stellen schienen. Der ferne Krieg in Vietnam brach endgültig in Amerikas Wohnzimmer ein und wurde in gewisser Weise dort entschieden: als die Tet-Offensive der Vietcong in Südvietnam im Januar 1968 die Amerikaner und ihre Verbündeten überraschte und die von den Militärs bis dahin verlautbarten Prognosen eines baldigen erfolgreichen Abschlusses des Krieges («Licht am Ende des Tunnels») in den abendlichen Nachrichtensendungen ad absurdum geführt wurde. Die kommunistische Offensive endete nach mehreren Wochen in einem militärischen Debakel, das jedoch durch einen psychologischen Sieg in der Heimat des kapitalistischen Feindes mehr als wettgemacht wurde. Die amerikanische Öffentlichkeit sah in Vietnam keine Chance auf einen (von Militärs wie Politikern nie eindeutig definierten) Sieg, die Kriegsmüdigkeit und die Suche nach Wegen, sich möglichst ehrenhaft aus dem Konflikt zurückzuziehen, wurde zu einem der zentralen Themen im Wahlkampf von 1968. Fast noch erschütternder als das tägliche Sterben in Südostasien war die Gewalt daheim, die Amerika zwei seiner profiliertesten Staatsmänner entriss: Im Abstand von zwei Monaten fielen sowohl der Bürgerrechtler und Friedensnobelpreisträger Martin Luther King als auch Senator

Robert Kennedy, Präsidentschaftskandidat und Bruder des ermordeten John F. Kennedy, den Kugeln von Attentätern zum Opfer. Dass die Regierungspartei, die Demokraten, einen Parteitag abhielten, der wegen seiner Begleitumstände ein weiteres Trauma für die Nation war, stellte eine zusätzliche Facette eines Jahres dar, von dem ein britischer Korrespondent in New York kurz vor Silvester 1967 prophezeit hatte, dass es eines der schlimmsten seit Menschengedenken sein werde.

Unter diesen Umständen fand 1968 eine Präsidentschaftswahl statt, die alles andere als normal war. Der Historiker Lewis L. Gould fasste ein Vierteljahrhundert später die Tragweite dieser Wählerentscheidung zusammen: «Die Präsidentschaftswahl von 1968 wurde zu einem Wettkampf, bei dem die Leidenschaften und die Gewalt der Gesellschaft in die Arena der Politik wie eine Sturzwelle hineindrangen. Attentate, innerstädtische Unruhen und ein Krieg brachten eine ungeahnte Explosivität in die nationale Politik.»[1] Kurz vor Beginn des schicksalhaften Jahres hatte ein führender Funktionär der Demokratischen Partei, Lawrence F. O'Brien, der im Kabinett von Präsident Lyndon B. Johnson das Amt des Postministers bekleidete, eine Lageanalyse verfasst und dem Präsidenten die düstere Quintessenz mitgeteilt: «Die Demokratische Partei hat mehr oder weniger den Kontakt zu den Wählern verloren.»[2] Diese Erkenntnis war umso schockierender, da es noch bei der letzten Wahl ausgesehen hatte, als würde die Partei von Franklin D. Roosevelt, Harry Truman und John F. Kennedy das politische Geschehen in Amerika auf unabsehbare Zeit bestimmen, als sei den Konkurrenten, den Republikanern, der Abstieg zu einer politischen Marginalie schicksalhaft vorbestimmt. Doch in das Wahljahr 1968 gingen die Demokraten nicht zuletzt dank der öffentlichen Debatte dominierenden Themen Vietnam und innerstädtische Gewalt angeschlagen. Eine Schockwelle ging durch die Nation und vor allem durch die Partei, als Präsident Lyndon B. Johnson am 30. März verkündete, nicht erneut kandidieren zu wollen – was er nach dem 22. Verfassungszusatz hätte tun können, da er nur den kleineren Teil der Amtszeit des ermordeten John F. Kennedy ausgefüllt hatte. Gut zwei Monate später verloren die Demokraten – und mit ihnen das Land – den charismatischen Robert Kennedy.

Und dann hielten die Demokraten einen Parteitag ab, der selbst überzeugte Stammwähler schockierte. In den Straßen Chicagos hatten sich Tausende von Demonstranten versammelt, die vor allem gegen den Vietnamkrieg protestieren wollten. Die Polizei, für die letztlich der in der Demokratischen

Partei höchst einflussreiche Bürgermeister von Chicago, Richard Daley, verantwortlich war, ging mit äußerster Brutalität gegen die «Hippies» und andere Vertreter der Gegenkultur vor. Junge Leute wurden vor laufender Kamera mit Knüppeln zusammengeschlagen, Blutlachen auf dem Asphalt der North Michigan Avenue wurden von Pressefotografen abgelichtet. Wiederholt wurde der Parteitag unterbrochen, weil Delegierte auf den Fernsehschirmen die Bilder der Gewalt sahen, von Standorten übertragen, die nur wenige hundert Meter vom Parteitagsgebäude entfernt waren. Verschiedentlich, so erinnerten sich Teilnehmer, sei in dem von Sicherheitskräften wie eine Festung abgeriegelten Kongressgebäude gar der Geruch des Tränengases zu spüren gewesen, das die Polizei von Chicago kanisterweise einsetzte. Der Eindruck auf die Menschen vor den Fernsehschirmen war verheerend: Gewalt und Anarchie schienen unvermeidbare Begleiter der Demokratischen Partei und ihrer Politik zu sein. Der honorige, aber weitgehend charismafreie Senator Hubert Humphrey wurde erwartungsgemäß zum Präsidentschaftskandidaten nominiert – doch das war längst Nebensache geworden. Es war das Chaos einer desaströsen Convention, das in Erinnerung blieb.

Vergleichsweise ruhig war es hingegen bei den Republikanern zugegangen, die Zeugen eines bemerkenswerten politischen Comebacks wurden. Richard Nixon, der ehemalige Senator aus Kalifornien und Vizepräsident unter Eisenhower hatte nach seiner Wahlniederlage gegen John F. Kennedy 1960 versucht, in seinem Heimatstaat politisch Fuß zu fassen, und 1962 für den Posten des Gouverneurs kandidiert. Er verlor gegen den Demokraten Edmund Brown und schien politisch tot zu sein. Doch mit guten Verbindungen ausgestattet und einem milderen Auftreten als zu seiner Zeit als Vizepräsident war er 1968 schon zu einem frühen Zeitpunkt *frontrunner*, Favorit der Republikaner. Der aussichtsreichste andere Kandidat war der Gouverneur von Michigan, George Romney. Er brachte sich um jede Chance, ernst genommen zu werden, als er nach einem Besuch in Südvietnam erklärte, das amerikanische Militär dort habe ihm tüchtig das Gehirn gewaschen – was nicht sehr für die Widerstandsfähigkeit und die präsidentielle Eignung von Romneys Gehirn sprach. Romney schied am 28. Februar 1968 aus dem Rennen aus, aufmerksam beobachtet von seinem Sohn Mitt, der sich vierzig Jahre später als republikanischer Kandidat für die Präsidentschaft 2012 bemühte, derartige Schnitzer zu vermeiden. Der Gouverneur von New York, Nelson Rockefeller, der für republikanische Verhältnisse als äußerst liberal galt, schied ebenfalls frühzeitig aus einem nicht mit vollem Elan betriebenen Rennen. Für den Gouverneur von Kalifornien, Ronald Reagan, kam der Wahlkampf von 1968 zu früh. Auf dem Parteitag der Republikaner in Miami gewann Richard Nixon am 7. August im ersten Wahlgang die Nominierung. Nixon ernannte den Gouverneur von Maryland, Spiro Agnew, zu seinem Vizepräsidentschaftskandidaten, der sich als Hardliner im Umgang mit schwarzen Randalierern erwiesen hatte und nach Nixons Kalkül für weiße Wähler in den Südstaaten attraktiv war.

Das Team Nixon–Agnew deckte im Wahlkampf indes keineswegs den rechten Rand des politischen Spektrums ab. Dort war der Standort des dritten nennenswerten Kandidaten. 1968 war eines jener Jahre, in dem es einen *Third Party Candidate* gab, der zwar keine realistischen Aussichten hatte, Präsident zu werden, sich wohl aber ausrechnen konnte, den einen oder anderen Bundesstaat zu gewinnen und die Waagschale in die eine oder andere Richtung zu neigen. Der Gouverneur von Alabama, George Wallace, kandidierte für die American Independent Party. Seine Agenda war bürgerrechtsfeindlich, wenn nicht gar regelrecht rassistisch. Wallace schien konservativen Weißen im Süden ein Garant dafür, dass die Ausweitung der Bürgerrechte für die schwarze Bevölkerung ein Ende haben oder das Rad der Geschichte gar zurückgedreht werden würde. Wie viele Kandidaten «dritter» Parteien vor und nach ihm gab er sich als Kritiker an der politischen Klasse in Washington, als Außenseiter, der gegen eine verkrustete Elite zu Felde zog: «Liberale, Intellektuelle und Langhaarige haben unser Land zu lange regiert. Wenn ich nach Washington zurückgehe, werfe ich all diese Großmäuler mitsamt ihren Aktenkoffern in den Potomac.»[3]

Nixon zog mit einem überlegenen Budget und einer geeinten Partei im Rücken in den Wahlkampf, den er höchst selektiv führte. Er trat nur in sieben Bundesstaaten öffentlich auf, in denen das Ergebnis auf der Kippe zu stehen schien, und vermied Fernsehdebatten, nachdem diese 1960 so sehr zu seinem Nachteil gewirkt hatten. Der von Natur aus misstrauische und unsichere Nixon schien indes in den nächsten Wochen seine ureigensten Ängste wieder einmal bestätigt zu sehen. Denn Nixons zunächst solide Führung in den Umfragen bröckelte stetig; zwei Wochen vor den Wahlen sagten die Demoskopen 44 Prozent der Stimmen für den Republikaner, 36 Prozent für Humphrey und 15 Prozent für Wallace voraus.

Am Wahltag, dem 5. November 1968, kam es zu einem der knappsten Wahlergebnisse der jüngeren Geschichte. Nur 500.000 Stimmen oder 0,7 Prozent trennten die beiden Kandidaten. Nixon behielt mit 43,4 Prozent gegen

42,7 Prozent für Humphrey die Oberhand, Wallace erhielt 13,5 Prozent. Im Wahlmännerkollegium war Nixons Mehrheit mit 301 Stimmen gegenüber 191 für Humphrey ausgeprägter; Wallace hatte 5 Staaten mit 46 Wahlmännern gewonnen. Fast der gesamte Westen und auch Teile des Südens wie Florida, South Carolina und Tennessee waren an Nixon gegangen – Gebiete, die seit Franklin D. Roosevelts Tagen als demokratisches Stammland gegolten hatten. Humphrey gewann nur einen Staat im Süden und im Südwesten: Texas, die Heimat des ausscheidenden Präsidenten Lyndon B. Johnson.

Nixons Amtsführung war vor allem in der Außenpolitik erfolgreich. Der Rückzug aus Vietnam hatte begonnen, die Stärke amerikanischer Truppen dort war drastisch reduziert worden. Als wahrhaft historisch allerdings galt bereits den Zeitgenossen eine Sternstunde Nixon'scher Diplomatie. Am 21. Februar 1972 brach der Präsident zu einem zehntägigen Staatsbesuch nach China auf. Die Gastgeber ließen amerikanische TV-Teams in ungeahnter Stärke ins Land, sodass Nixons Treffen mit Parteichef Mao und Premierminister Chou En-Lai, des Präsidenten und seiner Frau Pat Spaziergang auf der Großen Mauer, seine Gespräche mit «einfachen» chinesischen Bürgern und sein Besuch kultureller Veranstaltungen wie dem Ballett «Das Rote Frauenbataillon» live in amerikanische Wohnzimmer ausgestrahlt werden konnten. Es war ein Medienereignis, das den Präsidenten im besten Licht darstellte, doch der Besuch zeigte auch solide Erfolge: Bei allem, was die beiden Großmächte trennte (damals wie heute vor allem die Taiwan-Frage), konnte doch die seit dem Koreakrieg bestehende Eiszeit überwunden und ein neues Kapitel in den beiderseitigen Beziehungen aufgeschlagen werden. Die Bilanz des Präsidenten ließ an einer neuerlichen Kandidatur im Jahr 1972 keinen Zweifel.

Die Aussichten für Nixons Wiederwahl wurden durch die Eigentore, die sich die Demokratische Partei in schneller Abfolge schoss, noch begünstigt. Während die Republikaner unzweifelhafte Erfolge vorzuweisen hatten, entfernten sich die Demokraten in diesem Jahr 1972 weiter denn je von der politischen Mitte. Zu ihrem Spitzenkandidaten kürte die Partei Senator George McGovern aus South Dakota, der als ideologischer Linksaußen für *Mainstreet America* unwählbar war. Der Parteitag der Demokraten erschien als eine Plattform partikularer Interessen, neben Frauenrechtlerinnen, Schwulen, Lesben und Sprechern jeder erdenklichen Randgruppe hatten auch die Befürworter ungehemmten Pot-Rauchens auf der Convention ihren Auftritt – der Eindruck, den die Partei auf die «schweigende Mehrheit» ausstrahlte, war desaströs. Dabei blieb es nicht. Es wurde bekannt, dass McGoverns Kandidat für die Vize-Präsidentschaft, Senator Thomas Eagleton, sich mehrfach in stationärer psychiatrischer Behandlung befunden und dabei auch Elektroschocktherapie erhalten hatte – in den Augen vieler Amerikaner nicht gerade eine Empfehlung für einen Mann, der im Falle eines Wahlsieges den sprichwörtlichen «einen Herzschlag» vom Präsidenten entfernt war. McGovern erklärte, er stehe «1.000-prozentig» hinter Eagleton. Doch dann wurde Eagleton fallen gelassen und durch Sargent Shriver, ein angeheiratetes Mitglied des Kennedy-Clans, ersetzt.

Die Republikaner präsentierten sich bei ihrem Parteitag im August 1972 in bester Verfassung und optimal choreografiert. Ihre Botschaft bestand aus Frieden, Prosperität und Ordnung. Bei der Wahl von 1972 war das Wahlalter erstmals auf 18 Jahre gesenkt worden. Die Hälfte von ihnen stimmte für Nixon. Die Wahlkarte, die sich den Fernsehzuschauern am Wahlabend bot, war farblich die homogenste seit der Erfindung der TV-Berichterstattung und schien vollständig in republikanischem Rot gehalten zu sein. Man musste schon genau hinsehen, um die Enklaven demokratischer Mehrheiten zu erkennen: McGovern hatte lediglich den politisch traditionell liberalen Staat Massachusetts und die Hauptstadt Washington, D. C. gewinnen können. Selbst sein eigener Heimatstaat South Dakota hatte dem stets sportiv gebräunten McGovern, der nie ohne seine Reisehöhensonne auf Wahlkampftour gegangen war, die Unterstützung verweigert. Im Wahlmännerkollegium hieß es 520 zu 17 für Nixon – es waren gerade acht Jahre seit Lyndon B. Johnsons Erdrutschsieg vergangen, der ein Zeitalter demokratischer Dominanz einzuleiten schien.

Doch die Saat zum Untergang des Richard Milhouse Nixon war bereits in den Wochen des Wahlkampfes gelegt worden. Am 17. Juni 1972, noch vor den Parteitagen der beiden großen Parteien, war eine Gruppe von Einbrechern im Watergate-Komplex verhaftet worden, einer Büro- und Hotelanlage mit charakteristisch geschwungener Fassade am Potomac River in Washington. Die Männer, die sich recht stümperhaft als Klempner zu tarnen versucht hatten, waren in das im Watergate befindliche Democratic National Headquarter eingedrungen und hatten dort Abhörgeräte («Wanzen») installiert. McGovern versuchte sofort, eine Verbindung der Tat zum politischen Gegner zu ziehen, fand damit jedoch wenig Gehör. Zu unglaublich schien es, dass eine Partei wie die Republikaner und ein Präsident wie Nixon, die am Vorabend eines großen Sieges standen, sich auf ein solch hirnrissiges Unternehmen einlassen würden.

Watergate verschwand im Wahlkampf schnell aus den Schlagzeilen, doch die Schatten der bizarren Tat wurden bald nach Beginn von Nixons zweiter Amtszeit stetig länger. Vor allem zwei Reporter der liberalen Hauptstadtzeitung *Washington Post*, Bob Woodward und Carl Bernstein, ließen in ihren Ermittlungen nicht locker und kamen schließlich einer kriminellen Schattenwelt auf die Spur, deren Verbindungen bis zu engsten Mitarbeitern Nixons reichten. Im Zuge der Recherchen, die schließlich zur Bildung eines Untersuchungsausschusses des Kongresses führten, offenbarte sich ein bislang nur wenigen bekanntes Porträt des Präsidenten als eines Mannes von finsterem Gemüt, der sich von Feinden umgeben fühlte und, wie die Freigabe von Tonbandmitschnitten aus dem Weißen Haus belegte, zu Hass- und Vulgaritätsausbrüchen in der Lage war, die schlecht zur Würde des Amtes passten. Immer weniger Amerikaner wollten, als das Jahr 1974 begann, Nixons vor laufender Kamera abgegebener Versicherung *I am not a crook!* Glauben schenken. Das zunehmend erdrückende Beweismaterial dafür, dass der Präsident eben doch ein Gauner war, führte dazu, dass im Sommer 1974 erste Schritte zu einem *impeachment*, einem Amtsenthebungsverfahren, eingeleitet wurden.

Richard Nixon kam dem Impeachment zuvor, indem er am 9. August 1974 als erster und bislang einziger amerikanischer Präsident von seinem Amt zurücktrat. Sein Nachfolger wurde Vizepräsident Gerald Rudolph Ford, der in der Reihe der amerikanischen Präsidenten eine einzigartige Stelle einnimmt. Ford nämlich wurde nie in das höchste oder das zweithöchste Amt gewählt, stand also bis zu diesem Zeitpunkt nie auf einem «Ticket» einer Präsidentenwahl. Der Mann, der mit Nixon 1972 den Platz auf dem Ticket teilte, Vizepräsident Spiro Agnew, hatte 1973 wegen Unregelmäßigkeiten mit seiner Steuererklärung zurücktreten müssen. Ford, der sich auf keinerlei Wählervotum für das höchste Amt berufen konnte, trat die Präsidentschaft unter bedrückenden Umständen an. Unser langer nationaler Albtraum ist vorüber, rief Ford seinen Landsleuten nach seiner Vereidigung zu. Um sicherzustellen, dass der Geist von Watergate, der das politische Leben der USA so lange gelähmt hatte, einen Neuanfang nicht behinderte, griff Ford bald zur umstrittensten Maßnahme seiner relativ kurzen Amtszeit. Er sprach ein *presidential pardon* über seinen Vorgänger Nixon aus und verhinderte damit eine strafrechtliche Verfolgung des zurückgetretenen Staatschefs. Über Ford ging herbe Kritik wegen dieses Schrittes nieder. Doch auch das Argument, dass Ford dem Lande eine weitere Traumatisierung, dem Präsidentenamt eine Entwürdigung und den Amerikanern eine tiefere Spaltung ersparte, hat eine gewisse Gültigkeit. Vielen Amerikanern gilt der ehemalige Footballspieler heute als ein Mann der Heilung, als ein Präsident, der entscheidend dazu beigetragen hatte, dass die Wunden der Vergangenheit überwunden werden konnten.

Und ein letztes Wort zu Richard Nixon: Der Präsident, der wie kaum einer seiner Vorgänger sich für Umwelt- und Artenschutz eingesetzt hat und der im Jahr 2012 auf einer Rangliste ökologischer Verdienste von US-Präsidenten der wichtigsten amerikanischen Umweltorganisationen, darunter der Sierra Club und Greenpeace USA, auf Platz zwei kam (hinter Theodore Roosevelt), hat mit Watergate zweifelsfrei Schuld auf sich geladen. Doch nach den Erfahrungen der ersten beiden Jahrzehnte des 21. Jahrhunderts, mit Donald Trump, vor allem aber mit den Unwahrheiten, die George W. Bush, sein militant-aggressiver Vizepräsident Dick Cheney und andere Mitglieder seiner Administration der Weltöffentlichkeit zur Rechtfertigung des Irakkrieges auftischten, hat ein knapper Spruch seine Berechtigung: *When Richard Nixon lied, nobody died.*

Der Second Term Blues

Ein Präsident, der wiedergewählt wird, ist zweifellos einer der erfolgreicheren Amtsinhaber. Immerhin sind in der jüngeren Vergangenheit mit Gerald Ford, Jimmy Carter, George Bush senior und Donald Trump (auch wenn dieser seine Wahlniederlage von 2020 abstreitet) vier amtierende Präsidenten abgewählt worden. Doch mit einem neuerlichen, zweiten Wahltriumph bricht oft keine Zeit politischer Glückseligkeit an. Schon George Washington machte in seiner zweiten Amtszeit der nach seiner Ansicht ins Kraut schießende *party spirit*, das Entstehen politischer Parteien, und damit von Zwist in seinem Kabinett schwer zu schaffen. Jeffersons zweite Amtszeit sah die langen Schatten des Krieges mit Großbritannien heraufziehen, der unter seinem Nachfolger Madison – in dessen zweiter Amtszeit natürlich – zur Realität wurde.

Ob es ein psychologischer Nachteil ist, ein schon alteingesessener Amtsinhaber zu sein, oder an dem Verbot (bis in die 1950er-Jahre aus Tradition mit der Ausnahme FDR, seither per Verfassungszusatz) einer dritten Amtszeit liegt, die jeden Wiedergewählten nach Meinung mancher Auguren zu einer *lame duck*, einem Staatsmann mit begrenzten Optionen werden lässt – oder ob es schieres Pech ist: Im letzten halben Jahrhundert haben Präsidenten nach erfolgreicher Wiederwahl oft schwere Rückschläge einstecken müssen: Lyndon B. Johnson, der zunächst Kennedys Amtszeit vollendet hatte und dann 1964 in einem Erdrutschsieg wiedergewählt wurde, verzweifelte ab 1967 an dem Sumpf des Vietnamkrieges und der Gewalt im eigenen Land. Richard Nixon musste nach dem Watergate-Skandal in der Mitte seiner zweiten Amtszeit zurücktreten. Ronald Reagan, dem der Beiname eines «Teflon-Präsidenten» anhaftete, an dem vermeintlich nichts Nachteiliges hängen blieb, geriet in seiner zweiten Amtszeit wegen der Iran-Contra-Affäre ins Schlingern. Bill Clinton wurde privates Fehlverhalten, ein sogenannter Blow Job durch seine Praktikantin Monica Lewinsky und sein Herausreden («I did not have sexual relations with that woman, Ms. Lewinsky.»), beinahe zum Verhängnis und George W. Bush erreichte historisch niedrige Beliebtheitsraten, nachdem der Krieg im Irak immer mehr Opfer forderte. Etwas milder war der Verdruss für Barack Obama in seiner zweiten Amtszeit. Für ihn war zweifellos die zunehmende Polarisierung in der amerikanischen Öffentlichkeit und auch im Kongress frustrierend. Sein Versuch, die Verbreitung von halbautomatischen Schusswaffen nach verschiedenen Massakern einzuschränken, scheiterte am Einfluss der Waffenlobby NRA nicht nur, aber ganz besonders bei den Republikanern. Machtlos war der vermeintlich mächtigste Mann der Welt, als bei der dritten Möglichkeit während seiner acht Jahre im Weißen Haus, einen Richter für den Supreme Court zu nominieren (nachdem er vorher zwei liberale Juristinnen in das höchste Gericht gebracht hatte), der mehrheitlich republikanische Senat die Anhörung des Kandidaten rundum verweigerte und diesen von der Verfassung vorgeschriebenen Vorgang in die Amtszeit des nächsten Präsidenten verschob. Dies geschah in der Hoffnung, dass dies ein Republikaner sein werde – die Rechnung ging auf und Donald Trump ernannte einen konservativen Richter.

13. «Es ist Morgen in Amerika»

1980: Ronald Reagan vs. Jimmy Carter

Das Wort klingt ein wenig nach Schmach: *One-term president*. Denn in der Bezeichnung liegt der schale Beigeschmack der Niederlage. Ein Präsident, der nach vier Jahren abgewählt wurde, ist ein Verlierer – oder, um einen Lieblingsausdruck von Donald Trump zu gebrauchen, bevor ihm selbst dieses von ihm nie akzeptierte Schicksal zuteilwurde: *a total loser!!!* Doch der Name eines Präsidenten, dem die Wählerinnen und Wähler eine Wiederwahl verweigern, muss vor der Geschichte – und vielleicht wichtiger noch: in der Wertschätzung seiner Landsleute – keinesfalls als Synonym für Scheitern stehen. Kein *one-term president* hat so zielstrebig und erfolgreich nach einer höchst unglücklichen Präsidentschaft sein Ansehen aufpoliert wie Jimmy Carter. Gesegnet mit fast einem halben Jahrhundert eines Lebens nach dem Weißen Haus (Carter wurde zum ältesten Ex-Präsidenten aller Zeiten) hat der Politiker, den die Zeitgenossen am ehesten mit dem Begriff «Malaise» assoziierten, durch eine vielschichtige humanitäre Aktivität und als häufig selbst ernannter Friedensvermittler in Krisen sich mit freundlicher Unterstützung geneigter Medien das postmoderne Äquivalent eines Heiligenscheins zulegen können. Diesen so erfolgreich betriebenen Imagewandel hätten die meisten Amerikaner kaum für möglich gehalten, als sie den Mann aus dem Dorf Plains in Georgia nach vier Jahren im Amt wieder auf seine Erdnussfarm zurückschickten.

Außenpolitische Aspekte haben, vor allem in Krisenzeiten, immer wieder eine große Rolle bei amerikanischen Präsidentschaftswahlen gespielt, wie während der Weltkriege 1916, 1940 und 1944. Die für die Neuere Geschichte richtungweisende Präsidentschaftswahl des Jahres 1980 hingegen wurde als wahrscheinlich einzige in einem fernen Teil der Welt entschieden. Das Ereignis, das wie kein anderes zu dem Wahlausgang führte, fand auf den Tag genau ein Jahr vor dem Urnengang der amerikanischen Wählerinnen und Wähler statt. Am 4. November 1979, einem Sonntagmorgen, stürmte eine vielhundertköpfige Menge das Gelände der amerikanischen Botschaft in Teheran. Obwohl diese wie jede amerikanische Auslandsvertretung durch bewaffnete Marineinfanteristen gesichert war, gaben diese keinen Schuss ab: Groß war damals noch der Glaube, jede Meinungsverschiedenheit lasse sich auf dem Verhandlungsweg lösen. Die Besetzer der Botschaft wurden an diesem Sonntag und in den folgenden Monaten von deutschsprachigen Medien meist freundlich als «Studenten» oder schließlich, ein wenig zutreffender, als «Geiselnehmer» bezeichnet. Der adäquate Terminus war indes «Terroristen», denn für die 52 als Geiseln genommenen Amerikaner begann eine Phase schieren Terrors. Von Isolation über verbale Einschüchterung, von Schlägen bis zu Misshandlungen und Scheinhinrichtungen reichte die Palette dessen, was diese Anhänger von Religionsführer Ayatollah Khomeini und mit dessen ausdrücklicher Billigung ihren Gefangenen im Laufe der nächsten 14 Monate in sich wiederholenden Zyklen von Hass, Sadismus und religiös-fundamentalistischem Sendungsbewusstsein antaten.

Die Administration von Präsident Jimmy Carter tat zunächst das, was westliche Regierungen in vergleichbaren Situationen stets tun: Sie bildete einen Krisenstab und suchte den Kontakt zu den Terroristen und der iranischen Regierung, um mit diesen zu verhandeln. Dem westlichen Rationalismus schien es unvorstellbar, dass man nicht über diplomatische Kanäle mit einer fremden Regierung eine Lösung finden konnte – selbst mit einem Regime, das seine Feindseligkeit gegenüber den Vereinigten Staaten bereits so unzweideutig artikuliert hatte wie jenes, das aus der islamischen Revolution im Iran hervorgegangen war. Es dauerte eine geraume Zeit, bis sich im Weißen Haus und im State Department die frustrierende Erkenntnis durchsetzte, dass es in einem chaotischen Regime, das seine wichtigsten Köpfe nicht nur mit erstaunlicher Geschwindigkeit wechselte, sondern auch wiederholt hinrichtete, kaum einen verlässlichen Ansprechpartner geben konnte. Während die Carter-Administration immer neue Sondierungen unternahm, immer neue Verhandlungsansätze ausprobierte, zählte die ganze Nation mit einem Gefühl aus Demütigung und hilfloser Wut mit, wie sich ein Tag des Geiseldramas an den anderen reihte. Bald fingen Nachrichtensendungen unisono mit einer Grußformel an wie: «Heute ist Montag, der …, der 185. Tag des Geiseldramas von Teheran.»

Nach fast einem halben Jahr des Martyriums der amerikanischen Diplomaten, CIA-Mitarbeiter, Marines und anderer Botschaftsangehöriger gab Carter endlich – gegen die wütenden Proteste seines offenbar auf Verhandlungen bis zum Beginn der Ewigkeit setzenden Außenministers Cyrus Vance – die

Genehmigung zu einer Rettungsaktion mit militärischen Mitteln. Das Unternehmen, bei dem die Eliteeinheit Delta Force zum Einsatz kam, litt von Beginn an unter einer logistischen Komplexität, die im Missverhältnis zu dem zur Verfügung stehenden Material stand. Vor allem der Mangel an Hubschraubern war das große Handicap der Aktion. Als zwei der acht zur Verfügung stehenden Helikopter ausfielen und ein dritter im Sandsturm umkehren musste, brach man den Einsatz ab. Doch es sollte noch schlimmer kommen. Auf dem provisorischen Flugfeld in einer verlassenen Wüstenregion kollidierte ein Hubschrauber mit einem randvoll mit Treibstoff gefüllten Tankflugzeug. Acht amerikanische Soldaten kamen in der Flammenhölle um, zahlreiche weitere wurde verletzt. Das Unternehmen «Desert One» war zu einem Fiasko geworden, das einen politisch Verantwortlichen haben musste. Carters Berater Hamilton Jordan erkannte klarsichtig: «Die Chancen des Präsidenten auf eine Wiederwahl starben wahrscheinlich auf jenem Wüstenboden im Iran zusammen mit den acht tapferen amerikanischen Soldaten, die ihr Leben gaben, um die Geiseln zu befreien.»[1]

Als wäre das Geiseldrama in Teheran nicht Belastung genug für seine Präsidentschaft, hatte Carter eine zweite schwere Hypothek in den Wahlkampf zu tragen: Zur *Great Humiliation*, der großen Demütigung der amerikanischen Nation, hatte sich die *Great Inflation* gesellt. Inflationsraten erreichten 18 Prozent, für viele Amerikaner stiegen die Lebenshaltungskosten ins Unerschwingliche. Dazu traf das Land eine Rezession und die Arbeitslosigkeit erreichte mit knapp 8 Prozent neue Höchstwerte. Die wirtschaftliche Situation lag zwar weitgehend jenseits von Carters persönlicher Verantwortung, doch gingen von dem Präsidenten erkennbar wenig Impulse aus, die Anlass zur Hoffnung auf eine Verbesserung der Lage gaben. Angesichts der krisenhaften Zuspitzung in der Lage, vor allem aber der Befindlichkeit der Nation wirkten manche Interviewäußerungen, die der Präsident tätigte, denkbar deplatziert wie seine Bemerkung gegenüber dem *Playboy*, dass er oft die Fleischeslust in sich aufsteigen spüre, und andere Bekundungen zu seiner körperlichen Befindlichkeit. «Wenn Präsident Carter», so erinnerte sich der Historiker Desmond Morris, «uns nicht gerade von seinen Hämorrhoiden erzählte, sprach er über unsere nationale Malaise. Patriotismus war ein als peinlich empfundener Begriff.»[2] Der Begriff «Malaise» machte die Runde, als eine Zustandsbeschreibung einer Nation, die offenbar ihren Zenit als Großmacht hinter sich hatte. Der Journalist Theodore White, der über ein Vierteljahrhundert jede Präsidentschaftswahl aus nächster Nähe beobachtet hatte, bemerkte den Unterschied zwischen der Wahl von 1980 und allen anderen: «Wahlen sind wichtig, sie geben den Amerikanern nicht nur das Gefühl, beim Prozess des Regierens beteiligt zu sein, sie geben ihnen – was noch wichtiger ist – das Gefühl, die Dinge zu kontrollieren. Kontrolle – das ist es, worum es in der Politik geht. Aber diesmal, im Wahlkampf von 1980, ging es nicht nur um die Frage der Kontrolle, sondern die nationale Bestimmung an sich.»[3] Selten zuvor waren für die amerikanischen Wähler die Alternativen so klar: auf der einen Seite ein Amtsinhaber, der diese nationale Malaise weiter verwalten zu wollen schien, auf der anderen Seite ein Herausforderer, der bei vielen seiner Auftritte sein Ziel in aller Deutlichkeit verkündete: «Mit Gottes Hilfe, lasst uns Amerika wieder groß machen!»[4] Es war ein Wahlslogan, der fast vier Jahrzehnte später einen Nachahmer finden sollte. Für Demoskopen, die noch bis kurz vor der Wahl am 4. November 1980 ein Kopf-an-Kopf-Rennen zwischen zwei so unterschiedlichen Sichtweisen, von Präsident Carter und seinem republikanischen Herausforderer Ronald Reagan, zu sehen glaubten, wurde das Ergebnis am Wahlabend in seiner Eindeutigkeit eine professionelle Blamage.

Bevor Carter sich auf die Auseinandersetzung mit dem republikanischen Spitzenkandidaten konzentrieren konnte, hatte er einen Herausforderer aus den eigenen Reihen zu überwinden. Sein Kontrahent war Edward Kennedy, Senator von Massachusetts. Kennedy war bereits seit 1962 Senator und war auf den Senatssitz nachgerückt, den sein älterer Bruder John innehatte, bevor dieser 1960 zum Präsidenten gewählt wurde. Seine Kandidatur war ein Versuch, noch einmal die angeblich mystische Kraft des Kennedy-Namens auszunutzen, doch hatte sich diese gegen Ende der 1970er-Jahre weitgehend verflüchtigt, zu lange lagen die vermeintlich Goldenen Tage von «Camelot», der 1.000-Tage-Präsidentschaft, schon zurück. Die Öffentlichkeit dachte beim Anblick des immer noch jugendlich wirkenden Politikers indes weniger an seine berühmten und längst leicht märtyrerhaft verklärten Brüder John und Robert, sondern an einen schwer auszusprechenden Ortsnamen: Chappaquidick. In dieses Flüsschen hatte Kennedy im Juli 1969 sein Auto, wahrscheinlich unter dem Einfluss von Alkohol, gefahren, seine Beifahrerin Mary Jo Kopechne, die offiziell als «Sekretärin» bezeichnet wurde, war dabei ertrunken. Senator Kennedy hatte der jungen Frau offenbar nicht nur nicht helfen können oder wollen, er war nach dem Unfall Stunden durch die Landschaft geirrt, ohne die Polizei oder die Rettungsdienste zu informieren. Auch Edward Kennedys Reputation als *womanizer* wirkte auf viele Wählerinnen und Wähler nicht unbedingt attraktiv. Es sagt einiges über die Schwäche Carters aus, dass er und seine Berater sich zumindest vorübergehend wegen der Konkurrenz durch einen Kandidaten sorgten, der so vielfältige Angriffsflächen bot.

Carter gelang es in den ersten Primärwahlen, hart erkämpfte Erfolge gegen Kennedy zu erzielen. Vor allem die ersten Vorwahlen, die traditionell in Iowa (als *caucus*) und in New Hampshire (als *primary*) abgehalten werden, konnte Carter deutlich gewinnen. Im Laufe der *primary season* nahm die Enttäuschung über Carters Unfähigkeit, den Geiseln zu helfen, indes zu und Kennedy landete einige Siege, unter anderem im Staat New York, der aufgrund seiner Delegiertenzahl einer der wichtigsten war und ist. Auch bei den letzten Vorwahlen im Juni schnitt Kennedy besser ab als der Präsident. Zwar zeichnete sich ab, dass Carter genügend Delegierte auf dem Demokratischen Parteitag hinter sich haben würde, doch Kennedy weigerte sich, das Rennen aufzugeben. So entschieden die Delegierten auf einer Convention, die die Zerrissenheit der Demokraten deutlich machte, mit 2.129 gegen 1.150 Stimmen für Carter.

Im republikanischen Lager galt Ronald Reagan schon länger als Favorit – ungeachtet seines Alters, denn Reagan war im Jahr der Wahl bereits 69 Jahre alt. Doch trotz seines frühen Favoritenstatus musste sich auch Reagan zunächst starker innerparteilicher Konkurrenz erwehren. Die ersten Parteiabstimmungen in Iowa konnte der ehemalige CIA-Direktor und frühere Botschafter in China, George W. H. Bush, für sich entscheiden. In New Hampshire allerdings hinterließ Reagan bei einer vom Fernsehen übertragenen Debatte der Zeitung *Nashua Telegraph* den weitaus engagierteren Eindruck. Reagan hatte die Veranstaltung mit Mitteln aus seiner Wahlkampfkasse unterstützt und setzte sich dafür ein, die übrigen Mitbewerber (vier angesehene Senatoren und Kongressabgeordnete) mit auf die Bühne zu bitten. Das war mit dem Bush-Lager nicht abgesprochen, der Texaner war von einem Duell zwischen ihm und Reagan ausgegangen. Die Fernsehzuschauer wurden für zwei, drei Minuten Zeugen einer Szene unerwarteter Konfusion. Keiner auf der Bühne wusste so recht, wie man verfahren sollte, Bush saß mit verschränkten Armen und verhärteten Gesichtszügen auf seinem Stuhl, Reagan lächelte freundlich und ließ seinen in Hollywood über mehr als zwei Jahrzehnte bewährten Charme spielen, die anderen Kandidaten schwankten zwischen Unbeholfenheit und sichtbarer Dankbarkeit gegenüber Reagan, dass sie wider Erwarten doch bei der Debatte teilnehmen durften. Aus dem Zuschauerraum kamen Pfiffe und Applaus sowie reichlich Gelächter ob des unerwarteten Unterhaltungswertes. Als Reagan sein Anliegen, alle Kandidaten zu Wort kommen lassen zu wollen, erklären wollte, rief der Diskussionsleiter, ein Journalist namens Jon Breen, der Technik zu, man möge Reagans Mikrofon abstellen. Das empörte Reagan sichtlich. Er beugte sich nach vorn und zischte: «Ich habe für dieses Mikro bezahlt, Mr. Green!» Die beherrschte, aber erkennbare Wut Reagans, sein offensichtlicher Wille, sich nicht jede Zumutung bieten zu lassen, und seine humorige (oder auf einem Hörfehler beruhende) Verballhornung des Namens seines Kontrahenten machten auf die Fernsehzuschauer und die Wähler in New Hampshire tiefen Eindruck. Denn Wut – die fühlten viele von ihnen angesichts der Nachrichten aus dem Iran ebenfalls im Bauch.

Die Vorwahlen wurden dann zu einem Siegeszug Reagans, nur fünf *primaries* verlor er gegen George Bush, der schließlich aufgab. Bei der Parteiversammlung im Juli 1980 in Detroit wurde Reagan im ersten Wahlgang mit großer Mehrheit unter dem Jubel der Delegierten zum Kandidaten gewählt. Reagan verkündete sein Credo entsprechend, dass Amerika seine Träume und mit ihnen den Stolz auf das Land zurückgewinnen müsse. Und dass die besten Jahre noch vor den USA lägen. Reagan machte dann George Bush zu seinem Kandidaten für die Vizepräsidentschaft.

Im Wahlkampf zeichnete Jimmy Carter die Gefahr eines Krieges im Falle eines Wahlerfolgs von Ronald Reagan an die Wand. Reagan versprach, Amerikas Militär zu stärken, und stellte Steuersenkungen in Aussicht, mit denen er die Konjunktur anheizen und die Inflation in den Griff bekommen wollte. Sein Verständnis von Wirtschaft packte er in eine griffige Formel: «Bei einer Rezession verliert dein Nachbar seinen Job, bei einer Depression verlierst du deinen Job und bei einer wirtschaftlichen Erholung verliert Jimmy Carter seinen Job.» Die Fernsehdebatte zwischen Carter und Reagan am 31. Oktober gilt als eine der entscheidendsten unter den *candidates' debates* seit 1960. Sie fand nur fünf Tage vor der Wahl und dann auch noch am beliebten Feiertag Halloween statt. Gespenstisch wurde es bei der Diskussion über nukleare Waffen, als Carter zunächst erwartungsgemäß seinen Herausforderer als Kriegstreiber zu porträtieren versuchte und dann zur Fassungslosigkeit vieler Zuschauer und zur Freude von Karikaturisten, Leitartiklern und TV-Humoristen allen Ernstes erzählte, er diskutiere Fragen nuklearer Abrüstungspolitik mit seiner 12-jährigen Tochter Amy. Als Carter erneut den Vorwurf aussprach, unter Reagan werde es zu einem Abbau staatlicher Sozialleistungen kommen, machte Reagan lächelnd jene Bemerkung, die von jenem Abend am stärksten in Erinnerung blieb: *There you go again …* Doch Reagan konnte nicht nur aufzeigen, dass Carter und seinem Wahlkampfteam längst die Ideen ausgegangen waren, er stellte am Schluss der Debatte, in die Kameras blickend, Fragen, die viele Amerikaner höchst nachdenklich stimmten: «Geht es Ihnen heute besser als vor vier Jahren? Ist es leichter, in den Geschäften Waren zu kaufen als vor vier Jahren? Gibt es mehr oder weniger Arbeitslosigkeit im Land als vor vier Jahren? Wird Amerika immer noch so in der Welt respektiert?»[5]

Die Antwort der Amerikaner am 4. November 1980 fiel deutlich aus. Die Landkarte der USA in den Fernsehstudios war schon am frühen Abend großflächig in das Rot der Republikaner getaucht. Jimmy Carter konnte (auf dieser und anderen Wahlkarten sind demokratische Staaten stets blau markiert) neben der Hauptstadt Washington nur sechs Bundesstaaten gewinnen. Sein Heimatstaat Georgia war darunter mit 12 Wahlmännerstimmen noch der bedeutsamste, Carter gewann ferner unter anderem die Zwergstaaten Rhode Island und Hawaii. Reagan gewann jeden der großen Staaten wie Kalifornien, Texas, New York und Florida und dazu noch Staaten, die als uneinnehmbare demokratische Hochburgen galten, wie Massachusetts, Wisconsin und Illinois. Mit 489 Wahlmännern waren ihm 90 Prozent der Stimmen des Electoral College sicher; das Ergebnis nach Wählerstimmen war immer noch deutlich, wenngleich weniger drastisch: Für Reagan sprachen sich 50,7 Prozent der Wähler aus, für Carter 41 Prozent, der Rest ging an den Unabhängigen John Anderson und andere Kandidaten. Die «Reagan Revolution» bestand nicht nur aus dem, was der neue Präsident in den nächsten acht Jahren in die Wege leiten würde, wie Steuersenkungen, seine sogenannten *supply-side economics*, Aufrüstung und schließlich die erfolgreichen Abrüstungsgespräche mit einer neuen sowjetischen Führung unter Michail Gorbatschow. Die Revolution, die an jenem 4. November 1980 stattfand, war eine vollständige Umschichtung des Wählerverhaltens, die noch heute nachwirkt. Die von Franklin D. Roosevelt geschmiedete Koalition des New Deal aus Arbeitern, Minderheiten und politischen Liberalen war zerbrochen; viele Industriearbeiter hatten diesmal republikanisch gewählt. Der Süden, in dem Lyndon Baines Johnson nur 16 Jahre zuvor noch deutliche demokratische Mehrheiten einfahren konnte, ging mit Ausnahme Georgias komplett an Reagan. Dieser Teil der Landkarte hat sich im 21. Jahrhundert kaum verändert. Hier liegen der Hochburgen der Republikaner. Lediglich die drei Pazifikstaaten Kalifornien, Oregon und Washington sowie Hawaii neigen heute den Demokraten zu.

Vier Jahre später stand Ronald Reagan dem Vizepräsidenten der Carter-Administration, Walter Mondale, gegenüber. Es gab 1984 ein historisches, in seiner Konsequenz indes folgenloses Novum: Mondale bestimmte die New Yorkerin Geraldine Ferraro zu seiner Vizepräsidentschaftskandidatin – es war das erste Mal, dass eine Frau auf einem Ticket einer der beiden großen Parteien stand. Dem Wahlkampf konnte sie indes wenig Auftrieb geben. Mondale sah in der ersten Fernsehdebatte gegen Reagan recht gut aus, da der Präsident teilweise unkonzentriert und müde wirkte; es schien, als merke man Reagan sein Alter – er war zu diesem Zeitpunkt 73 Jahre alt – an. Doch in der zweiten Debatte war Reagan wieder Herr der Lage und hatte die Lacher – selbst Mondale konnte nicht umhin, dem Aperçu lachend Respekt zu zollen – auf seiner Seite, als er erklärte, er werde das Alter nicht zu einem Wahlkampfthema machen und die Jugend und Unerfahrenheit seines Gegners für politische Zwecke ausnutzen. Niemand konnte ahnen, dass sich 40 Jahre später ein Wahlkampf um noch ältere Politiker drehen würde.

Reagans Sieg im November 1984 war überwältigend. Mondale gewann lediglich seinen Heimatstaat Minnesota und die Hauptstadt Washington, D. C. Im Wahlmännerkollegium bedeutete dies 13 Stimmen, denen eine erdrückende Mehrheit von 525 Stimmen für Ronald Reagan gegenüberstand. Reagans Anteil an der Zahl der Wählerstimmen belief sich auf 58,8 Prozent. Besonders auffallend war bei der Analyse des Wählerverhaltens, dass der älteste Präsident der amerikanischen Geschichte zwei Drittel der Jungwähler zwischen 18 und 24 Jahren hinter sich hatte – eine Gruppe, die über Jahrzehnte mehrheitlich demokratisch gewählt hatte.

In sehr begrenztem Maß nahm Reagan noch einmal an einem Wahlkampf teil, jenem von 1988. Der ausscheidende und trotz der Iran-Contra-Affäre weithin beliebte Präsident unterstützte seinen über acht Jahre loyalen Vizepräsidenten George H. W. Bush und bat auf dem Parteitag die Delegierten: *Win this one for the Gipper!* – eine Anspielung auf eine seiner frühen Filmrollen, einen Baseballspieler mit dem nunmehr auf Reagan übergegangenen Spitznamen *The Gipper*. Bush gewann 426 Wahlmännerstimmen gegen 111 für den Demokraten Michael Dukakis und siegte nicht nur für den *Gipper*, sondern vor allem für seine eigene Dynastie. Der Name eines Angehörigen der texanischen Ölfamilie mit Wurzeln in Connecticut stand zwischen 1980 und 2004 insgesamt sechsmal auf dem Ticket der Republikaner, als Vize- oder als Präsidentschaftskandidat – ein einsamer Rekord in der amerikanischen Wahlgeschichte.

Präsident Reagan zog kurz vor seinem Ausscheiden aus dem Amt im Januar 1989, am Vorabend des Zusammenbruchs des Ostblocks und mit dem Ende des Kalten Krieges[6], ein bescheidenes, doch zutreffendes Fazit seiner acht weltbewegenden Jahre im Weißen Haus: *Not bad, my friends. Not bad at all.*

Die October Surprise

In vielen Wahlkämpfen der letzten Jahrzehnte haben die Umfragen in den Tagen und Wochen vor dem ersten Dienstag nach dem ersten Monat im November ein Kopf-an-Kopf-Rennen angedeutet. Ein plötzliches, unvorhergesehenes Ereignis hätte schnell das Pendel in die eine oder andere Richtung ausschlagen lassen – die legendenumwobene, aber nie richtig Realität gewordene *October Surprise*. Niemals zuvor und niemals danach hätte ein Ereignis einen so fundamentalen Stimmungsumschwung im Oktober, kurz vor der Wahl, auslösen können wie die Freilassung der amerikanischen Geiseln im Iran 1980. Nur: Diese Überraschung ist nie eingetreten. Sie hätte mit hoher Wahrscheinlichkeit Jimmy Carters Präsidentschaft gerettet und einen Wahlsieg Reagans verhindert – und der ehemalige kalifornische Gouverneur hätte noch gute Miene machen und als Patriot Freude über das Ende der Quälerei seiner Landsleute bekunden müssen. So sind fast unvermeidlicherweise bald nach Reagans Wahlsieg und der Freilassung der Amerikaner genau zur Mittagsstunde von Reagans Vereidigung am 20. Januar 1981 Gerüchte gestreut worden, die Republikaner hätten mit dem Regime der Ayatollahs Abmachungen getroffen, um die Freilassungen bis nach der Wahl hinauszuzögern. Mehrere Zeitzeugen berichten von indirekten Kontakten mit dem Iran und von Nahostreisen einiger Vertrauter Reagans. Beweise für einen solchen Deal sind nie vorgelegt worden.

Die erste als solche wahrgenommene Oktober-Überraschung war die Ankündigung des ausscheidenden Präsidenten Johnson am 31. Oktober 1968, die Bombardierung Nordvietnams einzustellen, angeblich habe es bei den Pariser Friedensverhandlungen mit den Kommunisten Fortschritte gegeben. Letzteres war im günstigsten Fall Wunschdenken der demokratischen Administration, im schlimmsten Fall eine Lüge – zu einem Friedensschluss kam es erst fünf Jahre später. Doch ihren wahltaktischen Zweck erreichte diese Ankündigung wenige Tage vor dem Urnengang – beinahe. Johnsons Vizepräsident Hubert Humphrey zog in den Umfragen plötzlich an, der Wahlausgang wurde denkbar knapp. Humphrey verlor dennoch trotz dieser Schützenhilfe gegen Richard Nixon.

Im Oktober 2016 wurde in den Medien ein elf Jahre alter Mitschnitt eines Gesprächs von Donald Trump mit einem Bekannten publiziert, in dem der republikanische Kandidat seine Sicht der Interaktion von Männern und Frauen in knappen und weithin zitierten Worten darlegte: «You can do anything ... Grab them by the pussy. You can do anything.» Der mediale Aufschrei war groß, Trump gewann die Wahl dennoch.

14. Der Supreme Court entscheidet

2000: George W. Bush vs. Al Gore

Über viele Jahrzehnte war es für uns in Europa stets die gleiche Handlung, um den Wahlausgang bei der westlichen Schutzmacht USA zu erfahren. Man stellte an einem Mittwochmorgen das Radio an oder, seit es ein morgendliches oder später gar ein 24-Stunden-Fernsehprogramm gibt, das TV-Gerät an. In den Vereinigten Staaten, wo es sechs Stunden (an der Ostküste) bis neun Stunden (an der Pazifikküste) früher ist, waren die politisch Interessierten zu diesem Zeitpunkt meist im Wissen um den neuen oder den wiedergewählten Präsidenten ins Bett gegangen. Hinter ihnen lag typischerweise ein längerer und unterhaltsamer Fernsehabend von vielerorts rituellem Charakter.

So war es auch am 7. November 2000, als Fernsehanstalten rund um den Globus live aus Washington und anderen Metropolen der USA berichteten. Überall im Land, von Maine bis Kalifornien, von New York bis Alaska hatten sich Familien und Freundeskreise vor den TV-Geräten bei Popcorn, Chips mit Salsa und auch der einen oder anderen Flasche Bier versammelt, um gemeinsam den wirklichen Beginn des 21. Jahrhunderts mitzuerleben: die Wahl des ersten Präsidenten, dessen Amtszeit zur Gänze im neuen Säkulum liegen würde und nicht, wie beim ausscheidenden Amtsinhaber Bill Clinton, nur 385 Tage[1] aus einer acht teilweise stürmische Jahre umfassenden Regierungszeit. Auch die Bars waren zur frühen, aber schon recht kühlen Abendstunde gut gefüllt, in Boston rund um den Quincy Market, in Washington entlang der Siebten Straße und in Georgetown, in Miami und Tampa bei viel wärmeren Temperaturen oft «outdoors», unter freiem Himmel bei einer tropischen Abendbrise. Die Menschen, die sich nach der Arbeit noch mit Kollegen aus dem Office auf einen Drink trafen, erwarteten einen spannenden, gleichwohl zeitlich begrenzten Abend: zwei, drei Gläser – dann würde die Entscheidung gefallen sein. Die Prognosen der großen Fernsehanstalten waren nach allen Erfahrungen sehr zuverlässig, bis neun oder vielleicht zehn Uhr Ostküstenzeit sollte eine verlässliche Vorhersage vorliegen, meist artikuliert als: «It is now

Eight Fifty-five Eastern Standard Time and CNN (oder NBC, ABC, CBS) declares … the winner and the next president of the United States!»

Warum sollte es an diesem Abend anders kommen als in der Vergangenheit? Bei der letzten Wahl, im November 1996, stand sehr früh fest, dass der republikanische Senator Bob Dole keine Chance gegen den zu diesem Zeitpunkt noch nicht von seinem verheerendsten Skandal heimgesuchten Amtsinhaber Bill Clinton haben würde. Clinton selbst hatte acht Jahre zuvor seinen Vorgänger George H. W. Bush geschlagen, die Prognosen waren ebenfalls zeitig und korrekt verkündet worden.

Für die Demokraten war der bisherige Vizepräsident Al Gore angetreten, der es geschafft hatte, eine Art kritischer Distanz zu seinem «Chef» der letzten acht Jahre zu demonstrieren, welcher nach der Affäre mit seiner Praktikantin Monica Lewinsky nur relativ knapp einem Impeachment, einem Amtsenthebungsverfahren, entgangen war. Gore hatte den Senator aus Connecticut, Joe Lieberman, zu seinem *running mate*, seinem Vize-Präsidentschaftskandidaten, ernannt. Es war das erste Mal in der Geschichte, dass ein Amerikaner jüdischen Glaubens von einer der beiden großen Parteien auf ein «Ticket» gesetzt wurde. Für die Republikaner ging der Gouverneur von Texas und Sohn des 41. Präsidenten, George W. Bush, ins Rennen. Bush zog mit Dick Cheney in den Wahlkampf, der im Kabinett seines Vaters Verteidigungsminister und davor schon ein enger Mitarbeiter Richard Nixons gewesen war. Beide Kandidaten unterschieden sich in der Perzeption durch politisch interessierte Amerikaner und durch die Meinungsbildner in den Medien nachhaltig voneinander. Bush ging der Ruf voraus, nicht besonders smart zu sein. Diese Einschätzung, die von Parteigängern der Demokraten oft nach Kräften gefördert wurde, übersah nicht nur, dass er ein Studium an den Universitäten Yale und Harvard erfolgreich absolviert hatte, sondern kündete auch von einem relativ kurzen Gedächtnis. Denn Bush zu unterschätzen, hatten die Demokraten bereits schon einmal teuer bezahlen müssen. Die demokratische Gouverneurin von Texas, Ann Richards, eine Politikerin, die auf ihr besonders burschikoses Mundwerk stolz war, hatte ihren Herausforderer im Wahlkampf 1994 nach Kräften von oben herab behandelt und zu spät gemerkt, dass Bush in den Fernsehdebatten im *Lone Star State* vielleicht nicht als rhetorischer Überflieger erschien, wohl aber erfolgreich den Eindruck erweckte, als sei er für die Nöte der einfachen Leute in Texas (von denen er sich in seinem sozialen und wirtschaftlichen Status freilich auf das Denkbarste unterschied) in besonderem Maße sensibel.

Ann Richards und ihre Strategen erkannten ihren Fehler erst am Wahlabend, als deutlich wurde, dass die Texaner sie aus dem Amt gejagt und Bush in dieses hineingewählt hatten. Als der neue Gouverneur 1998 mit großer Mehrheit wiedergewählt wurde, galt er fast automatisch als einer der Hoffnungsträger der republikanischen Partei. Den Attacken gegen seine angebliche Minderqualifikation sahen Bush und sein Wahlkampfteam mit Gelassenheit entgegen. Wenige Tage vor der Wahl wurde publik gemacht, dass Bush 1976 wegen Trunkenheit am Steuer im Bundesstaat Maine festgenommen worden war. Allerdings wurde der Effekt der Aufwärmung einer «Jugendsünde» des damals Dreißigjährigen dadurch konterkariert, dass viele Beobachter den Zeitpunkt dieser Veröffentlichung für wenig hilfreich hielten – mit diesem Detail hätten die Medien fairerweise auch zu einem früheren Zeitpunkt wie seiner Kandidatur für das Gouverneursamt kommen können.

Al Gore, Spross einer politisch höchst einflussreichen Familie aus Tennessee mit langer politischer Tradition, wurde im Gegensatz zu dem Texaner als hochintelligent, aber emotional unterkühlt mit einer deutlichen Neigung zu überheblicher Besserwisserei wahrgenommen oder zumindest gezeichnet. In den ersten beiden Fernsehdebatten hatte Gore die Angewohnheit an den Tag gelegt, zu gähnen, zu stöhnen und Ausführungen Bushs mit Grimassen zu begleiten, die bei vielen Fernsehzuschauern keine Gefühle der Sympathie auslöste. Außerdem wurde deutlich, dass der trotz seiner relativen Jugend über eine beträchtliche Erfahrung verfügende Vollblutpolitiker – er war 16 Jahre lang im Kongress und acht Jahre lang Vizepräsident gewesen – nicht unbedingt ein Muster an persönlicher Bescheidenheit war. Gore, der sein Umfeld gern die eigene intellektuelle Überlegenheit spüren ließ (eine Neigung, die durch die spätere Verleihung eines Nobelpreises noch einen zusätzlichen Boost bekam), behauptete unter anderem, das Internet erfunden zu haben. Das war eine leichte Übertreibung: Er hatte als Senator wesentlich zu einer Gesetzgebung beigetragen, die das Anfang der 1990er-Jahre noch junge Medium mit Bundesmitteln unterstützte.

Wie bei jeder amerikanischen Präsidentschaftswahl standen auf dem Wahlzettel – oder erschienen auf dem Bildschirm des Wahlcomputers – weit mehr als nur zwei Namen. Mehr als ein Dutzend Kandidaten fanden die Wählerinnen und Wähler dort aufgeführt, doch die meisten waren weitgehend unbekannt und wurden im Wahlkampf von den Medien kaum einer Porträtierung gewürdigt. Zu diesen *also rans*, den «Unter ferner liefen» gehörten so engagierte, aber wenig illustre Persönlichkeiten wie Harry Browne von der Libertarian Party, David McReynolds von den Sozialisten, James Harris von den Socialist Workers und Monica Moorehead von der Partei Workers World – Letztere stellte übrigens mit ihrer Vizepräsidentschaftskandidatin Gloria La Riva das einzige rein weibliche Ticket. Das Duo trat nur in fünf Bundesstaaten an, einer davon war Florida. Dort wollten 1.804 Wählerinnen und Wähler Frau Moorehead als Präsidentin haben. Wenn es eines Beweises bedurft hätte, dass in einer wahren Demokratie wirklich jede Stimme Gewicht hat – hier ist er: Man möge sich vorstellen, die beiden Politikerinnen der Linken hätten in letzter Minute ihre Bewerbung in Florida zurückgezogen und ihre Wähler ermuntert, jenen von den beiden wesentlichen Kandidaten zu wählen, der ihnen näherstünde. Wenn nur ein Drittel der Moorehead-Wähler das demokratische Ticket statt des Damen-Duos gewählt hätten und die anderen zu Hause geblieben wären, es hätte wahrhaft welthistorische Folgen gehabt. Eine Präsidentschaft des George W. Bush und damit auch mit hoher Wahrscheinlichkeit einen Irakkrieg hätte es nicht gegeben.

Im Jahr 2000 stand auch noch ein recht bekannter und medial präsenter Kandidat auf dem Wahlzettel. Ralph Nader, einem breiten Publikum als langjähriger oberster Verbraucherschützer des Landes vertraut, entschloss sich zur Kandidatur und ließ sich als Spitzenkandidat der amerikanischen Grünen (Green Party) aufstellen. Den demokratischen Wahlkampfstrategen bereitete diese Konstellation von Beginn an Bauchschmerzen. Denn eine Agenda wie jene Naders, auf der Kritik an den großen Konzernen, an Ölmultis und Waffenlobby ebenso prominent war wie ökologische Anliegen – es war eindeutig, dass Nader seine Stimmen vom liberalen politischen Spektrum und von jungen Leuten bekommen würde. Nader-Wähler, das schien unabweislich, hätten mit der Wahl zwischen Gore und Bush junior konfrontiert in überwältigender Mehrheit den demokratischen Vizepräsidenten gewählt. Verschiedentlich wurde Nader gedrängt, auf eine Kandidatur zu verzichten, da weitsichtige Prognostiker es für möglich, wenn nicht gar für wahrscheinlich hielten, dass er genügend Stimmen bekommen würde, um George W. Bush zum Präsidenten zu machen. Der für seine Eitelkeit bekannte Nader ließ sich von derartigen Szenarien nicht beeindrucken. Die (aus Sicht der Demokraten) düsteren Vorahnungen trogen nicht: Naders Stimmenanteil von 2,7 Prozent war enttäuschend niedrig. Doch auch hier gilt, was für die Kandidatin aus der Welt des Arbeiters gesagt wurde: Hätten nur ein Prozent der Nader-Wähler Floridas, wo der Grüne auf 97.488 Stimmen kam, statt für Nader für Gore votiert – die Geschichte der USA im frühen 21. Jahrhundert hätte eine gänzlich andere Wendung genommen.

Um 19.47 Uhr Ostküstenzeit prognostizierten die ersten Fernsehsender, dass Al Gore Florida und damit dessen 25 Wahlmännerstimmen gewinnen würde. Diese frühe und, wie sich zeigen sollte, unverantwortliche Prognose verärgerte die Republikaner, denn im westlichen Teil Floridas, dem Panhandle, waren die Wahllokale noch eine Stunde lang geöffnet. Dieser Teil des Staates liegt in der *Central Time Zone* und ist mit zahlreichen Angehörigen des Militärs und Veteranen eher republikanisches Kernland als die Ballungszentren um Miami und Fort Lauderdale.

Doch Florida sollte die Nation nicht nur an diesem Abend, sondern auch in den nächsten Wochen noch in Atem halten. Die großen Fernsehsender nahmen bald ihre Prognose eines Gore-Sieges im «Sunshine State» zurück und klassifizierten den Staat wieder als *too close to call*, als von so engem Ergebnis, dass keine sichere Voraussage möglich war. Bald nach Mitternacht, in den ersten Stunden des 8. November, sahen die TV-Stationen George W. Bush vorn und bezeichneten ihn als den nächsten Präsidenten der USA. Der Staat Florida wurde jetzt dem Republikaner zugesprochen. Al Gore tat das, was jeder anständige Verlierer an einem Wahlabend zu tun pflegt: Der mutmaßliche Verlierer ruft den Sieger an, um ihm zu gratulieren. Diese *concession* nahm nicht mehr als zwei Minuten Zeit in Anspruch, was ein Indiz für das nicht allzu innige Verhältnis dieser beiden von ihrer Persönlichkeit so unterschiedlichen Männer ist. Der nächste Schritt im Ritual der amerikanischen Präsidialdemokratie nach diesem persönlichen Gespräch ist traditionell die öffentliche *concession speech*. Diese sollte vor dem Kriegerdenkmal in der Innenstadt von Nashville in Gores Heimat Tennessee stattfinden, wo sich trotz des strömenden Regens eine Menschenmenge versammelt hatte, überwiegend Gore-Anhänger, die auf eine Rede des Vizepräsidenten, Worte des Triumphes oder der Zerknirschung warteten. Gore, seine Familie und seine engsten Berater setzten sich mit ihrem Autokonvoi in Bewegung. Derweil hatten Gores Wahlbeobachter in Florida erfahren, dass nicht nur der Vorsprung Bushs auf 2.000 Stimmen zusammengeschmolzen war, sondern es auch beim Wahlvorgang verschiedentlich zu «Schwierigkeiten» gekommen war. Es gelang, den Vizepräsidenten zu erreichen, als er gerade die Stufen des Denkmals erklimmen wollte. Gore war erst ungehalten, wollte es hinter sich bringen, hörte jedoch dann immer aufmerksamer den eindringlichen Bitten seines Stabes zu. Bei einem Wahlausgang mit einer geringeren Differenz als 0,5 Prozent, so besagte es die Wahlgesetzgebung Floridas, würde es zu einer neuerlichen Auszählung kommen. Es sei noch alles offen. Gore besann sich und rief zum zweiten Mal in dieser Nacht George W. Bush an. Die Umstände, so Gore zu seinem Kontrahenten, hätten sich dramatisch verändert. Bushs Stimmung war nicht die beste: «Sagen Sie gerade, was ich glaube, dass Sie es sagen? Lassen Sie mich sicher sein, dass ich Sie richtig verstehe. Sie rufen noch mal an, um Ihre Erklärung zurückzunehmen?» Darauf entgegnete Gore mit einer Bemerkung, die wohl zur berühmtesten aus dem Mund dieses nicht gerade als feuriger Redner bekannten Mannes wurde: «Da müssen Sie nicht gleich so schnippisch werden!»

Die Situation war in der Tat gleichermaßen dramatisch wie konfus. Bei unklaren Mehrheitsverhältnissen in Florida und unter der Voraussetzung, dass Gore die ebenfalls hart umkämpften Staaten Oregon und New Mexico gewinnen würde (dies bestätigte sich im Laufe des noch jungen Tages), hätte Gore 267 Wahlmännerstimmen und lag somit deutlich vor Bush, dessen ihm zugefallene Staaten insgesamt 246 Stimmen ins Electoral College einbrachten. Dass Gore mehr abgegebene Stimmen aus der Wählerschaft als jeder andere Kandidat auf sich vereinigen konnte, war zu diesem Zeitpunkt bereits absehbar. Die Entscheidung war jedoch von Florida abhängig, dessen 25 Wahlmänner dem momentan noch zurückliegenden Bush 271 Wahlmännerstimmen verschaffen würden, eine mehr als die benötigte Mehrheit von 270. «Die letzte Präsidentschaftswahl des 20. Jahrhunderts», so beschreibt es eine autoritative Historiografie der Wahlen seit George Washingtons Tagen, «war die knappste seit vierzig Jahren und brachte die Nation an den Rand einer Verfassungskrise, die nur knapp nach 36 Tagen giftigen Argumentierens und Klagen vor den Gerichten darüber, wer denn nun gewonnen habe, der Demokrat Al Gore oder der Republikaner George W. Bush, abgewendet werden konnte.»[2] Das Nachrichtenmagazin *TIME* schrieb einige Tage später, noch erkennbar unter Schock stehend: «Die größte wirtschaftliche Kraftmaschine der Welt, die Geburtsstätte des Informationszeitalters, begann Stimmzettel per Hand auszuzählen. Einhundert Millionen Menschen hatten abgestimmt und das Ergebnis rangierte innerhalb der statistischen Fehlerbreite. Nach 18 Monaten und mehr als einer Milliarde Dollar war das Rennen um die Präsidentschaft 2000 auf ein Fünftausendstel von einem Prozent reduziert worden.»[3]

Während die Nation sich am Morgen des 8. November 2000 übermüdet die Augen rieb und immer noch nicht wusste, wer ihr nächster Präsident sein würde, und die gleichermaßen übernächtigten Kommentatoren der Fernsehsender durchaus zutreffend von einem Fiasko zu sprechen begannen, kam in Florida jenes Gesetz zur Anwendung, das bei einer Differenz von weniger als 0,5 Prozent automatisch eine Neuauszählung vorschreibt. Hierbei handelt es sich um eine maschinelle Auszählung. Anders als in Europa brauchen amerikanische Wähler nur in wenigen Regionen «ein Kreuz zu machen». Sie stanzen ein Loch in einen Wahlzettel, schraffieren ein computerlesbares, ovales Feld auf einem Formular oder ziehen den Hebel einer Wahlmaschine. Eine ganze Reihe verschiedener Wahl- und damit Auszählungssysteme sind in den USA in Gebrauch, oft gibt es in einem County ein ganz anderes Verfahren als im Nachbarkreis. Nach dem maschinellen *recount* war Bushs Vorsprung von 1.784 auf 327 Stimmen gesunken.

Gore und seine Mannschaft verlangten nun nach einer Auszählung per Hand. Ihr Argument: Viele Stimmzettel waren fehlerhaft ausgefüllt worden. Vor allem bei den *punchcard votes*, bei dem der Wähler und die Wählerin mit einem kleinen Stanzgerät ein Löchlein in das dafür vorgesehene Feld neben des Kandidaten Namen schaffen müssen, gab es ein wahres Minenfeld von Fallstricken. So hatten nicht alle Wähler die Stanze kräftig genug eingedrückt und das runde Papierstückchen (*chad*) hing noch an einer, zwei oder drei Ecken am Wahlzettel. Oder der *chad* war nur eingedrückt oder -gedellt und keineswegs herausgelöst. Nichtsdestotrotz hatte der Wähler, wenn auch unbeholfen, seine Präferenz deutlich zu machen versucht. Welche Stimmen sollten verwertet, welche als ungültig erklärt werden? Über diese Frage stritten in den nächsten Wochen Experten und Parteigänger mit wachsender Leidenschaft. Das Foto eines Wahlhelfers, der, sichtlich erschöpft und die Brille tief auf dem Nasenrücken hängend, mit ausgeprägtem Schielen eine solche Eindellung zu interpretieren versucht, ging um die Welt und wurde zum Sinnbild der Sackgasse, in die der Welt mächtigste Demokratie sich hineinmanövriert hatte.

Eine Verschärfung dieser Problematik stellte das Design des Wahlzettels in Palm Beach County dar, jener sonnenverwöhnten Region nördlich von Miami, die zum wichtigsten Schlachtfeld der Auseinandersetzung werden sollte. Hier war das Dokument als *butterfly* gestaltet: Die auszustanzenden Felder befanden sich in der Mitte des Blattes, zu beiden Seiten wurden die Namen aller Kandidaten aufgelistet. Auf der linken Seite war oben zunächst das Feld für Bush, darunter jenes für Gore, es folgte die Hälfte der übrigen, für den

Wahlausgang bedeutungslosen Gestalten. Auf der rechten Seite befanden sich die Felder für vier weitere Außenseiter sowie das *Write-in*-Feld, in das man – so einem die Kandidaten nicht zusagten – nach basisdemokratischer Tradition einen Namen der eigenen Wahl eintragen kann. Beide Listen waren leicht gegeneinander versetzt, sodass nach einem Stanzfeld für einen Kandidaten auf der linken jenes für einen Kandidaten auf der rechten Seite des Wahlzettels folgte, dann wieder ein Feld für einen Kandidaten auf der linken Seite usw. So ergab es sich, dass das oberste Feld zu George Bush gehörte (linke Seite), das darunterliegende zu dem Erzkonservativen Pat Buchanan (rechte Seite), das folgende zu Al Gore (linke Seite). Um keine Missverständnisse aufkommen zu lassen, führte ein Pfeil vom Namen des Kandidaten zum dazugehörigen Stanzfeld. Selbst das nützte nichts. Noch am Wahltag häuften sich in Palm Beach County die Beschwerden von Wählern, die Gore wählen, versehentlich jedoch das zu Buchanan gehörende Feld ausgestanzt hatten. In der Tat schnitt dieser Rechtsausleger in dem County überdurchschnittlich gut ab. Und es gab in Palm Beach viele *butterfly ballots*, auf denen neben dem Buchanan-Loch noch ein weiteres bei Gore zu finden waren – Versuche der Wähler, einen gerade noch bemerkten Irrtum auszugleichen, die dabei jedoch eine ungültige Stimme produzierten. Die griffige Formulierung vom TSTV (*too stupid to vote*) machte schnell die Runde.

Beide Lager setzten nun wahre Armeen jener Spezies in Bewegung, die auf den amerikanischen Alltag, auf die Medien und vor allem auf die politische Szene des Landes einen Einfluss hat, der sich europäischen Vorstellungen entzieht: *lawyers*. Insgesamt waren einige hundert Anwälte in Floridas Hauptstadt Tallahassee, in den umstrittenen Counties und vor allem in Palm Beach und Miami im Einsatz, von den Kameras eines an Anwaltsserien von «Matlock» bis «Ally McBeal» so überreichen Fernsehens verfolgt. Bemerkenswert war die Zusammensetzung dieser Schnellen Eingreiftruppe von Rechtsexperten und -interpreten: Sie waren fast ausnahmslos männlich und weiß und somit nicht gerade ein Spiegel der amerikanischen Gesellschaft.

Es war ein Kampf der Advokaten, der hin und her wogte. Mal schien eine Partei den Sieg zum Greifen nahe zu haben, mal lag die andere Partei argumentativ knapp vorn. In Washington, aber auch an den Schauplätzen der juristischen Auseinandersetzung demonstrierten Parteigänger der beiden Kandidaten. Grundtendenz der Republikaner war es, darauf hinzuweisen, dass alles, was zu zählen war, längst gezählt wurde, die Namen der beiden demokratischen Spitzenkandidaten wurden schnell zu «Sore Losermann» verballhornt, was so viel wie «schlechte Verlierer» bedeutet. Sympathisanten der Demokraten machten sich den Slogan «Lasst jede Stimme zählen» zu eigen. Wie nicht ganz unüblich, wurde von dieser Seite des politischen Spektrums insinuiert, dass besonders die Stimmen von weniger privilegierten Amerikanern wie ethnischen Minderheiten nicht gebührend beachtet wurden.

Die vom Wahlgesetz Floridas vorgeschriebene Neuauszählung bestand in einer erneuten automatischen Registrierung der abgegebenen Stimmen. Das Problem bei dieser Zählung war aus Sicht Gores und seiner Parteigänger, dass die Maschinen jene Stimmen nicht mitzählten, sondern als «ungültig» erachteten, die als *undervoted* (mit nicht vollständig ausgestanztem *chad*) oder als *overvoted* (wenn ein Wähler den Irrtum auf seinem Butterfly-Stimmzettel bemerkt hatte und ein zweites Loch zu stanzen versucht hatte) galten. Die Absichten dieser von der Wahltechnologie irritierten Wähler konnte nur die Auszählung per Hand einigermaßen deutlich machen – dass die erneute Maschinenauszählung Bush einen Vorsprung von rund 300 Stimmen zugesprochen hatte, motivierte zusätzlich zur Forderung nach einem manuellen *recount*. Die Demokraten schrieben sich die eingängige Formel auf die Fahnen: *Every vote counts, count every vote!*

Die Forderung war indes nicht ganz ehrlich gemeint. Bemerkenswerterweise forderte Gore nämlich keineswegs eine neuerliche Auszählung in ganz Florida. Der manuelle *recount* sollte auf vier Counties beschränkt sein. Ein Schelm, wer Böses dabei denkt: Diese vier Counties waren natürlich Hochburgen der Demokraten, wo die statistische Chance, bei einer Neuauszählung und -bewertung auf Gore-Stimmen zu treffen, höher war als zum Beispiel in Pensacola im *panhandle*, das vom Militär geprägt ist. Die Republikaner ihrerseits wollten überhaupt keine Auszählung. Ihr Mann hatte, wenn auch nur knapp, die Nase vorn, sie konnten somit nur verlieren. Die republikanischen Anwälte argumentierten, die Auszählung per Hand entspräche im Sport eine Situation, bei der man kurzerhand die Regeln ändere, nachdem das Spiel begonnen hatte.

Das Hin und Her der Gerichtsentscheide, gefällt in den betroffenen Counties und in Tallahassee, der Hauptstadt Floridas, überstieg zweifellos das Verständnis der meisten Amerikaner für legale Finessen. Wiederholt kamen Gerichtsentscheide pro oder kontra einer weiteren Auszählung, die dann wieder von einer anderen Instanz aufgehoben wurden. Eine besondere Pointe erhielt der juristische Zweikampf dadurch, dass die politisch Verantwortliche für den ordnungsgemäßen Ablauf einer Wahl in Florida herzlich wenig Interesse an der Neuauszählung hatte. Katherine Harris, in deren Kompetenzbereich als Secretary of State Floridas Wahlangelegenheiten fielen, war eine eingeschworene Republikanerin, die sich nach Kräften den Versuchen widersetzte, auch den letzten hängenden *chad* dem einen oder anderen Kandidaten Wochen nach der Wahl zuzuordnen. In dieser Haltung hatte sie die uneingeschränkte Rückendeckung ihres Chefs, des Gouverneurs von Florida. Der hieß Jeb Bush und gönnte zweifellos seinem älteren Bruder George den Einzug ins Weiße Haus von Herzen.

Harris setzte mehrfach eine Deadline, natürlich möglichst zeitnah, zu der die Auszählungen beendet sein mussten; Gerichte schoben diesen Termin ebenso mehrfach wieder hinaus. Am 26. November, 19 Tage nach der Wahl, verkündete Harris, dass die Wahlkommission des Staates George W. Bush mit einem Vorsprung von 537 Stimmen als Sieger ansähe. Bush ließ darauf verlautbaren, er sei geehrt und nehme in Demut das Urteil des Volkes von Florida an. Sein Mitkandidat Dick Cheney war vorübergehend etwas stiller geworden, nachdem er wenige Tage zuvor seinen vierten Herzinfarkt erlitten hatte.

Gore reichte umgehend die nächste Klage ein, der Richter N. Sanders Sauls in Tallahassee am 29. November entsprach. Mehr als eine Million Stimmen wurden in Lastwagen unter Bewachung durch die Polizei in die Hauptstadt Floridas gebracht. Auch in den nächsten Tagen kam es zu teilweise gegensätzlichen Richtersprüchen. Am 8. Dezember ordneten Richter in Florida die manuelle Neuauszählung jener Stimmzettel an, bei denen die Maschinen keine Zuordnung hatten treffen können – nur einen Tag später hob das Oberste Bundesgericht in Washington dieses Urteil abermals auf. Am nächsten Tag befasste sich diese oberste Instanz amerikanischer Jurisdiktion mit dem Verfahren *Bush v. Gore*, um am 12. Dezember ein historisches Urteil zu treffen. Der Supreme Court untersagte eine weitere Auszählung der Stimmen in Florida. Die Entscheidung wurde mit 5 zu 4 getroffen; die fünf als konservativ eingestuften Richter trugen dieses Verdikt, die vier eher liberalen Juristen bildeten die Minderheit. Nach 36 Tagen war die Wahl von 2000 endlich entschieden. Al Gore rief am 13. Dezember seinen Rivalen an, um ihm abermals zu gratulieren und anzufügen: «Ich habe ihm versprochen, dass ich diesmal den Anruf nicht zurücknehmen werde.»[4] Nicht alle Demokraten nahmen es so humorvoll wie der aus dem Amt scheidende Bill Clinton, der mit Augenzwinkern erklärte: «Das Gute an der Wahl von 2000 ist, dass sie dem Supreme Court die Gelegenheit gab, sich für die Rechte von Minderheiten starkzumachen.»[5]

Das endgültige amtliche Wahlergebnis sprach dem «Ticket» Al Gores mit seinem Vizepräsidentschaftskandidaten Joe Lieberman eine Stimmenzahl von 51.003.926 zu, das republikanische Team Bush und Cheney hatte 50.460.100 Stimmen erhalten. In Prozent ausgedrückt war dies ein knapper Vorsprung von 48,38 Prozent für Gore gegenüber einem Anteil von 47,87 Prozent für Bush: Die restlichen Stimmen gingen an Nader sowie die anderen Kandidaten kleinerer Parteien. George W. Bush hatte nach der Entscheidung des Obersten Bundesgerichtes mit den Wahlmännern Floridas 271 Stimmen, Al Gore 266 Stimmen im Electoral College. Zum vierten Mal – aber nicht zum letzten Mal – in der amerikanischen Geschichte wurde ein Präsident gewählt, der weniger Wählerstimmen als sein Kontrahent auf sich hatte vereinigen können.

In der endlos scheinenden Wahlnacht, beim Warten auf das Ergebnis aus Florida ging ein bemerkenswertes Detail fast ein wenig unter. Al Gore war es nicht gelungen, seinen Heimatstaat zu gewinnen. Tennessee, in dessen Politik Mitglieder der Familie Gore seit Jahrzehnten eine herausragende Rolle spielten, entschied sich mehrheitlich für George W. Bush. Den eigenen Staat nicht gewinnen zu können – es ist wiederholt ein Zeichen der Schwäche eines Kandidaten gewesen; ein Beweis der begrenzten Attraktivität von Person und Programm. Das letzte Mal vor 2000, dass ein Kandidat einer der beiden großen Parteien die Wahlmännerstimmen seines Heimatstaates nicht für sich gewinnen konnte, geschah im Jahr 1972. Damals verlor der liberale Senator George McGovern «sein» South Dakota an Richard Nixon. Nixon erzielte damals einen Erdrutschsieg – im Gegensatz zum denkbar knappen Erfolg Bushs gegen Gore. Entscheidend war das Versagen in der Heimat dennoch: Hätte Gore Tennessee gewonnen, wäre der Wahlabend bei Weitem nicht so spannend, die nachfolgende politische und juristische Auseinandersetzung nicht notwendig gewesen. Mit den Wahlmännerstimmen aus Tennessee hätte sich Al Gore nämlich beruhigt in seinem Sessel zurücklehnen können: Das Ergebnis aus Florida wäre irrelevant gewesen, Gore hätte mit Tennessee und ohne den «Sunshine State» 278 Wahlmännerstimmen gehabt und wäre der 43. Präsident der USA geworden.

Caucus und Primary: Wie Vorwahlen ablaufen

John F. Kennedy verkündete am 2. Januar 1960, dass er für die Präsidentschaft der Vereinigten Staaten kandidiere – jene im November 1960. Es klingt wie eine Fabel aus einer längst vergangenen Zeit: im gleichen Jahr die Kandidatur bekannt zu geben, in dem die Wähler ihre Stimmen abgeben! Bei der Wahl von 2024 hatten alle ursprünglichen Kandidaten bereits im Jahr zuvor ihren Hut in den Ring geworfen – im Wesentlichen auf Seiten der Republikaner, da bei den Demokraten nicht an einer erneuten Kandidatur vor Amtsinhaber Joe Biden gezweifelt wurde.

Die Frage, wer letztlich der Präsidentschaftskandidat der beiden großen Parteien wird, entscheiden in überproportionalem Maße die Parteigänger zweier demografisch wenig beeindruckender Staaten: Iowa und New Hampshire. Traditionsgemäß findet in Iowa ein erster *caucus*, eine Sammlung lokaler Parteizusammenkünfte, die dann ein Votum abgeben, statt und in New Hampshire die erste Vorwahl, die *primary*. Bevor es zu diesen ersten Stimmabgaben kommt und während vor allem bei CNN die Kandidaten schon in sogenannten Town-Hall-Diskussionen mit ausgesuchten Zuschauern landesweit bekannt sind, haben sie typischerweise Monate in beiden Staaten verbracht, unzählige Hände geschüttelt, Babys geküsst und Ribs, Hotdogs, gegrillte Maiskolben oder andere kulinarische Symbole von Volkstümlichkeit in sich hineingestopft. Der Medienrummel ist stets ungeheuer und die Aufmerksamkeit, die diesen beiden Wahlvorgängen zukommt, steht in keinem Verhältnis zu der tatsächlich dort zu gewinnenden Delegiertenzahl – der psychologische Effekt eines gelungenen Starts ist jede Anstrengung wert.

Da Wahlkämpfe heute geradezu unvorstellbare Summen von Geld erfordern, werfen nicht selten Kandidaten, die hinter ihren Erwartungen zurückbleiben, bereits nach der Entscheidung von Iowa das Handtuch oder sogar schon vorher, wenn die Umfragen in dem recht dünn besiedelten Staat nichts Gutes verheißen. Damit steht die Bedeutung der ersten Vorwahlen in keinem Verhältnis zu der dort am Abstimmungsprozess teilnehmenden Demografie, wie es *Washington-Post*-Kolumnist George F. Will nach dem *caucus* in Iowa im Januar 2024 deutlich machte:

> «Eine kleine Minderheit von Iowas winziger Minderheit (0,96 Prozent) der amerikanischen Bevölkerung hat gesprochen. Nächste Woche hat ein Teil von New Hampshires 0,42 Prozent das Wort. Wenn man am 24. Februar von South Carolina (1,63 Prozent) gehört hat, haben diese drei Staaten den anderen 97 Prozent der Amerikaner eine Wahl im November aufgezwungen, die eine saftige Mehrheit für scheußlich hält.»[1]

Der Kandidatenfindungsprozess ist in den letzten Jahrzehnten stark demokratisiert worden. Waren *primaries* früher die Ausnahme und die Ernennung von Delegierten zur Convention von der Parteiorganisation, den Bossen, die Regel, so fällt heute in aller Regel in den Vorwahlen die Entscheidung, die dann auf dem Parteitag als großartiges medial zelebriertes Politvolksfest auf eine Weise gefeiert wird, die dem oder der frisch Gekürten meist einen drastischen, aber nicht unbedingt permanenten Boom in den Umfragewerten beschert. Sehr demokratisch ist auch die Offenheit dieser Wahlen: In manchen Staaten muss man keineswegs eingeschriebenes Mitglied bei einer Partei sein, um für einen der Kandidaten zu stimmen. Man kann sich auch als Unabhängiger in das Wählerverzeichnis eintragen und am Entscheidungsprozess teilnehmen.

Auf der Convention wird nach der Wahl des Kandidaten und der Ernennung des Vizepräsidentschaftskandidaten dieses Ticket meist ausgiebig gefeiert, in einer Choreografie, die wenig Unterschied zwischen beiden Parteien aufweist. Danach kann die heiße Phase des Wahlkampfes inklusive der Fernsehdebatten beginnen.

15. Hope

2008: Barack Obama vs. John McCain

Im letzten Viertel des 20. Jahrhunderts, nach dem Kampf der Bürgerrechtsbewegung und dem Siegeszug des Feminismus, wurde alle vier Jahre eine Frage diskutiert: Sind die USA «reif» für eine Frau im Weißen Haus? Oder für einen Angehörigen einer Minderheit, sprich: für einen afroamerikanischen Präsidenten? Die Frage wurde im Jahr 2008 beantwortet, und dies fast in doppeltem Sinn: mit Hillary Clinton und Barack Obama lieferten sich bei den Demokraten eine Frau und ein farbiger Politiker über mehrere Monate einen spannenden Vorwahlkampf, dessen Sieger schließlich bei der Wahl im November eine deutliche Mehrheit der Wählerstimmen auf sich vereinigen konnte.

Die Aussichten für die Demokraten schienen zu Beginn des Wahljahres glänzend. Der Republikaner George W. Bush stand vor dem Ende seiner zweiten Amtszeit und hatte eine Zustimmungsrate von nur 31 Prozent – eine Unbeliebtheit, die auf seine Partei abfärben konnte. Neben einer stockenden Wirtschaft war der Hauptgrund in der verbreiteten Desillusionierung mit Bush – der in den traumatischen Tagen nach den Terroranschlägen vom 11. September 2001 die Nation zunächst weitgehend hinter sich geeint hatte – der Krieg in Irak, der keineswegs so erfolgreich geendet hatte, wie es ein live übertragener martialischer Auftritt von Bush im Flieger-Outfit auf einem Flugzeugträger («*Mission Accomplished!*») zu suggerieren suchte. Das Land war keineswegs befriedet, auch wenn Diktator Saddam Hussein am Galgen geendet hatte, und im Irak starben immer noch amerikanische Soldaten – ebenso wie in Afghanistan, wo sich der Einsatz alliierter Truppen gegen die Taliban zum längsten Krieg in der amerikanischen Geschichte entwickeln sollte. Einen mehr als fahlen Beigeschmack hinterließ für viele Amerikaner auch die in den Jahren nach Beginn der amerikanischen Invasion des Irak im März 2003 gereifte Erkenntnis, dass die Begründung für den Krieg – freundlich ausgedrückt – nicht auf Tatsachen beruhte. Die angeblichen Massenvernichtungswaffen Saddams wurden nie gefunden; der grundsätzlich integre Außenminister Colin Powell litt bis zu seinem Tod im Jahr 2021 daran, den Vereinten Nationen diese Lügen aufgetischt zu haben, und nannte dies einen Schandfleck in seiner langen Laufbahn als Offizier und Politiker.

Für die Republikaner war es indes von Vorteil, dass ein unbeliebter Amtsinhaber nicht erneut kandidieren konnte und die Partei sich stattdessen vielmehr einen neuen, weniger belasteten Kandidaten würde suchen müssen. Bemerkenswerterweise zog niemand aus der Bush-Administration eine Kandidatur in Erwägung; weder einer der Minister noch Vizepräsident Dick Cheney. Des Letzteren Verzicht war ein weiser Entschluss: Zum einen war er noch unbeliebter als Bush selbst, zum anderen war er nach einer Serie von Herzinfarkten, nach vierfachem Bypass und der Implantation eines Herzschrittmachers möglicherweise nicht fit genug für die Belastungen des Amtes. Im Jahr 2012 sollte sich noch eine Herztransplantation anschließen. Manchmal freilich hält die Geschichte – auch die Zeitgeschichte – eine feine Ironie bereit: Zum Zeitpunkt der Abfassung dieses Buches ist Dick Cheney der älteste lebende ehemalige Vizepräsident und einer der ältesten Vizepräsidenten überhaupt. Auch die politische Wahrnehmung Cheneys als eines sehr weit rechts stehenden Politikers dürfte sich angesichts dessen, was nach seiner Zeit kam, gewandelt haben: Wie auch seine Tochter Liz ist Cheney ein scharfer Kritiker Donald Trumps, den er als «Feigling» und als «Schande für die Republik» bezeichnete.

Zum Favoriten bei den Republikanern wurde spätestens im Februar 2008 an dem zahlreiche *primaries* abhaltenden Super Tuesday der Senator von Arizona, John McCain. Er siegte in mehreren Bundesstaaten, darunter dem die größte Zahl von Delegierten stellenden Kalifornien. Entscheidend dafür dürfte die Unterstützung durch den Gouverneur des *Golden State*, Arnold Schwarzenegger, gewesen sein. McCain, hochangesehen als Kriegsheld und Veteran, der in mehreren Jahren der Gefangenschaft im kommunistischen Nordvietnam durch Folter bleibende Schäden davongetragen hatte, wurde auf dem Wahlparteitag der Republikaner Anfang September in Minneapolis mit einer Mehrheit von rund 99 Prozent der Delegiertenstimmen nominiert. Für die sogenannte republikanische Basis, die konservativen Hardliner vor allem im Mittelwesten und im Süden, war er ungeachtet seines weithin gewürdigten Patriotismus nicht unbedingt der Kandidat, der bei ihnen Enthusiasmus auslöste. McCain hatte einen Ruf als *maverick*, als oft schwer auszurechnender Einzelgänger, der durchaus von der ideologischen Linie seiner Partei abwich und der immer wieder *bipartisanship*, die Zusammenarbeit mit demokratischen Senatskollegen, suchte.

Diese ihm gegenüber teilweise zögerliche «Basis» – ein Begriff, der seit 2016 synonym für die Anhängerschaft Donald Trumps gebraucht wird – begeisterte indes McCains Wahl für den zweiten Namen auf dem Ticket. Zu seiner Vizepräsidentschaftskandidatin machte der im Wahlkampf Ende August seinen 72. Geburtstag feiernde Senator die im Lande selbst politischen Auguren weithin unbekannte Gouverneurin von Alaska, Sarah Palin. Die 44-jährige Politikerin verstand es, die Delegierten und weite Teile der republikanischen Anhängerschaft zu begeistern. Die (für Politikerinnenverhältnisse) junge und attraktive Frau vertrat konservative Positionen, die sie mit Verve und Dynamik verbalisierte, wie ihre Unterstützung des Explorierens von Gas- und Ölvorkommen im eigenen Land und vor allem in Alaska (*«Drill, baby, drill!»*) und ihre Bekräftigung des Rechtes eines jeden Amerikaners und jeder Amerikanerin, Schusswaffen zu besitzen. Nicht überraschend, schossen sich der politische Gegner und die weit überwiegend das demokratische Ticket unterstützenden Medien (nach einer Umfrage sahen 70 Prozent der Befragten die Medien als zugunsten von Clinton und Obama voreingenommen an) schnell auf Palin ein. Die in der nationalen und erst recht in der internationalen Politik weitgehend unerfahrene Frau konnte mit ihrer kecken Rhetorik ihre Wissens- und Kompetenzlücken nicht immer überdecken. Nach ihrer außenpolitischen Expertise gefragt, gab sie an, dass man ein anderes Land, nämlich Russland, von Alaska aus an klaren Tagen sehen könne. Auf die Frage, durch welche Medien sie sich über aktuelle Entwicklungen informiere, gab sie zum Besten: «Alle von ihnen», vermochte aber keine einzige Zeitschrift oder Zeitung mit Namen zu nennen.[1]

Ihre Kandidatur – wenngleich nicht ihre politische Einstellung – fand die ausdrückliche Zustimmung von Hillary Clinton, die als ehemalige First Lady und seit 2001 Senatorin von New York früh als eine Favoritin für die demokratische Präsidentschaftskandidatur galt. Als ein Zeichen dafür, wie sehr sich amerikanische Wahlkämpfe inzwischen in die Länge ziehen, mag der Zeitpunkt der Verkündigung der ersten offiziellen Kandidatur gelten. John Edwards, Senator aus North Carolina und demokratischer Vizepräsidentschaftskandidat auf dem von John Kerry angeführten und George W. Bush unterlegenen Ticket von 2004, tat diesen Schritt am 28. Dezember 2006 – fast zwei Jahre vor der Präsidentschaftswahl. Im Wahlkampfteam von Hillary Clinton herrschte Zuversicht; offenbar ging man vor dem ersten Votum davon aus, mit dem Super Tuesday am 5. Februar die Nominierung bereits sicher zu haben. Es war nicht das erste, vor allem aber – wie sich 2016 zeigen sollte, als Clinton endlich den *top spot* auf dem Ticket innehatte – nicht das letzte Mal, dass die Überheblichkeit der Kandidatin und ihrer Berater einer harten Landung in der Realität ausgesetzt war.

Clintons großes Pech war es nämlich, dass ihr parallel zum eigenen Aufstieg und ihrer Reputation als einer kompetenten Senatorin ein Konkurrent erwuchs, dessen Charisma so ziemlich alles übertrumpfte, was die amerikanische Politszene seit den Tagen von John F. Kennedy erlebt hatte. Der 1961 geborene Barack Obama war im Alter von 35 Jahren Senator im Staatsparlament von Illinois (*state senator*) geworden und hatte auf dem Wahlparteitag der Demokraten 2004 eine viel beachtete Rede gehalten, die ihn fast über Nacht zu einem *household name* machte. Im gleichen Jahr kandidierte er für den Senat in Washington. Diesen Sitz gewann er mit einem Stimmenanteil von rund 70 Prozent, was ein historischer Rekord für eine Senatswahl in Illinois war. Obama inspirierte junge Wählerinnen und Wähler sowie Menschen in der afroamerikanischen Community in hohem Maße – für viele von ihnen wurde er ein Hoffnungsträger; das sein Porträt zeigende Plakat des Künstlers Shephard Fairey mit dem Wort HOPE wurde zu einer Ikone des Wahlkampfes, wenn nicht gar der acht Jahre seiner Präsidentschaft.

Obama verkündete seine Kandidatur für die Präsidentschaft am 10. Februar 2007 an einem symbolträchtigen Ort: dem Old State House in Springfield, der Hauptstadt von Illinois. Hier hatte einst Abraham Lincoln seine berühmte *A house divided cannot stand*-Rede gehalten und von Springfield aus war er in der größten Krise der Nation nach Washington aufgebrochen. Obama sammelte ein erfahrenes Team um sich, in dem der Consultant und Analyst David Axelrod eine führende Rolle spielen sollte.

Die erste Vorwahl, in diesem Fall ein *caucus* und keine *primary*, wurde wie immer in Iowa abgehalten. Am 3. Januar 2008 siegte Obama bei dieser ersten Entscheidung mit knapp 38 Prozent der Stimmen vor John Edwards mit knapp 30 Prozent und der mit diesen fast gleichauf liegenden Hillary Clinton. Ein Selbstläufer wurde es indes nicht: Wenige Tage darauf gewann Clinton die erste *primary* in New Hampshire mit 39,5 Prozent zu 36 Prozent für Obama. Nach dem *caucus* in Iowa war das Feld der demokratischen Bewerber bereits geschrumpft. Neben dem Senator aus Connecticut, Chris Dodd, stellte auch der Senator aus Delaware, Joe Biden, seinen Wahlkampf ein. Biden, der für rhetorische Fehltritte (*gaffes*) bekannt war, hatte sich ein Jahr zuvor zu einer Bemerkung hinreißen lassen, die wohl als Kompliment für Obama gedacht war, aber völlig daneben war – sie sei im Original wiedergegeben: «*I mean, you got the first mainstream African-American who is articulate and bright and clean and a nice-looking guy. I mean, that's a storybook, man.*»[2] Wie der weitere Verlauf des Wahljahres 2008 zeigen sollte, verübelte Obama dies dem knapp zwanzig Jahre älteren Biden überhaupt nicht: Er machte ihn zu seinem Vizepräsidentschaftskandidaten.

Bis dahin war es indes ein weiter Weg, da sich Obama und Clinton noch ein sich über Monate hinziehendes Duell lieferten – was letztlich zu einem weiteren Beweis dafür führte, dass Obama nicht dazu neigte, nachtragend zu sein: Er holte Hillary Clinton als Außenministerin in sein Kabinett. Nach dem Super Tuesday lagen beide mit 847 (Clinton) bzw. 834 (Obama) Delegierten praktisch gleichauf. Das Kopf-an-Kopf-Rennen mit teilweise sehr engen Wahlergebnissen wie in Indiana mit 50,6 Prozent für Clinton und 49,4 Prozent für Obama ging weiter. Erst mit der Entscheidung einer Mehrheit der sogenannten Superdelegierten – sozusagen die Parteioberen der Demokraten, die ein Stimmrecht auf dem Wahlparteitag haben – für Obama konnte dieser über die für die Nominierung notwendige Delegiertenzahl verfügen. Auf der Convention der Demokraten Ende August in Denver wurde Barack Obama als erster nichtweißer Präsidentschaftskandidat einer der beiden großen Parteien bestätigt.

McCain und die Republikaner mochten Hoffnung aus einem historischen Trend ziehen. Obama konnte mit Recht als ein typischer *Northern liberal Democrat* angesehen werden; als ein Kandidat, der nicht nur sehr liberal – in der deutschsprachigen Politdiktion «sehr links», zumindest für amerikanischen Verhältnisse –, sondern auch aus einer Region und deren politischer Kultur kam, die vielen Wählerinnen und Wählern in Texas und Kansas, in Georgia und Kentucky wesensfremd war. Und die Bilanz der nicht gerade seltenen *Northern liberal Democrats* als Präsidentschaftskandidaten des letzten halben Jahrhunderts war eindeutig: Hubert Humphrey aus Minnesota (1968), George McGovern aus South Dakota (1972), Walter Mondale aus Minnesota (1984), Michael Dukakis aus Massachusetts (1988) und John Kerry, ebenfalls aus Massachusetts (2004), hatten allesamt die Wahl verloren.

Die Wahl von 2008 hatte zwei statistische Besonderheiten: Zum ersten Mal seit 1952 stand kein amtierender Präsident oder Vizepräsident auf dem

Wahlzettel. Und unabhängig vom Wahlausgang war schon vorher klar, dass erst zum dritten Mal überhaupt ein aktiver (*sitting*) Senator gewählt werden würde – dies war bislang nur 1920 mit Warren Harding und 1960 mit John F. Kennedy der Fall gewesen. In den Meinungsumfragen hatte McCain zunächst einen leichten Vorsprung. Zugunsten von Obama und seinem Team wirkten zwei Faktoren: ein fast virtuoser Umgang mit dem Internet und den *social media* sowie die opulenteren Finanzmittel. Vom Juni bis zum Wahltag setzten Obamas Wahlkämpfer rund eine Milliarde Dollar ein gegenüber etwa 600 Millionen Dollar, welche McCains Team investieren konnte. Eine endgültige Wende zugunsten Obamas leitete dann ein die amerikanische Öffentlichkeit (und mit ihr die Weltwirtschaft) schockierendes Ereignis ein, wie es ein Zeithistoriker beschreibt:

> «Was diese Wahl zu einer Ausnahmeerscheinung macht, ist die Wende durch die öffentliche Reaktion auf die Finanzkrise, welche die nationale Wirtschaft während des Wahlkampfs Mitte September heimsuchte. Was als Wall Street Meltdown bekannt wurde, entwickelte sich zu einem ‹Gamechanger›. Es war eine *October Surprise*, die im September zuschlug und die Wahl zugunsten Obamas entschied. Niemals in der Geschichte der Präsidentschaftswahlen war es zu einem Ereignis wie dem Wall Street Meltdown mitten im Wahlkampf gekommen, welches definitiv zu einem anderen Wahlausgang führte.»[3]

Die Nation aus dieser Krise zu führen trauten mehr Amerikaner dem jungen Senator aus Illinois als dem alten Senator aus Arizona zu. Eine Gallup-Umfrage vom 10.–12. Oktober zeigte, dass eine Mehrheit von 53 Prozent Obama als den Kandidaten sah, der besser die wirtschaftliche Situation handhaben würde, während nur 39 Prozent McCain bei diesem Thema für geeigneter hielten. Als ein Beleg dafür, wie abgehoben McCain von den täglichen Sorgen der meisten seiner Landsleute war, konnte im Interview mit der digitalen Zeitschrift *Politico* seine Reaktion auf die Frage gewertet werden, wie viele Häuser er und seine Frau Cindy besäßen. Die genaue Zahl seiner Immobilien war McCain offenbar nicht bewusst: «*I think – I'll have my staff get to you.*»[4]

Insgesamt vier *presidential debates* fanden zwischen dem 26. September und dem 15. Oktober statt. Bemerkenswert war, dass die einzige Debatte zwischen den Vizepräsidentschaftskandidaten Joe Biden und Sarah Palin dabei mit fast 70 Millionen die höchste Zuschauerbeteiligung hatte, deutlich mehr als die drei Rededuelle zwischen Obama und McCain, die weitgehend friedlich verliefen. Die Debatte zwischen Palin und Biden deutete streckenweise an, dass in einer von Feminismus geprägten Gesellschaft ein männlicher Kandidat gegenüber einer weiblichen Kandidatin in einer prekären Situation sein kann. Bei – nicht wirklich relevanten – Schnitzern Palins zog Biden es klugerweise vor, keine Reaktion zu zeigen; wahrscheinlich um nicht *patronizing* gegenüber einer Frau zu wirken. Dass sie den amerikanischen Oberkommandierenden in Afghanistan als «General McClellan» (der Mann hieß McKlernan) bezeichnete, fiel vermutlich auch nur Hobbyhistorikern, Bürgerkriegsfans und Kennern von Präsidentschaftswahlen auf: McClellan kommandierte in der ersten Phase jenes in ferner Vergangenheit liegenden Konflikts die größte Unionsarmee und war – wie beschrieben – 1864 der Gegenkandidat Abraham Lincolns. Palin punktete stattdessen mit ihrer für den Westen der USA (oder, in ihrem Fall, den hohen Norden) so typischen Spontaneität, als sie der Moderatorin bei der Vorstellung der beiden Kandidaten fast ins Wort fiel und Biden ein herzhaftes *«Can I call you Joe?»* zurief – was der Senior erfreut bejahte.

Am 4. November 2008 stimmten 52,9 Prozent der Wählerinnen und Wähler für das Ticket Barack Obama und Joe Biden; 45,7 Prozent gaben John McCain und Sarah Palin ihre Stimme. Auch Ralph Nader stand wieder auf dem Wahlzettel; den aus Sicht der Demokraten großen Spielverderber von 2000 wählten indes nur 0,56 Prozent. Im Wahlmännerkollegium siegte Obama mit 365 gegenüber 173 Stimmen für McCain. Mit ausgeprägter Unterstützung durch afroamerikanische (95 Prozent für Obama), hispanische (67 Prozent für Obama) und asiatischstämmige Wähler (62 Prozent für Obama) sowie einem starken Rückhalt bei jungen Wählerinnen und Wählern (66 Prozent der 18- bis 29-Jährigen, 54 Prozent der 30- bis 39-Jährigen für Obama) mochte der eine oder andere demokratische Stratege eine glänzende Zukunft für die Partei voraussehen. Zwar wurde Barack Obama 2012 mit einem ähnlichen Ergebnis bei den absoluten Wählerstimmen und einer etwas geschrumpften, aber immer noch beeindruckenden Mehrheit von 332 gegenüber 206 Stimmen im Electoral College für den republikanischen Kandidaten Mitt Romney wiedergewählt. Vier Jahre später harrte der Demokraten – und der Weltöffentlichkeit – indes eine Überraschung.

FACTS

Ein Leben nach der Präsidentschaft

Im Januar 2017 schied Barack Obama aus dem Präsidentenamt. Er war zu diesem Zeitpunkt 55 Jahre alt – nach allgemeinem Verständnis ein Mann mittleren Lebensalters; für einen Politiker, der das Höchstmögliche erreicht hatte und nun ein Ex-Präsident zu sein begann, jedoch fast noch jung. Nicht nur waren zahlreiche seiner Vorgänger schon bei ihrem Amtsantritt deutlich älter gewesen – die beiden nächsten in Amt, der 44. Präsident Donald Trump und der 45. Präsident Joe Biden (Obamas Vize), stellten neue Altersrekorde auf. Was macht ein noch im Vollbesitz aller Kräfte stehender Mann wie Obama im «Ruhestand»? Es gibt bestimmte Lebenswege nach der Präsidentschaft und Aufgaben, denen sich ein Ex-Präsident verschreibt. Eine Rückkehr in die aktive Politik ist dabei selten – eine erneute Kandidatur gab es neben Donald Trump im Jahr 2024 nur für Theodore Roosevelt 1912; «Teddy» war bei seinem Abschied aus dem Weißen Haus mit 50 Jahren sogar noch jünger als Obama bei seiner Emeritierung.

Eine wichtige Aufgabe für einen Ex-Präsidenten ist die Bewahrung und Pflege seiner *legacy*, die möglichst positive Erinnerung an sein Wirken im Weißen Haus. Ein Weg, um dies zu erreichen, ist das Verfassen von Memoiren. Für Obama war dies keine neue Übung; er hatte bereits vor seinem Amtsantritt mehrere Bestseller verfasst. Sein Rückblick auf die Jahre im Weißen Haus schildert er in zwei Bänden unter dem Titel *A Promised Land*; der erste Teil erschien im November 2020 und wurde in fast jede wichtige Sprache auf diesem Planeten übersetzt. Zur Pflege des Bildes von der eigenen Präsidentschaft sowie als deren Dokumentationszentrum tragen in ganz besonderem Maße die *Presidential Libraries* bei, an deren Konzeption jeder ehemalige Präsident (so ihm noch mindestens ein paar Jahre nach dem Ausscheiden aus dem Amt vergönnt sind) sich aktiv beteiligt. Bei der Planung dieser Institutionen haben sich von den Präsidenten der jüngeren Vergangenheit unter anderem vor allem Bill Clinton und George W. Bush aktiv eingebracht. Die Präsidentenbibliothek von Barack Obama (*Barack Obama Presidential*

Center) entsteht auf der Southside von Chicago und soll Ende 2025 fertiggestellt sein.

Ein recht junger Ex-Präsident war mit 54 Jahren auch Bill Clinton, als er im Januar 2001 die Präsidentschaft an seinen Nachfolger George W. Bush übergab. Der 42. Präsident hatte für seine Zeit nach dem Abschied von der Macht ein aus der Not geborenes Nahziel: Er musste Geld verdienen, sehr viel Geld, um die Rechnungen der Anwälte zu bezahlen, die ihn während der Lewinsky-Affäre und dem aus dieser herrührenden Impeachment verteidigt hatten. Mit Vorträgen, die bis zu sechsstellige Honorare einbrachten, und mit der Veröffentlichung seiner Memoiren, für die er dem Vernehmen nach allein als Vorschuss mehr als 10 Millionen Dollar erhalten hatte, gelang ihm dies.

Seinen Ruf aufzupolieren bemühte sich neben dem ein fast hektisches humanitäres Engagement betreibenden Jimmy Carter auch Richard Nixon, der nach der Schmach von Watergate sich als *elder statesman*, durchaus mit einigem Erfolg, zu etablieren versuchte. Überwiegend seinem Hobby, dem Golfspielen, widmete sich sein Nachfolger Gerald Ford. Ganz Privatmann zu sein gelingt nur wenigen ehemaligen Präsidenten. George Washington genoss nach acht Jahren an der Macht wieder das Leben als Gentleman Farmer auf Mount Vernon. Sein virginischer Landsmann Thomas Jefferson schuf als Pensionär ein bleibendes Erbe: Er gründete in Charlottesville, unweit von Monticello, die University of Virginia.

16. Alte weiße Männer

2016: Donald Trump vs. Hillary Clinton
2020: Joe Biden vs. Donald Trump

Man kann es zweifellos als Kennzeichen einer starken und lebendigen Demokratie ansehen, wenn die Wählerinnen und Wähler mit ihrem Urnengang nicht nur in der Lage sind, Personal an der Regierungsspitze auszuwechseln, sondern einen Kurswechsel zu initiieren – gegebenenfalls einen radikalen. Vielleicht, dieser Eindruck drängt sich auf, liegt hier der Vorzug eines Zweiparteiensystems, wie es in den USA (ohne *disrespect* gegenüber den Libertarians oder den Greens und anderen in ihrem Einfluss letztlich marginalen Gruppierungen, die in vielen Bundesstaaten auf dem Stimmzettel stehen) und im Kern auch in Großbritannien (wo die kleineren im Unterhaus vertretenen Parteien eher selten für eine Regierungsbildung benötigt werden) existiert. In manchen europäischen Ländern hingegen – die geneigte Leserin, der geneigte Leser mag aus eigener Perspektive Beispiele finden – entscheiden Wahlen mehr oder weniger nur darüber, welche Koalition eine im Wesentlichen vorgegebene Politikrichtung mit allenfalls überschaubaren Änderungen weiter verfolgt. In den USA kann die Wählerschaft indes das Pendel massiv in die andere Richtung schwingen lassen – so wie es zum Entsetzen der veröffentlichten Meinung in Europa im November 2016 geschah.

Jenes Jahr wurde zu einem einprägsamen Beispiel dafür, dass eine funktionierende Demokratie – mit starker Betonung auf «funktionierend» – überraschende Ergebnisse generieren kann und die Wählerinnen und Wähler sich möglicherweise nicht scheuen, die Prognosen (und Meinungen) der Leitartikler, der «Experten» in den Fernsehstudios und die Daten der Meinungsforscher quasi über Nacht ad absurdum zu führen. Am 23. Juni 2016 gingen mehr als 33 Millionen Bürgerinnen und Bürger des Vereinigten Königreichs an die Wahlurnen und stimmten über den Verbleib des UK in der Europäischen Union ab. Eine Mehrheit von 51,9 Prozent präferierte dabei den Austritt, den Brexit. Die höchsten Zustimmungsraten hatte der Brexit in den mehr ländlichen Regionen Englands und seinem wirtschaftlich benachteiligten Norden, während im Großraum London (ebenso wie in Schottland) eine breite Mehrheit für «remain» stimmte. Es war ein Gegensatz zwischen liberaler Metropole und *countryside*, der in den USA fast noch deutlicher ausgeprägt ist: mit Großstädten wie New York, Chicago und Los Angeles, die stets – ob bei der Präsidentschafts- oder bei einer Bürgermeisterwahl – den Demokraten deutliche Mehrheiten bescheren, und ländlichen Regionen, in denen diese Partei mancherorts Schwierigkeiten hat, überhaupt Kandidaten zu finden. Dieser Gegensatz manifestiert sich typischerweise auch innerhalb eines Bundesstaates. Maryland beispielsweise ist in einem solchen Ausmaß eine Hochburg der Demokraten, dass beide Parteien bei einer Präsidentschaftswahl kaum Ressourcen einsetzen – die Demokraten, weil sie es nicht brauchen, und die Republikaner, weil es sinnlos wäre. Doch das deutliche Blau (der Farbmarkierung der Demokraten gegenüber dem Rot der Republikaner) auf der *electoral map*, der Karte mit den Präferenzen der Bundesstaaten, in dem Maryland gehalten ist, täuscht. Die demokratischen Stammwähler wohnen in den einwohnerstarken Vororten Washingtons und in der Stadt Baltimore; die Mehrzahl der ländlichen, aber dünner besiedelten und damit demografisch schwächeren *counties* geht an die Republikaner. Eine Wahlkarte der USA, die nicht nach Bundesstaaten, sondern nach *counties*, nach Landkreisen gegliedert ist, zeigt dementsprechend ein weitgehend rotes Land mit blauen Einsprengseln: urbane Zentren zum einen und jene ländlichen Regionen entlang der Grenze zu Mexiko oder entlang des Mississippi zum anderen, wo ethnische Minderheiten wie Latinos oder Afroamerikaner einen überdurchschnittlich großen oder gar den größten Bevölkerungsanteil ausmachen.

Lange bevor der erste, der britische Wahlschock des Jahres 2016 abzusehen war, schien es in den USA so, als sei der weitere politische Weg vorgezeichnet. Barack Obama hatte zwei Präsidentschaftswahlen gewonnen und konnte sich dabei vor allem auf das Votum – und in den Wahlkämpfen auf das Engagement – junger Amerikaner und ethnischer Minderheiten verlassen. Es schien eine neue Koalition von Wählergruppen institutionalisiert, die künftige Mehrheiten garantieren würde. Hinzu kam, dass die Regierungsbilanz der Obama-Administration keinesfalls schlecht ausfiel. Die Folgen der Finanzkrise von 2008 waren weitgehend erfolgreich bewältigt oder zumindest abgemildert; für die psychologische Befindlichkeit weiter Teile der Nation war der Tod Osama bin Ladens als Folge eines amerikanischen Militäreinsatzes eine Wohltat. Zwar war das US-Militär immer noch in Konflikte im Irak und in Afghanistan verstrickt, doch ging das Engagement nach vielen Opfern erkennbar zurück. Die USA hatten bei ihren Verbündeten in Europa nach den problematischen Bush-Jahren wieder an Ansehen gewonnen und ihrem Präsidenten schlug dort geradezu eine Welle der Verehrung entgegen. Diese färbte zumindest in der medialen Darstellung auch auf seine Außenministerin während Obamas erster Amtszeit, Hillary Clinton, ab. Ob ihre Politiker in Übersee beliebt sind oder nicht, ist allerdings so ziemlich das Letzte, was amerikanische Wählerinnen und Wähler beim Urnengang interessiert.

Die ehemalige Außenministerin und ehemalige First Lady galt schon als Favoritin für die Nominierung der Demokratischen Partei, bevor sie im April 2015 ihre Kandidatur offiziell per Videobotschaft verkündete. Natürlich wäre es logisch gewesen, dass auch der Vizepräsident einer alles in allem recht erfolgreichen Administration Interesse an der Nachfolge seines bisherigen Chefs bekundet. Joe Biden allerdings gab frühzeitig seinen Verzicht bekannt; der Hauptgrund war seine familiäre Situation nach dem Krebstod seines Sohnes Beau. Hillary Clinton blieb freilich nicht allein im Kandidatenfeld. Über die nächsten Monate warfen unter anderem der ehemalige Gouverneur von Maryland, Martin O'Malley, und der ehemalige Senator von Virginia, Jim Webb, ihren sprichwörtlichen Hut in den Ring. Ein wirklich gefährlicher Rivale erwuchs ihr indes nicht aus dieser Region um die Hauptstadt Washington, sondern aus einer ganz anderen Ecke – geografisch wie ideologisch.

Bernie Sanders war – und ist – ein Unikum in der amerikanischen Politik. Der jüdische Senator aus dem Neuenglandstaat Vermont gilt (er ist 2024 immer noch Senator) als *independent*, als Unabhängiger, der gleichwohl in aller Regel mit den Demokraten abstimmt – dass jemand ohne eine wirklich genuine Parteizugehörigkeit für eine der beiden großen Parteien als Präsidentschaftskandidat antreten kann, spricht für die Offenheit des amerikanischen Systems. Sanders, der in seinen politischen Jugendjahren Mitglied linksstehender Bürgerrechtsorganisationen war und dessen Bruder Larry bei der Green Party in Großbritannien aktiv ist und 2015 für das Unterhaus kandidierte, bezeichnete sich selbst wiederholt als «Sozialisten». Bemerkenswert am innerparteilichen Wahlkampf, den Sanders mit Bekanntmachung seiner Kandidatur gut zwei Wochen nach Hillary Clintons Ankündigung begann, war die Tatsache, dass der mit Abstand älteste Bewerber bei den Demokraten – Sanders feierte in der

Endphase des Wahlkampfes 2016 seinen 75. Geburtstag – vor allem bei jungen Wählern und Parteiaktivisten Enthusiasmus auslöste.

Die Begeisterung, mit der Sanders bei seinen Auftritten und unter anderem seinem Credo, wonach die «Top One Percent» ihren fairen Beitrag leisten müssten, gefeiert wurde, war die erste von zahlreichen unangenehmen Überraschungen, die Hillary Clinton 2016 erleben sollte. Den traditionellen ersten *caucus* in Iowa gewann sie mit einem hauchdünnen Vorsprung von 0,2 Prozent vor dem angriffslustigen Senior aus Vermont. Wenige Tage später, bei der ersten *primary* in New Hampshire, siegte Sanders mit rund 60 Prozent der abgegebenen Stimmen und konnte auf einen Bonus als «Nachbar» bauen: New Hampshire und Vermont liegen auf der Karte Neuenglands nicht nur eng in Nord-Süd-Ausrichtung nebeneinander; beide Staaten sind sich auch von der Demografie und der politischen Grundhaltung der Bevölkerung her ähnlich (New Hampshire scheint innerhalb des liberalen Spektrums ein wenig konservativer zu sein). Über die nächsten vier Monate lieferten sich Clinton und Sanders einen packenden Zweikampf (die anderen Kandidaten hatten längst aufgegeben) mit durchaus beeindruckenden argumentativen Debatten und nur einem Minimum an persönlichen Angriffen – es war ein Muster demokratischer Kontroverse und Willensbekundung. Bernie Sanders gewann 23 Vorwahlen, doch es reichte nicht. Hillary Clinton hatte nicht nur mit 55,2 Prozent deutlich mehr Wählerstimmen erhalten; auch die Mehrheit der nicht festgelegten Delegierten und der Superdelegierten kündigten schon vor dem Wahlparteitag der Demokraten ihre Unterstützung für Clinton (572 gegenüber 42 Stimmen für Sanders) an. Auf der im Juli 2016 in Philadelphia stattfindenden *convention* der Demokraten wurde sie mit 2.775 Delegiertenstimmen gegenüber 1.889 Delegiertenstimmen (und jeweils einer geteilten Stimme) für Sanders nominiert. Als ihren Vizepräsidentschaftskandidaten erkor sie Senator Tim Kaine aus Virginia.

Auch die Republikaner zeigten ihren Sinn für Basisdemokratie: Mit 17 Kandidaten konnten sie das bis dahin größte Teilnehmerfeld in einem Vorwahlreigen in der amerikanischen Geschichte vorweisen. Es gab zunächst keinen eindeutigen Favoriten, wohl aber einen Bewerber, der mehr Aufmerksamkeit generierte als die übrigen 16 zusammengenommen: Der im Wahljahr 70 Jahre alte Donald John Trump war vielen Amerikanern bekannt, wenn auch weniger als Politiker. Der Immobilienunternehmer hatte seit vielen Jahren ein beträchtliches Medieninteresse auf sich gezogen und war häufig im Wirtschaftsteil der Zeitungen, noch häufiger aber auf den Gesellschaftsseiten und in Hochglanzmagazinen zu finden gewesen. Trump hatte zahlreiche Bücher veröffentlicht (wenn auch nicht vollständig selbst geschrieben), wie seinen 1987 erschienenen Bestseller *The Art of the Deal.* Diese unterstrichen für seine Anhänger seine Reputation – oder das von Teilen der Bevölkerung als solches wahrgenommene Bild – als eines überaus erfolgreichen Managers (ungeachtet verschiedener Bankrotte), der fast alles verstand, wusste und konnte. In Talkshows war er ein häufiger Gast und ab 2004 kam er mit seiner Show *The Celebrity Apprentice* und dem zu seinem Markenzeichen werdenden Ausruf an scheiternde Kandidaten «*You're fired!*» in Millionen amerikanischer Wohnzimmer. Politisch schien er nicht festgelegt und hatte sich im Wechsel als Demokrat, als Republikaner und als Unabhängiger registrieren lassen. Im Präsidentschaftswahlkampf 1988 war er an den republikanischen Kandidaten, den bisherigen Vizepräsidenten George H. W. Bush, herangetreten und hatte sich als dessen Vizepräsidentschaftskandidat angedient, was bei Bush senior Konsternation auslöste. Dass er ideologisch wenig festgelegt war, zeigte sein freundschaftlicher Umgang mit Präsident Bill Clinton und dessen Frau – die er 2016 unter anderem als *crooked Hillary* (was so viel wie krumm oder verwachsen, aber auch unehrlich bedeutet) bezeichnete, während seine Anhänger «*Lock her up!*» skandierten. Den Begriff scheint er zu schätzen: Ab Anfang 2023 bezeichnete er seinen Nachfolger als *crooked Joe Biden.*

Eine erste Präsidentschaftskandidatur von Donald John Trump erlebten die Wählerinnen und Wähler in den Staaten Michigan und Kalifornien im Frühjahr 2000 – sofern sie sich der Reform Party angehörig fühlten, für die Trump durchaus erfolgreich antrat. Er gewann beide Abstimmungen mit einer der Bedeutung der Partei angemessenen bescheidenen Stimmenzahl von rund 15.000 Stimmen im Golden State und etwas mehr als 2.000 Stimmen in Michigan. Zum Zeitpunkt der Stimmabgabe hatte er seinen Wahlkampf allerdings schon eingestellt. Immerhin bekam das Publikum erste Kostproben seiner Rhetorik, mit der er seine Anhänger stets begeistert: «Ich glaube, der einzige Unterschied zwischen mir und den anderen Kandidaten ist, dass ich ehrlicher bin und meine Frauen schöner sind.»[1]

Mehr als zehn Jahre später brachte sich Trump kurzzeitig als möglicher republikanischer Herausforderer von Präsident Obama bei der Wahl von 2012 ins Gespräch. Er begann verschiedentlich die von einigen rechten Verschwörungstheoretikern in die Welt gesetzte und völlig haltlose These aufzugreifen, wonach Obama gar kein amerikanischer Staatsbürger sei, und machte deutlich, wo er seinen endgültigen Platz im politischen Spektrum gefunden hatte. Im Juni 2015 verkündete er seine Kandidatur um die Präsidentschaft. Er tat es, wie es einem Profi im Umgang mit den Medien gebührt: Im Trump Tower in New York kam er auf einer goldenen Rolltreppe den versammelten Journalisten und Schaulustigen entgegen herabgeschwebt, umgeben von einigen seiner schönen Frauen (darunter Gattin Melania und Tochter Ivanka). Die Reaktionen weiter Teile des politischen wie gesellschaftlichen Establishments zeugten von Amüsement und waren meist voller Spott; die Kandidatur wurde weithin als Witz verstanden – nur nicht von Trumps Anhängern, deren Zahl kontinuierlich stieg. Der politische Gegner, die Demokraten, blickten mit kaum verhüllter Überheblichkeit auf Trumps Kandidatur herab; diese Einschätzung sollte weithin bis zum Wahlabend anhalten. Es war schließlich Hillary Clinton, die im Wahlkampf dazu beitrug, die Sympathisanten Trumps und sicher auch einige Unschlüssige hinter dem republikanischen Kandidaten zu einen, als sie mit kaum zu überbietender Arroganz weite Teile seiner Wählerschaft als *basket of deplorables*, als Korb voller Verabscheuungswürdiger bezeichnete.

Die Ereignisse jener Wahl und die eigenen Empfindungen angesichts des Verlaufs des Wahlkampfes und des Ergebnisses, das in der Nacht auf den 9. November 2016 feststand, sind noch Teil der Erinnerung wohl aller Leser, sodass der Verlauf hier nicht in seinen Einzelheiten nachverfolgt werden muss. In Erinnerung bleibt, wie sehr der Wahltag von Hybris geprägt war. Die Siegesgewissheit bei den Demokraten und bei den überwiegend auf deren Seiten stehenden Mainstreammedien war mit Händen zu greifen. Noch in den Tagen vorher wurde von TV-Experten und vor allem -Expertinnen, ganz besonders auf CNN, über die Höhe der Siege von Clinton in den einzelnen wahlentscheidenden Bundesstaaten orakelt. In Wisconsin, so wurde den Zuschauern beschieden, würde sie mit geschätzten 7 Prozent Vorsprung gewinnen. In der Realität, aus der sich manche Analysten längst verabschiedet hatten, hatte Clinton zum Entsetzen der örtlichen demokratischen Parteiorganisation diesen *swing state* – als solcher gilt er auch 2024 – nicht ein einziges Mal besucht, so sicher war sie sich ihres Sieges dort – ein Musterbeispiel für das schon einmal angesprochene *sense of entitlement* dieser Kandidatin. Es war Trumps Erfolg in Wisconsin, der in der Wahlnacht seinen Sieg sicherstellte. Die gleichen Experten, die in den Tagen zuvor über das Ausmaß des Clinton-Sieges im Wahlmännerkolleg spekuliert und ihr meist deutlich über 300 oder gar

330 Stimmen dort – zum Sieg bedarf es, wie geschildert, 270 *electoral votes* – zugesprochen hatten, forderten teilweise nach der Wahl die Abschaffung ebendieses *electoral college*. Noch am Wahlabend, zu Beginn der Übertragung, sah CNN Clinton bei 268 sicheren Wahlmännerstimmen, also nur zwei unterhalb der entscheidenden Schwelle, und Trump bei 204.

Im Laufe des Abends wurden all diese Prognosen Makulatur. Es war zu der bei amerikanischen Präsidentschaftswahlen ungewöhnlichen Konstellation gekommen, dass beide Spitzenkandidaten diese so wichtige Nacht am gleichen Ort, nur wenige Kilometer voneinander entfernt verbrachten. Sowohl die Organisationen von Clinton als auch von Trump hatten Hotelräume in Manhattan angemietet. Das Team Clinton hatte die wesentlich größeren Räumlichkeiten gebucht, da man einen Siegestaumel erwartete; Trumps Organisation war für den Fall, dass es zu einer *concession speech*, dem Eingeständnis einer Niederlage, kommen würde, mit einem kleineren Saal zufrieden gewesen. Es war hier, wo er gegen drei Uhr nachts vor die Kameras trat, sich von seinen Anhängern feiern ließ und für seine Verhältnisse geradezu höflich über seine Rivalin sprach. Er wolle der Präsident aller Amerikaner sein, verkündete er. Es waren Töne, wie sie im Wahlkampf des Jahres 2024 von Donald Trump nicht mehr zu hören waren.

Für Entsetzen auf Seiten der Verlierer und für Unverständnis vor allem bei mit dem amerikanischen Wahlsystem nicht vertrauten Europäern sorgte die Tatsache, dass wieder einmal der Kandidat die meisten Stimmen im *electoral college* erhalten hatte, der nach absoluten abgegebenen Wählerstimmen eigentlich verloren hatte. Es war das fünfte Mal in der Geschichte der Präsidentenwahlen, dass dieser Fall eingetreten war nach den Wahlsiegen mit geringerer Stimmenzahl von John Quincy Adams 1824, Rutherford Hayes 1876, Benjamin Harrison 1888 und George W. Bush 2000. Bei Trumps Wahl war die Dissonanz zwischen Wähler- und Wahlmännerstimmen besonders ausgeprägt: Hillary Clinton hatte fast drei Millionen Wählerstimmen mehr bekommen als Donald Trump, der bei den *electoral votes* indes mit 304 zu 227 Stimmen siegte. Zum ersten Mal wurde ein Mann Präsident der USA, der vorher noch nie in ein Amt gewählt worden war und auch nicht als Militärheld (der andere klassische Pfad zur Präsidentschaft) zu Ruhm und Ansehen gekommen war (Trump war wegen eines Fußleidens für untauglich erklärt worden).

Zahlreiche Beobachter der Entwicklung in den USA hatten mit Trumps Amtsantritt die Vermutung, dass die viel beschworene Würde des Amtes auch den neuen Mann im Weißen Haus prägen könnte und er mit der immensen Verantwortung wachsen würde. Man hatte sich getäuscht. Der ehemalige Immobilienmagnat und Reality-TV-Star zeigte schnell ein Verhalten – und eine Ausdrucksweise –, die selbst die von Historikern weniger gut eingeschätzten ehemaligen Präsidenten plötzlich in einem sonnigeren Licht dastehen ließen. Der während seiner Amtszeit von 2001 bis 2009 vor allem wegen des Irakkriegs heftig kritisierte George W. Bush wirkte plötzlich wie die Verkörperung eines klassischen Gentleman. Bush hatte als unmittelbarer Zeuge der Vereidigung Trumps bereits Bedenken, nachdem dieser eine düstere Rede vor dem Capitol hielt. Der 43. Präsident, seinerseits Sohn des 41. Präsidenten, soll auf Trumps apokalyptische Vision mit den Worten *That was some weird shit* reagiert haben.

Die vier Jahre zwischen dem 20. Januar 2017 und dem gleichen Tag im Jahr 2021 wurden von einem Mann dominiert, der ein einzigartiges Verständnis von seiner Rolle und seiner Verantwortung im immer noch mächtigsten Amt der Welt hat. Über diese vier Jahre haben Regierungen in aller Welt mit einer Mischung aus Sorge (vor allem bei den westlich geprägten Demokratien) und Amüsement (eher in autokratischen Regimen) die oft sprunghaften Entschlüsse beobachtet und sich an seiner eines Staatsmannes oft unwürdigen Rhetorik entsetzt oder erfreut. Die USA, über viele Jahrzehnte ein berechenbarer (wenn auch kaum uneigennütziger) Partner oder Konkurrent in der Weltpolitik, wurden unter ihrem 45. Präsidenten manchmal zu einer irrlichternden Komponente. Dass die Betonung dennoch auf «manchmal» liegen kann, zeigt die Stärke ihrer Institutionen wie dem State Department und dem Pentagon auf, die ein Maß von Normalität zu sichern in der Lage waren. Im Wahlkampf von 2024 geht man davon aus, dass derartige mildernde Einflüsse bei einer zweiten Präsidentschaft Trumps von ihm und seinen Vertrauten von Anfang an ausgeschaltet und alle Schlüsselpositionen – zum Beispiel von professionellen Diplomaten – mit unzweifelhaft loyalen Gefolgsleuten Trumps besetzt werden würden. Die Erwähnung der Streitkräfte weist immerhin auf einen positiven Aspekt der Präsidentschaft Trumps: Unter seiner Führung wurden keine neuen Kriege begonnen und Amerikas Beteiligung an fernen und verlustreichen Konflikten heruntergefahren. Die Militärpräsenz der USA vor allem in Afghanistan und im Irak zu verringern war eines seiner Wahlversprechen gewesen und entsprach zweifellos dem Wunsch vieler Amerikaner über Parteigrenzen hinweg. Der Krieg in Afghanistan war zum längsten in der amerikanischen Geschichte geworden, währte fast doppelt so lang wie die tragische Verstrickung der USA in den Vietnamkrieg und brachte dem geschundenen Land am Hindukusch alles andere als einen Frieden.

Vier Jahre nach dem Sieg eines Kandidaten mit der geringeren Zahl der Wählerstimmen ließ das Wahlergebnis für objektive Beobachter keine Zweifel zu. Das hinderte Trump indes nicht, von Wahlbetrug zu sprechen, was von vielen seiner Anhänger übernommen wurde. Sowohl bei den Wähler- wie bei den Wahlmännerstimmen war der Sieg von Joe Biden und seiner Vizepräsidentschaftskandidatin Kamala Harris im November 2020 deutlich: 81,2 gegenüber 74,2 Millionen Stimmen und 306 versus 232 *electoral votes*. Die Wahl hatte ein historisches, in der bisherigen Geschichte der amerikanischen Demokratie undenkbares Nachspiel: den Sturm des Capitols durch einen von Trump zumindest inspirierten, wenn nicht aufgehetzten Mob am 6. Januar 2021. Das weitverbreitete Entsetzen über den Vorgang wandelte sich im Laufe der nächsten Jahre der Polarisierung der amerikanischen Öffentlichkeit entsprechend. Während Anhänger der Demokraten und die meisten Unabhängigen darin eine kriminelle Attacke auf die amerikanische Demokratie sehen, hat sich in Trumps Rhetorik und damit fast automatisch in der Diktion seiner Anhänger ein Wandel vollzogen: Die Täter von damals («You are loved!» hatte ihnen Trump noch am 6. Januar 2021 per Videobotschaft zugerufen) werden auf republikanischer Seite vielfach als Opfer gesehen, als *hostages*, als Geiseln, wie Trump die für ihre Teilnahme am Capitolsturm zu Gefängnisstrafen Verurteilten nennt.

Am 20. Januar 2021 sagte der neue Präsident Joe Biden in seiner Antrittsrede: «Zusammen werden wir die amerikanische Geschichte der Hoffnung, nicht der Furcht, schreiben. Von Einheit, nicht von Teilung. Von Licht, nicht von Dunkelheit. Eine amerikanische Geschichte von Anständigkeit und Würde. Von Liebe und von Heilung. Von Güte und von Größe.»[2]

Es blieb ein Traum.

Wahlen zur Halbzeit – Die Bedeutung der Midterm Elections

Eine Präsidentschaftswahl kommt nie allein. Stets finden gleichzeitig – oft neben zahlreichen lokalen Wahlvorgängen und Referenden sowie Wahlen in die Staatsparlamente oder für das Amt des Gouverneurs – auch Kongresswahlen statt. Die Amtsdauer der Kongressabgeordneten bedingt indes, dass es auch genau zwischen zwei Präsidentschaftswahlen zu einem Urnengang kommen muss. Die 435 Mitglieder des Repräsentantenhauses haben eine für europäische Parlamentsverhältnisse recht kurze, nämlich nur zweijährige Amtsdauer. Die Senatoren hingegen bleiben sechs Jahre im Amt, werden jedoch alle nicht gleichzeitig gewählt. Das bedeutet: Zur Hälfte der Amtszeit eines Präsidenten stehen die *midterm elections* an, bei denen das gesamte Repräsentantenhaus und darüber hinaus noch ein Drittel der Senatoren gewählt werden. Und neben diesen Entscheidungen zu den Machtverhältnissen in der Legislative, dem aus zwei Kammern bestehenden amerikanischen Parlament auf dem Capitol Hill in Washington, finden auch die Gouverneurswahlen landesweit eine starke Beachtung.

Es bleibt nicht aus, dass gerade die Wahlen zum Kongress und in geringerem Maße die Gouverneurswahlen in der Mitte der Amtszeit eines Präsidenten auch ein Stimmungstest sind und viele Wählerinnen und Wähler beim Urnengang ihre Einschätzung der Situation des Landes und der Leistung der Administration mit der Wahlentscheidung ausdrücken. In den allermeisten Fällen musste in der Vergangenheit die Partei des amtierenden Präsidenten bei den *midterm elections* Stimmenverluste einstecken – das aus deutschen Landtagswahlen bekannte Phänomen des «Denkzettels» gegen die in (früher) Bonn bzw. (heute) Berlin Regierenden ist also auch den Amerikanern nicht fremd.

Doch die Partei des Präsidenten hat bei *midterm elections* nicht nur Rückschläge einstecken müssen. Eine wichtige Ausnahme von dieser Regel war die Wahl von 1934, in der Roosevelts Demokraten ihre Dominanz im Kongress ausbauen konnten. Und im Jahr 1998 gewannen die Demokraten des angeschlagenen Präsidenten Bill Clinton im Repräsentantenhaus fünf Sitze hinzu. Zahlreiche Wähler waren von dem wegen einer privaten Verfehlung des Präsidenten ausgelösten Amtsenthebungsverfahren von treibjagdähnlichem Charakter der Republikaner angewidert. Im Jahr 2022 schließlich blieb die von Auguren angekündigte *red wave*, eine überzeugende Zunahme der Republikaner in beiden Kammern des Kongresses, aus. Stattdessen schnitten die Demokraten ungewöhnlich gut ab – offenbar war die Unzufriedenheit mit der Politik von Präsident Joe Biden bei Weitem nicht so groß, wie es Meinungsforscher fast über die gesamte Amtszeit des Mannes aus Delaware suggerierten.

Epilog
November 2024: Weichenstellung für eine unsichere Zukunft

«... that government of the people,
by the people, for the people,
shall not perish from the earth.»
Abraham Lincoln, Gettysburg Address,
19. November 1863

In der Nacht vom 5. auf den 6. November 2024 und möglicherweise in den Tagen danach, sollte sich die Auszählung hinziehen wie 2020 (von einem Chaos wie 2000 ganz zu schweigen), werden weitreichende Entscheidungen auf unterschiedlichen Politikfeldern gestellt. Ob sich die Wählerinnen und Wähler aller Konsequenzen ihrer Stimmabgabe bewusst sind, kann angesichts der Komplexität der Rolle einer Weltmacht wie der USA bezweifelt werden. Für europäische Leser mag es ernüchternd sein, daran zu erinnern: Außenpolitik spielt selten eine dominante Rolle beim Wahlentscheid. Wie wir gesehen haben, war das vor allem zu Zeiten Franklin D. Roosevelts der Fall, und zweifellos war der Kalte Krieg und die Vermeidung eines nuklearen Armageddon ein wichtiger Faktor bei den Wahlen von 1960 und 1984, als John F. Kennedy und Lyndon B. Johnson für die Demokraten gewannen, sowie 1980 und 1984, als der Republikaner Ronald Reagan diesen Konflikt nach seiner Vision zu Ende zu bringen versprach: durch den Triumph des Westens über den Kommunismus.

Im Wahljahr 2024 hingegen sind die Europäer oder, präziser gesagt, die EU und Länder wie die Schweiz, kein wirklich die Wähler bewegendes Thema – oder allenfalls als Prügelknabe, wenn ihnen (keineswegs zu Unrecht) vorgeworfen wird, nicht genug für die eigene Sicherheit zu tun. Auch das eine europäische Land, das sich im inzwischen dritten Jahr in den Schlagzeilen befindet, darf in seiner Bedeutung als Faktor für eine Wahlentscheidung nicht überschätzt werden. Die Ukraine ist in den Medien weitaus präsenter als im Bewusstsein des Durchschnittsamerikaners; die Sorge, dass Donald Trump den Fluss der Dollarmilliarden nach Kiew stoppen würde, bewegt Anderson Cooper und Erin Burnett von CNN stärker als Jack und Jane Doe in Billings, Montana. Auch die Zukunft der Nato wurde im Vorfeld der Wahl seit Langem von Analysten im Falle eines Wahlsieges von Donald Trump – der sie einmal als «tot» bezeichnet hat – infrage gestellt. In der Außenpolitik gehen die Blicke zumindest jener, die hieran interessiert sind, eher weit weg von Europa – nämlich besorgt in Richtung China, das nicht nur als gegenwärtiger Handelsrivale, sondern durchaus als künftiger Kriegsgegner wahrgenommen wird. Das andere weltpolitische Problemfeld ist der gewalterschütterte Nahe Osten – was freilich seit weit mehr als einem halben Jahrhundert eine Konstante ist.

Für die meisten Wählerinnen und Wähler geht es um amerikanische Themen. Der lockere Wahlkampfspruch von Bill Clintons Team 1992 *It's the econonmy, stupid!* gilt nach wie vor. Die amerikanische Wirtschaft boomt, aber der Amtsinhaber hat Probleme, dafür die Meriten einzufahren. Die Einwanderung und vor allem die Situation *on the border*, an der Südgrenze der USA, sind seit Langem ein Reizthema und werden vor allem von den Republikanern im Wahlkampf als (vermeintliche) Trumpfkarte ausgespielt. Die Einschränkung oder Erschwerung der Abtreibung durch den Entscheid des Supreme Court, das historische *Roe v. Wade*-Urteil aufzuheben, wird, so vermuten und hoffen zumindest die Wahlstrategen der Demokraten, Wählerinnen in überdurchschnittlich hohem Maße bei der Wahlentscheidung beeinflussen.

Dieses Thema weist auf ein in den letzten Jahren sich zunehmend formierendes Motiv vieler Amerikaner bei Wahlentscheidungen hin: Der Präsident kann einen neuen Obersten Bundesrichter oder eine neue Oberste Bundesrichterin ernennen, wenn eine dieser neun Persönlichkeiten stirbt oder zurücktritt, und dann auf Zustimmung durch den Senat hoffen. Donald Trump hat in seiner vierjährigen – ersten? – Amtszeit zur großen Genugtuung seiner Anhänger das Optimale aus dieser Gelegenheit gemacht: Er konnte drei neue, verhältnismäßig junge Richter ernennen, die – so hoffen konservative Amerikaner – nicht nur auf Jahre, sondern auf Jahrzehnte den Supreme Court prägen werden. Die Aufhebung von *Roe v. Wade* war aus dieser Sichtweise ein großer Sieg, auf den Abtreibungsgegner seit jenem Urteil im Jahr 1973 hingearbeitet hatten.

Das System, so merkwürdig es manchem europäischem Beobachter erscheinen mag, ist bereit. Wie fast immer vor Präsidentschaftswahlen, ist es

2024 aufgrund demografischer Verschiebungen zu einer Anpassung der Stimmen im Electoral College gekommen. Die Gesamtzahl von 538 Stimmen in dem Gremium – und damit die zu einem Wahlsieg mindestens notwendige magische Zahl von 270 *electoral votes* – bleibt natürlich gleich. Aber in 13 Bundesstaaten hat es seit 2020 Bevölkerungszunahmen oder -abnahmen gegeben, die sich auf ihr jeweiliges Gewicht im Wahlmännerkollegium auswirken. Texas hat zwei weitere Stimmen (oder Wahlmänner) bekommen, Colorado, Florida, Montana, North Carolina und Oregon je eine. Kalifornien, Illinois, Michigan, New York, Ohio, Pennsylvania und West Virginia haben je ein *electoral vote* verloren – freilich bleibt Kalifornien mit 54 Stimmen immer noch die größte Macht in dem Kollegium. Projiziert man diese Veränderung auf das Wahlergebnis von 2020, hätte Joe Biden 303 statt (wie in der Realität) 306 Wahlmännerstimmen und Donald Trump 235 statt 232 Wahlmännerstimmen bekommen.

Viele Auguren haben die Wahl von 2024 als eine der entscheidendsten der modernen Geschichte bezeichnet. Die Tatsache, dass dies schon bei einer ganzen Reihe von Wahlgängen der jüngeren Vergangenheit behauptet wurde, bedeutet nicht, dass es nicht doch gerade jetzt zutrifft. Die Menschen zwischen Maine und Hawaii, zwischen Texas und Alaska entscheiden nicht nur über eine Person, sondern über viele – über Milliarden. Die Wahl von 2024 ist ein Referendum über die Zukunft der Demokratie in den USA und über die Zukunft von Amerikas Rolle in der Welt.

Anmerkungen

Prolog. Die Geburtsstunde der modernen Mediendemokratie: John F. Kennedy, Richard Nixon und die Erfindung des Fernsehduells

1 Laut dem National Constitution Center in Philadelphia: https://constitutioncenter.org/blog/the-debate-that-changed-the-world-of-politics.

2 Damit soll nicht gesagt werden, dass Fernsehanstalten in demokratischen Systemen nicht auch zum Verbreiter von Regierungspropaganda werden können.

3 Chris Matthews: Jack Kennedy. Elusive Hero. New York 2011, S. 293/294.

4 Matthews, S. 299.

5 Sidney Kraus (Ed.): The Great Debates. Kennedy vs Nixon 1960. Bloomington, Indiana 1977. S. 348.

6 Kraus, S. 357.

7 Zit. n. Ronald D. Gerste: Trinker, Cowboys, Sonderlinge. Die 12 seltsamsten Präsidenten der USA. Klett-Cotta, Stuttgart 2019, S. 261.

Gründervater und Hauptstadtumzug

1 Massachusetts umfasste damals noch jenes Gebiet im äußersten Nordosten der USA, aus dem später der Bundesstaat Maine entstand.

2 Zit. n. Joseph J. Ellis: His Excellency George Washington. New York 2004, S. 168.

3 The Papers of George Washington, Confederation Series. Hrsg. von Dorothy Twoig und Philander D. Chase. Band 6. Charlottesville (Virginia) 1997, S. 444.

4 Presidential Elections 1789–2004. Hrsg. von Congressional Quarterly. Washington DC 2005, S. 18.

Historisches Novum: Der friedliche Machtwechsel

1 Zit. n. Jill Lepore: Party Time. The New Yorker, 17. September 2007.

2 Antrittsrede Jeffersons, 4. März 1801. Merrill D. Peterson (Hrsg.): The Portable Jefferson. New York 1975, S. 292.

3 Ebd.

4 Bernard A. Weisberger: America Afire. Jefferson, Adams and the first contested election. New York 2000, S. 261.

5 Ebd., S. 262/263.

Beinahe einstimmig: Die «Era of Good Feeling»

1 Zit. n. Ronald D. Gerste: Amerika verstehen. Geschichte, Politik und Kultur der USA. Klett-Cotta, Stuttgart 2017, S. 47.

2 Zit. n. Ronald D. Gerste: Der Beginn einer Freundschaft. In: ZEIT Geschichte 6/2023. Wie Kriege enden.

3 Tim McGrath: James Monroe. New York 2020. S. 475–476.

4 Zit. n. Ronald D. Gerste: Zwischen China und der Heiligen Allianz. Vor 200 Jahren hat Präsident James Monroe den Grundstein für die Aussenpolitik der USA gelegt. Neue Zürcher Zeitung, 2. Dezember 2023.

Kurzlebige Helden oder: Wie der zweite Mann auf dem Ticket plötzlich ins Rampenlicht rückte

1 Richard P. McCormick: Political Development and the Second Party System. In: The American Party Systems: Stages of Development. Hrsg. von William N. Chambers und Walter D. Burnham. New York 1967. S. 102.

2 Daniel Walker Howe: What Hath God Wrought. The Transformation of America, 1815–1848. Oxford History of the United States. New York 2007, S. 832.

Sternstunde der Demokratie: Wahlen mitten im Krieg

1 David Herbert Donald: Lincoln. New York 1995, S. 541.

2 C. Peter Ripley (Hrsg.): The Black Abolitionist Papers. The United States 1859–1865. Chapel Hill (North Carolina) 1992, S. 306.

3 Abraham Lincoln: Selected Speeches and Writings. Hrsg. von Don Fehrenbacher. New York 1992, S. 431.

4 James McPherson: The Battle Cry of Freedom. New York 1988, S. 804.

5 Lincoln, Speeches and Writings, S. 436.

Die gestohlene Wahl

1 Roy Morris: Fraud of the Century. Rutherford B. Hayes, Samuel Tilden and the stolen election of 1876. New York 2003, S. 51.
2 Kenneth E. Davison: The Nomination of Rutherford Hayes for the Presidency. Ohio History Journal, https://resources.ohiohistory.org/ohj/search/display.php?page=73&ipp=20&searchterm=Array&vol=77&pages=95-110,194-195.
3 Morris, S. 61.
4 William H. Rehnquist: The Disputed Election of 1876. New York 2004, S. 50.
5 Morris, S. 73.
6 Morris, S. 83.
7 Morris, S. 139.
8 Morris, S. 139.
9 Morris, S. 10.
10 Morris, S. 164.
11 Morris, S. 167.
12 Morris, S. 199.
13 Morris, S. 237.
14 Samuel Tilden's Speech to the Manhattan Club. Conceding the Election of 1876. New York Herald, Wednesday, June 13, 1877.

Happy days are here again: Wahl in der schwersten Wirtschaftskrise

1 Donald A. Ritchie: Electing FDR. The New Deal Campaign of 1932. Lawrence, Kansas 2007, S. 21.
2 Scott Martelle: 1932. FDR, Hoover and the dawn of a new America. New York 2023, S. 41.
3 Ritchie, S. 110.
4 Ritchie, S. 127.

Die Ausnahme: Ein Präsident wird zum dritten und zum vierten Mal gewählt

1 Ted Morgan: FDR. A Biography. New York 1985, S. 539.
2 Yanek Mieczkowski: Presidential Elections. New York und London 2001, S. 103.
3 Morgan, S. 539.
4 Zu Roosevelts Leiden und ihrem Einfluss auf die Spätphase seiner Präsidentschaft s. Ronald D. Gerste: Wie Krankheiten Geschichte machen. Klett-Cotta, Stuttgart 2021.
5 Hugh E. Evans: The Hidden Campaign. FDR's health and the 1944 election. New York 2002, S. 79.

Erdrutschsieg und Watergate

1 Lewis L. Gould: 1968. The Election That Changed America. Chicago 1993. S. VII bis VIII.

2 Gould, S. 4.

3 Mieczkowski, S. 123.

«Es ist Morgen in Amerika»

1 Theodore H. White: America in Search of Itself. The Making of the President 1956–1980. New York 1982, S. 21.

2 Robert Wilson: Power and the Presidency. New York 1999, S. 126.

3 White, S. 1.

4 Paul Kengor: The Crusader. Ronald Reagan and the Fall of Communism. New York 2006, S. 57.

5 Mieczkowski, S. 132.

6 Reagan und Gorbatschow hatten bereits im Dezember 1987 im Weißen Haus einen amerikanisch-sowjetischen Vertrag unterzeichnet, mit dem eine ganze Klasse von strategischen Waffen, jene mittlerer Reichweite, über die in Europa die Nachrüstungsdebatte entbrannt war, der Vernichtung preisgegeben wurde.

Der Supreme Court entscheidet

1 Wenn man das Jahr 2000 als das erste des 21. Jahrhunderts zählt, was rein mathematisch-historiografisch nicht ganz korrekt ist.

2 Presidential Elections 1789–2004. Hrsg. von Congressional Quarterly. Washington DC 2005, S. 87.

3 TIME, 20. November 2000.

4 Presidential Elections 1789–2004, S. 91.

5 David E. Johnson: A funny thing happenend on the way to the White House. Lanham, Maryland 2004, S. 212.

Facts: Caucus und Primary: Wie Vorwahlen ablaufen

1 Washington Post, 17. Januar 2024.

Hope

1 https://www.youtube.com/watch?v=PV0VnWSWsO8.

2 The Economist, 3. Januar 2007.

3 James E. Campbell: The Exceptional Election of 2008: Performance, Values, and Crisis. Presidential Studies Quarterly 40; 2010, S. 226.

4 https://www.politico.com/story/2008/08/mccain-unsure-how-many-houses-he-owns-012685.

Alte weiße Männer

1 Santa Cruz Sentinel, 18. November 1999.

2 https://www.whitehouse.gov/briefing-room/speeches-remarks/2021/01/20/inaugural-address-by-president-joseph-r-biden-jr/.

Alle Präsidenten der USA

1.	**George Washington** (1789–1797)	parteilos
2.	**John Adams** (1797–1801)	Föderalist
3.	**Thomas Jefferson** (1801–1809)	Democratic-Republican
4.	**James Madison** (1809–1817)	Democratic-Republican
5.	**James Monroe** (1817–1825)	Democratic-Republican
6.	**John Quincy Adams** (1825–1829)	Democratic-Republican
7.	**Andrew Jackson** (1829–1837)	Demokrat
8.	**Martin Van Buren** (1837–1841)	Demokrat
9.	**William Henry Harrison** (4. März 1841–4. April 1841)	Whig
10.	**John Tyler** (1841–1845)	Whig
11.	**James Knox Polk** (1845–1849)	Demokrat
12.	**Zachary Taylor** (1849–9. Juli 1850)	Whig
13.	**Millard Fillmore** (1850–1853)	Whig
14.	**Franklin Pierce** (1853–1857)	Demokrat
15.	**James Buchanan** (1857–1861)	Demokrat
16.	**Abraham Lincoln** (1861–15. April 1865)	Republikaner
17.	**Andrew Johnson** (1865–1869)	Demokrat (auf republikanischem Ticket)
18.	**Ulysses S. Grant** (1869–1877)	Republikaner
19.	**Rutherford B. Hayes** (1877–1881)	Republikaner
20.	**James A. Garfield** (1881–19. September 1881)	Republikaner

21.	**Chester A. Arthur** (1881–1885)	Republikaner
22.	**Grover Cleveland** (1885–1889)	Demokrat
23.	**Benjamin Harrison** (1889–1893)	Republikaner
24.	**Grover Cleveland** (1893–1897)	Demokrat
25.	**William McKinley** (1897–14. September 1901)	Republikaner
26.	**Theodore Roosevelt** (1901–1909)	Republikaner
27.	**William H. Taft** (1909–1913)	Republikaner
28.	**Woodrow Wilson** (1913–1921)	Demokrat
29.	**Warren G. Harding** (1921–2. August 1923)	Republikaner
30.	**Calvin Coolidge** (1923–1929)	Republikaner
31.	**Herbert C. Hoover** (1929–1933)	Republikaner
32.	**Franklin D. Roosevelt** (1933–12. April 1945)	Demokrat
33.	**Harry S. Truman** (1945–1953)	Demokrat
34.	**Dwight D. Eisenhower** (1953–1961)	Republikaner
35.	**John F. Kennedy** (1961–22. November 1963)	Demokrat
36.	**Lyndon B. Johnson** (1963–1969)	Demokrat
37.	**Richard M. Nixon** (1969–8. August 1974)	Republikaner
38.	**Gerald Ford** (1974–1977)	Republikaner
39.	**Jimmy Carter** (1977–1981)	Demokrat
40.	**Ronald W. Reagan** (1981–1989)	Republikaner
41.	**George H. W. Bush** (1989–1993)	Republikaner
42.	**Bill Clinton** (1993–2001)	Demokrat
43.	**George W. Bush** (2001–2009)	Republikaner
44.	**Barack Obama** (2009–2017)	Demokrat
45.	**Donald Trump** (2017–2021)	Republikaner
46.	**Joe Biden** (seit 2021)	Demokrat

Ergänzende Literatur

Ronald D. Gerste: Amerika verstehen. Stuttgart 2021

Ronald D. Gerste: Trinker, Cowboys, Sonderlinge – Die 13 seltsamsten Präsidenten der USA. Stuttgart 2021

Ronald D. Gerste: Roosevelt und Hitler. Todfeindschaft und totaler Krieg. Paderborn 2011

Ronald D. Gerste: Rendezvous mit Amerikas Präsidenten: Unterwegs zu den Orten ihres Lebens. Darmstadt 2012

Arthur Landwehr: Die zerrissenen Staaten von Amerika: Alte Mythen und neue Werte – ein Land kämpft um seine Identität. München 2024

Jill Lepore: These Truths: A History of the United States. New York 2019

Christof Mauch: Die Präsidenten der USA: Historische Porträts von George Washington bis Joe Biden. München 2021

Herfried Münckler: Imperien: Die Logik der Weltherrschaft – vom Alten Rom bis zu den Vereinigten Staaten. Hamburg 2007

Karl Schlögel: American Matrix: Besichtigung einer Epoche. Stuttgart 2023

Bernd Stöver: Geschichte der USA: Von der ersten Kolonie bis zur Gegenwart. München 2021